基于协聚集的产业集群
演化模型研究

张颖超　叶小岭　熊　雄　丁　杰　著

科学出版社

北　京

内 容 简 介

本书介绍了产业集群的基本理论、研究方法、国内外的发展情况以及笔者提出的三种研究产业集群的新方法,特别提出了产业集群的协聚集思想;内容包括产业集群的内涵、分类、特征等基础知识、产业集群的竞争优势理论、产业集群的协聚集思想、产业集群的系统动力学研究法、产业集群的复杂网络理论研究法、产业集群的自组织(基于微粒群算法)研究法、Logistic 回归模型及其改进模型、复杂系统 BA 模型及其改进模型、微粒群算法及其改进算法等。本书较系统地梳理了产业集群研究的相关基础知识,以浅显易懂的产业集群实例辅助读者对产业集群的演化机理、产业集群的综合竞争力、产业集群的政府引导协助作用等相关知识的理解,增强本书的可读性。

本书可作为区域经济研究的辅助资料,也可供系统动力学、复杂系统学、自组织学领域的研究工作者参考。

图书在版编目(CIP)数据

基于协聚集的产业集群演化模型研究/张颖超等著. —北京:科学出版社,2019.11
 ISBN 978-7-03-062871-8

Ⅰ. ①基… Ⅱ. ①张… Ⅲ. ①产业集群－研究 Ⅳ. ①F263

中国版本图书馆 CIP 数据核字(2019)第 242435 号

责任编辑:李涪汁 石宏杰/责任校对:杨聪敏
责任印制:张 伟/封面设计:许 瑞

科 学 出 版 社 出版
北京东黄城根北街 16 号
邮政编码:100717
http://www.sciencep.com

北京中石油彩色印刷有限责任公司 印刷
科学出版社发行 各地新华书店经销
*
2019 年 11 月第 一 版 开本:720 × 1000 1/16
2020 年 1 月第二次印刷 印张:15 1/4
字数:308 000
定价:119.00 元
(如有印装质量问题,我社负责调换)

前　言

近年来，区域经济发展一直是政府管理者和经济学者共同关注的热点话题。20世纪60年代以来，以美国的"128"号高速公路和硅谷、意大利北部的"第三意大利"为典型代表，世界各地兴起了一种独具生命力的产业组织形态——产业集群，并取得了极大的成功，引发了经济学、管理学、社会学等领域广大学者的关注和研究。90年代以来，伴随着浙江、珠江三角洲、苏南等地的块状经济（即产业集群）的崛起壮大，我国学者主要从经济集聚和地域集聚两个方面对产业集群开始进行大量的研究。实践证明，集聚是推动产业发展的强大动力。正是由于集聚，资源的集中、合理、有效配置才成为可能，这也正是产业集群成为当今世界经济发展重要特征的根本原因。不可否认，具有国际竞争力的产业集群，是发达国家和地区保持领先优势的重要保证，是发展中国家发挥比较优势的重要载体，是发展中国家实现转型跨越的产业基础。在世界许多国家和地区，产业集群战略已经或正在成为新的产业发展政策。

本书为笔者在南京信息工程大学工作期间研究成果的积累，对集群的网络特征进行研究，利用复杂网络的分析方法，从时间维度分析产业集群，通过各阶段集群网络特征的演化分析集群的发展状况。在对复杂网络理论及一些经典模型分析的基础上，通过对三个假设模型的分析，建立一个更加合适的协聚集模型来描述政府协助下的产业集群的演化规律，并对模型的特性进行分析。本书运用多学科知识详细地剖析影响产业集群竞争力的因素，重点讨论当地政府参与集群经济的重要性，针对我国的发展现状给出政府在制定集群政策方面的若干建议。从模型的建立和实证分析中，可以清楚地了解产业集群演化过程中不同阶段的变化情况和影响因子；为学者研究产业集群理论开辟一种新的思路，为企业家经营产业集群模式提出科学的管理思维，为政府参与产业集群建设提供科学建议。

本书尝试用新视角、新观点和新思路来研究产业发展问题，在对产业集群现象进行系统分析的过程中，既注重案例的实证分析，也注重理论的归纳和提升。产业集群理论研究任重道远，产业集群的发展丰富而深刻。

作　者

2019年7月

目　　录

绪　论

0.1　产业集群是什么

市场在全球范围内的迅速扩张已成为当今世界经济的显著特征之一，随之而来的是不同国家、地区及企业在不同层面上空前激烈的竞争。剧烈变化的市场环境迫使国家、地区及企业等处于宏观、中观、微观不同经济层次的经济体中，不得不对固有的经济结构及运作模式做出快速应变与调整。世界范围内的产业发展也呈现出新的特征，产业通过不断相互集聚、相互渗透来保证产业的持续发展，成为现代产业经济的发展趋势。产业集聚已经成为当今经济活动中的重要事实，这种现象我们称为产业集群现象[1]。

产业集群是指在某一特定的地域中，集中了大量的具有产业关联的企业，以及相关服务、管理和科研等支撑机构，在此特定空间范围内共享包括专业人才、市场、技术和信息等诸多产业要素，并形成强劲、持续竞争力，因此获得内部经济和外部经济的双重效益。产业集群是工业化进行到一定阶段后的必然产物，是现阶段产业竞争力的集中体现。由于产业集群具有集聚效应、分工协作效应、竞争自强化效应、协同效应、网络效应和区域品牌效应六大集群效应，因而为相应的产业在生产成本、技术创新、市场开拓等方面创造了巨大的竞争优势。当前，产业集群的发展壮大对促进区域经济发展、提升经济运行质量的作用越来越大，尤其是产业集群通过协同效应显现出的竞争优势，已日益受到关注，成为地区间经济发展的焦点[2]。

产业集群现象由来已久，早在 1890 年英国的经济学家阿尔弗雷德·马歇尔（Alfred Marshall）就对其给予了充分的关注，指出："当一个行业为自己选定一个地方以后，它就可能长久地待在那里，因为地缘上邻近，从事同一技术行业的人们从彼此获得的好处是如此之大。"[3]同时，产业集群的分布也不只集中于某一个国家或地区。随着人类经济的发展，国家及地区之间的贸易壁垒逐步被打破，企业所面临的市场范围随之不断扩大，特别的是，近十年来经济全球化浪潮前所未有地推动着市场边界大幅延展，极大地促进了以区域专业化分工为基础的产业集群的形成与发展。区域产业集聚的层次也由国家向省、市、县等类似的区域渗透，正如波特（Porter）所描述的一样："当今世界经济地图上布满了被称为集群的区域。"[4]不可否认，产业集群的时代已经到来，对其演化机制的探讨成为一个不可回避的问题。现如今，这种被称为块状经济的集群现象在不同国家和地区的不同行业普遍存在。在美国，有硅谷电子信息产业集群、底特律汽车产业群、明尼阿波利斯医学设备产业群、好莱坞影视娱乐产业集群、西密歇根办公家具业群。在欧洲，有德国的韦热拉光学仪器业群、图特林根外科器械业群、斯图加特机床业群等；有法国的巴黎森迪尔区网络业群、布雷勒河谷香水玻璃瓶制造业群等；特别是在有"中小企业王国"之誉的意大利，众多的设计和生产轻工业产品的产业集群遍布全国，该国的艾米利亚-罗马涅区的纺织业和萨索洛的瓷砖业尤为突出。以上国外的集群都已形成模式，处于一个较成熟的状态，我国的现代化产业集群发展还处于一个摸索发展的阶段，近年来像江苏的"苏南模式"、浙江的"块状经济模式"、广东的"专业镇模式"等发展迅速，成为国内产业集群发展的排头兵，同时孕育出了一批较有影响的产业集群，如江苏有昆山 PC 制造、常熟服装服饰、邳州板材加工、丹阳眼镜、杭集牙刷等；浙江有温州鞋革和服装、绍兴印染和织造、乐清低压电器、萧山化纤、海宁皮革、嵊州领带、永康五金、永嘉纽扣、桐卢制笔、诸暨袜业等；广东有顺德容桂的家电，中山小榄的五金，古镇的灯饰，澄海的玩具，西樵的纺织品，大沥的铝型材，石湾的陶瓷，伦教的木工机械，乐从的家具，虎门的服装，东莞石龙、石碣和清溪的电子工业等[5]。

　　世界范围内存在大量的集群，出现了一大批产业和企业，世界的财富大都是在这些块状区域内创造的，事实说明了产业集群能有效推动区域经济增长，被誉为经济增长的"发动机"。

0.2　产业集群的理论研究

　　作为规模经济、范围经济和区际专业化分工的全新演绎，产业集群现已成为各国经济发展中的普遍现象，是区域经济增长的主要力量。自 19 世纪马歇尔提出著名的"产业区"的概念以来，经济学者和经济地理学者就从不同的视角对产业集群理论进行了不懈的探索，产业集群理论不断发展完善[6]。

　　早在 19 世纪，马歇尔就提出了以外部经济和规模经济为集聚动因的企业集群理论，他从劳动力共享、专业化附属行业的创造和技术外溢三个方面给出了产业空间集聚的原因。韦伯从微观企业的区位选择角度阐明了企业集聚的收益与成本的对比，他在《工业区位论》中将影响工业区位的经济因素分为区域因素和位置因素，区域因素主要是运输成本和劳动成本，位置因素包括集聚因素和分散因素。近些年来，比较具有代表性的产业集群理论如下所述。

0.2.1　马歇尔产业区位理论

马歇尔是最早关注工业集聚现象的经济学家。马歇尔将工业集聚的特定地区称为"产业区"，产业区内集中了大量相关的中小企业。在马歇尔看来，这些企业能够在产业区内集聚的最根本原因在于获取外部规模经济。马歇尔认为外部经济十分重要，"这种经济往往能因许多性质相似的企业集中在特定的地方，即通常所说的工业地区分布而获得"。

马歇尔认为聚集在一起的企业比单个孤立的企业更加具有效率，主要有以下三个原因。首先，相关企业的聚集能够促进专业的产品供应链形成。企业在地缘上的聚集必然可以形成一个极大的产品供应链市场，从而使得各种各样的专业化产品供应商存在。作为下游经济链的产品供应商为地缘上邻近的企业提供配套服务能够极大的节约空间成本。其次，相关企业聚集在一起更容易实现劳动力的共享。企业在地缘上的聚集必然需要一个完善的劳动力市场，企业需要的高度专业化的技术人员在这个劳动力市场可以轻易找到，而孤立的企业对专业技术人员的依赖性较高，雇佣成本也大。最后，相关企业在地域上的集中更有助于知识溢出。企业在地缘上的聚集可以促进新技术的交流，不同企业之间先进的管理模式可以相互借鉴，有利于新思维的产生。马歇尔的研究无疑是具有开创性的，但他的这一部分思想因缺乏严格的数理表达方法，而长期被主流的新古典经济学所掩盖。

马歇尔在 1920 年出版的《经济学原理》一书中将工业集聚的特定地区称为"产业区"，这种"产业区"被诠释为一种由历史与自然共同限定的区域，其中大量的中小企业相互协作、协同竞争，产生了较一般经济区更高的竞争力。马歇尔的产业区位理论是在新古典经济学框架下，以收益不变、完全竞争假设为前提提出的，认为企业的集聚是为了追求企业外部的规模经济，即企业层面的规模报酬不变，社会层面的规模报酬递增。

在马歇尔的产业区位理论中首次提出了内部经济和外部经济的概念。内部经济是有赖于从事工业的个别企业的资源、组织和经营效率的经济；外部经济是有赖于这类工业产业的一般发达经济。马歇尔认为正是这部分外部经济引导着产业集群的形成。虽然马歇尔用外部经济的概念在一定程度上解释了产业集聚的原因，但他却忽视了区位和运输成本等其他因素的影响，实际上不同的产业和区位，工业集聚的程度和持续性是不同的[7]。

0.2.2　韦伯的工业区位理论

德国经济学家韦伯（Weber）1909 年出版了《工业区位论》一书，提出了工业区位论。韦伯认为，任何一个理想的工业区位，都应选择在生产和运输成本最小点上。从这一思想出发，他运用数学方法和因子分析法，对当时的德国鲁尔区做了全面系统的研究，得出了工业区位理论的核心内容——区位因子决定生产区位。

韦伯按三种不同标准把区位因子分为不同类型，如表 0.1 所示。

表 0.1   区位因子分类

分类标准	区位因子分类	说明
按因子作用范围分	一般区位因子	对所有工业区位都产生影响的因子，如劳动力费用、运输费用、集聚力、地租等
	特殊区位因子	对特定工业区位产生影响的因子，如水质、空气湿度等
按作用性质分	区域因子	影响工业分布于各种区域的因子，使工业企业向特定的地区布局，如原料、燃料、劳动力、地租、厂房设备、其他固定资产费用
	集聚因子	使工业集中于某一个或某几个地方的因子，如相关工业（产业链企业）、设施的有效利用
按属性分	自然因子	自然条件、自然资源和技术水平的特殊性而使企业取得效益的因子
	社会文化因子	社会经济形态和一定的文化水平而使企业取得效益的因子

韦伯认为，对生产成本费用起决定作用的一般区位因子只有运输费用、劳动力费用和集聚力三个。在这三个区位因子中，他认为运输费用对工业的基本定向起最有力的决定作用。劳动力费用的影响可能引起由运输定向的工业区位产生第一次“偏离”。而集聚力被归为外部经济引起的向一定地点集中的一般区位因子，可改变运输费用和劳动力费用的作用而产生第二次“偏离”。这就是韦伯的一般区位因子体系，也是他的理论核心。

自从 1909 年韦伯的工业区位论问世以来，外界对他的理论曾有各种各样的评价。一些西方学者将韦伯理论奉为圭臬，认为他的理论对于经济地理学是一个最大贡献，并根据韦伯的思想和区位模式提出许多新的区位学说。在苏联的早期（1926 年）评述中也有人认为，在工业的空间配置问题上要想往前推进一步，只有通过韦伯的理论而且在任何场合不忽视这一理论，才是有可能的。

与此同时，有些学者（包括西方或东方的学者）从科学的角度认真地对待这一理论，比较接近实际地评论了它的良窳。他们认为，首先，韦伯作为经济学家把数学推理和区位模式应用于经济地理学，可以说他是现代计量地理学研究工业配置问题的先驱。其次，韦伯考察了影响工业区位的各种不同的区位因子，在具体区位问题上他抽象概括出三个因素，形成他的区位理论。这种抽象和演绎的方法，对个别工厂企业区位研究，以及对地理科学的区位分析有一定的促进作用[8]。

另外，绝大多数学者都深刻地指出韦伯工业区位理论的缺点和错误，由于韦伯的理论产生于西欧现代工业迅速发展时期，仅对德国的工业配置进行了研究。该理论的目标是在原料、市场之间，寻求工业生产成本费用最低区位（被称为最低成本学派）。但是，从韦伯宣称他力图建立一个适用于任何工业部门、任何经济制度或政治制度的具有普遍意义的一般区位"纯理论"的时候，就违背了科学原则。因为工业配置是社会现象，整个社会的工业分布规律取决于社会生产方式，在具体区位分析上也只能从社会经济、技术、自然等因素的综合影响中寻找。而韦伯仅局限于分析个别区位因素，把局部的分布问题说成是主要问题，必然导致错误。

韦伯认为最低生产成本费用区位会给资本家带来好处。然而资本主义社会利润的大小不完全取决于生产成本费用水平，这是因为在垄断资本占优势的情况下，即使生产成本费用为最少也不一定能使资本家获得最高利润。在垄断资本的控制下，运价率的结构是极其复杂的。消费市场也在不断地变动，工业的集聚也是趋向于大城市而不是趋向于设想的交叉部分的区位等。所有这些事实都与韦伯的理论有相当大的差距。正是基于这种认识，欧美各国才陆续出现了补充韦伯理论不足的各种区位学派。例如，有研究运输费用结构如何影响工业区位的运输费用学派；有论证工业企业将定位于分散的消费地或市场的市场区位学派；有由地理学家组成的边际区位学派；有专门研究"行为与区位"的行为学派等。这些学派的理论、模式也都受到实践的检验。

韦伯理论的另一个不足是没有认识到技术进步对工业区位产生的重要影响。一些西方学者在评论中指出，20 世纪 20 年代以来的新技术革命已赋予大部分工业相当程度的区位可变性。这不仅是因为当前技术水平已经有可能利用各种不同原料生产同一制品（如从煤或石油中都可提取有机化工制品），它们之间的生产成本下费用差别很小，而且因为运输技术的改进，运输费用较其他生产费用有较大的下降，传统的运输方式已不再是企业的唯一选择[9]。

0.2.3　克鲁格曼新经济地理理论

新经济地理学的兴起主要归功于普林斯顿大学经济系教授保罗·克鲁格曼（Paul Krugman），1991 年克鲁格曼撰写了《地理和贸易》一书，使新经济地理学成为产业集群研究的热点[10]。新经济地理学在不完全竞争和规模报酬递增的前提下，用规范的数学模型分析了企业规模经济、市场外部经济、交易运输成本、工资等相互作用过程所决定的制造业的集群动态过程。

20 世纪 80 年代兴起的新贸易理论和新增长理论在解释行业内贸易、专业化和无限增长方面取得长足进展，对传统贸易与增长理论做出了具有重大意义的补充。新贸易理论所揭示的专业化和贸易机制及新增长理论所阐明的"无限增长"原理与传统经济地理研究中的集聚现象的相似性，一下子拉近了这三个理论之间的距离。以不完全竞争和报酬递增理念为基础的新的方法开始表现出强劲的发展势头，特别是在迪克西特（Dixit）和斯蒂格利茨（Stieglitz）将张伯伦垄断竞争形式化之后，催生了新贸易理论与厂商的区位选择论[11]。迪克西特和斯蒂格利茨建立了一个规模经济和多样化消费之间的两难冲突模型——迪克西特-斯蒂格利茨垄断竞争模型（Dixit-Stieglitz 模型，简称 D-S 模型）。自 20 世纪 90 年代以来，新经济地理学借助 D-S 模型和新贸易理论、新增长理论研究的三次浪潮的强大推动，作为经济学领域的第四波浪潮迅速成长。如果说，赫尔普曼（Helpman）与克鲁格曼（Krugman）关于不完全竞争和国际贸易的著作《市场结构和对外贸易——报酬递增、不完全竞争和国际经济》和格罗斯曼（Grossman）与赫尔普曼关于内生增长的著作《全球经济中的创新与增长》促成了这一新的研究领域的形成并为其发展指明了方向，那么，克鲁格曼在《政治经济学》上发表的《收益递增与经济地理》和藤田昌久等在《区域科学和城市经济学》上发表的《空间集聚的垄断竞争模型：细分产品方法》，则完成了对 D-S 模型空间意义的解释，可被视为新经济地理学研究的开山之作[12, 13]。经济学中的新经济地理学源于 20 世纪 80 年代对新国际贸易理论和竞争优势经济学的研究。这种新经济地理学吸收了城市经济学、区域科学和经济区位论等有关空间经济的传统思想，结合产业组织理论有关不完全竞争和收益递增模型的最新研究成果，试图构建"空间经济"的理论体系。新经济地理学比较注重国际经济学与地理区位及运输费用（贸易壁垒）的关联，强调规范的模型分析方法，提出了一系列复杂的空间经济模型，以模拟产业集聚的向心力和离心力的相互作用，寻求产业集聚持续发展和多重均衡实现及被打破的条件，强调收益递增、不完全竞争、历史和偶然事件、路径依赖等在产业集聚和区域发展中的作用。从新经济地理学的研究成果来看，它与传统（或新古典学派）的经济学相比较，最大的特点是吸收了经济区位论关于空间集聚及运输费用的理论，在此基础上强调由规模经济和运输费用的相互作用产生的内在集聚力，以及某些生产要素的不可移动性等带来的与集聚力相反的作用力（分散力）二者对空间经济活动的影响；新经济地理学的理论基础主要是收益递增思想、复杂科学所强调的路径依赖和"锁定"等概念，以及 D-S 模型。新经济地理学的研究主题主要有两个，即经济活动和经济增长的"空间集聚"和"区域集聚"。研究方法主要是采用数学定量分析，将现实中的现象高度抽象化、模型化，建立大量的数学模型，这些模型包括：中心-外围模型、国际专业化模型、全球和产业扩散模型、区域专业化模型及历史和期望对区域发展影响的模型等[14]。

0.2.4　增长极理论

最早提出增长极概念的是法国经济学家帕鲁（Perroux）[15]。他针对古典经济学家的均衡发展观点，指出现实世界中经济要素的作用完全是在非均衡的条件下发生的。他认为"增长并非同时出现在所有地方，它以不同的强度首先出现在一些增长点或增长极上，然后通过不同的渠道向外扩散，并对整个经济产生不同的最终影响"。帕鲁在1950年的一篇文章中提到"经济空间"的概念，他把经济空间分为三类，"增长极"是在第二类经济空间作为力场的空间中出现的。他主张，20世纪的经济是以支配效应为特征的，为了分析有支配效应发生的经济非均衡增长，帕鲁引入"推动性单位"和"增长极"概念。

"增长极"概念并不是应用于产业区位理论，而是应用于经济增长理论。这一概念之所以被移植到区位理论中，是因为在1955年帕鲁发表的论文《"增长极"概念》中，集中讨论了对经济增长产生诱导作用的一系列相关产业的特征，结果发现两个明显特征：一是寡头垄断的市场结构，二是空间集聚。就是从这个思路出发，1966年布德维尔（Boudeville）把增长极定义为位于都市内的正在不断扩大的一组产业，它通过自身对周边的影响而诱导区域经济活动进一步发展[16]。从此，以布德维尔为代表的一派的区位理论就把增长极理解为相关产业的空间集聚，使这一概念本身的含义发生了变化，由经济增长概念变成地理空间术语，并不断流传固定化。增长极概念被移植转化后，增长极理论就产生了。

根据增长极理论可知，地理空间的增长并不是一致的，它以不同的强度分布，通过各种渠道影响区域经济。当推动性工业嵌入某一领域时，它将形成集聚经济，产生增长中心，促进整个区域经济的增长[17]。

1966年，布德维尔又给增长极做了一个简要定义：增长极是指在城市区配置不断扩大的工业综合体，并在其影响范围内引导经济活动进一步发展。布德维尔把增长极同极化空间、城镇联系起来，使增长极有了明确的地理位置，增长极的"极"，位于城镇或其附近的中心区域。增长极包含两个明确的内涵：一是作为经济空间上的某种推动性工业；二是作为地理空间上的产生集聚的城镇，即增长中心。增长极具有"推动"与"空间集聚"意义上的"增长"之意。

许多国家的实践表明，以增长极理论为指导的区域发展政策并没有引发增长腹地的快速增长，而是拉大了它们与发达地区之间的差距，尤其是城乡差距。因此，自20世纪70年代以来，增长极理论的有效性受到了质疑。毫无疑问，增长极理论的主要缺陷是：第一，增长极的极化。主导产业的增长和产业的发展，具有相对的兴趣、吸引力和向心力，将周边地区的劳动力、资金、技术等因素转移到核心区域，剥夺了周边地区的发展机遇，这使周边地区与核心区域的经济发展差距拉大,这是增长极对周围区域来说的负面影响。第二,扩散阶段之前的极化相位太长。扩散是两极分化的逆向过程,力量的大小并不相等。缪达尔认为,市场力量的作用通常是扩大而不是缩小区域之间的差异。在增长极的形成过程中,如果国家干预没有得到加强,回流效应(即极化效应)总是大于扩散效应。然而,赫希曼认为增长的累积性质不会无限期地持续下去。从长远来看,地理涓滴效应(即扩散效应)足以缩小地区之间的差距。1980 年,布赛尔[18]在他的论文《增长极:它们死了吗》中提出扩散效应和回流效应随时间而变化,无论从哪个角度来看,增长极的扩散效应是不可否认的,扩散阶段之前的极化阶段是漫长的,是不容置疑的。然而,经过这么长的时间,落后地区的人们将继续承受贫困,政治不稳定因素可能会增加。对于正在争取政治成就的政府官员,他们不会在短期内看到政策的重大影响,在一定程度上也将阻碍增长极政策的实施。第三,促进性产业的性质决定增长极不能带来很多就业机会。促进性产业是与主导产业紧密合作的新兴产业,它们具有很强的技术创新能力,属于快速增长的企业类型,并具有较大的规模。促进性产业的性质决定了一般行业的发展目标,技术设备和管理方法相对先进。因此,培育增长极不可能解决太多问题,而且很容易形成"飞地"型增长极。第四,新区的发展给投资带来了一定的困难。从政府角度实施增长极政策的难度已在上面讨论过。从投资者的角度来看,增长极一般以城镇为依托,而且往往不是在现有的建成区。这些地区一般交通不便,生活服务设施较差,投资者经常不愿投资这一新区域,基础设施建设需要政府投入。如果政府不采取积极的态度,那么增长极政策的实施是非常困难的。第五,增长极理论是一种"自上而下"的区域发展政策。它完全依赖外部力量(国外资本和当地自然资源禀赋等),这可能导致国民经济变得脆弱。在全球化和本地化趋于共存的世界经济中,许多国家政府寻求依靠内部力量来发展内生的区域发展,同时越来越重视以知识和技术为基础的区域发展战略[19]。

0.2.5 竞争战略理论

波特认为,一国的贸易优势并不像传统的国际贸易理论宣称的那样简单地取决于一国的自然资源、劳动力、利率、汇率,而是在很大程度上取决于一国的产业创新和升级的能力。由于当代的国际竞争更多地依赖于知识的创造和吸收,竞争优势的形成和发展已经日益超出单个企业或行业的范围,成为一个经济体内部各种因素综合作用的结果,一国的价值观、文化、经济结构和历史都成为竞争优势产生的来源[20]。

波特对竞争战略理论做出了非常重要的贡献。《竞争战略》一书中明确提出了三种一般战略。波特认为,在与五种竞争力量(供应商的议价能力、购买者的议价能力、潜在竞争者进入的能力、替代品的替代能力、行业内竞争者现在的竞争能力）的斗争中，有三种类型的成功战略思想，分别是：①总成本领先战略；②差异化战略；③专一化战略。波特认为，这些战略的目标是使公司的运营在行业竞争中脱颖而出。在某些行业中，这意味着公司可以获得更高的回报；在另一些行业中，战略上的成功可能只是公司在绝对意义上获得一些微观收入的必要条件。有时，公司有多个追逐的基本目标，但波特认为，实现这种情况的可能性非常小。因为任何一种战略的实施，通常需要全力以赴，并有组织安排来支持这一战略，如果企业有多个基本目标，内部的资源要被分散[21]。

1. 总成本领先战略

总成本领先战略需要坚决建立高效的生产设施，努力降低成本，控制成本和管理成本，最大限度地降低研发、服务、销售、广告等成本。虽然质量、服务等方面都不能被忽略，但整个战略的目标是让成本低于竞争对手。公司的低成本意味着当其他公司在竞争过程中失去利润时，公司仍然可以获利[22]。

赢得最低总成本的优势通常需要较高的相对市场份额或其他优势，如与原材料供应商的良好对接等，并且还可能要求设计的产品易于制造同时还具备完整的产品生产线。该生产线为所有主要客户群提供服务，以分摊固定成本和批量生产。

总成本领先是非常有吸引力的。一旦公司赢得这样的地位，其获得的更高利润可以再投资于新设备和现代化设施以保持成本领先地位，这通常是维持低成本的先决条件[23]。

2. 差异化战略

差异化战略是区分公司提供的产品或服务，并在整个行业中实现的独特战略。实施差异化战略的方法有很多种，如设计品牌形象、技术独特性、绩效特征、客户服务、业务网络等方面。理想情况是公司在几个方面都有自己的差异化特征。例如，履带式拖拉机公司不仅以其商业网络和优质的配件供应服务而闻名，而且还因其质量和耐用性而闻名。

如果差异化战略成功实施，它将成为一个积极的战略，以此赢得一个行业的高水平的利润，因为它建立了防御五种竞争力的立场，虽然其防御形式不同于总成本领先战略。波特认为，差异化战略的实施有时与寻求获得更大市场份额的活动相矛盾。差异化战略的实施往往要求企业为这一战略的专属性做好心理准备。这种战略和市场份额的增加不可能单纯建立在公司差异化战略的情况，有时即使全行业客户了解公司的独特优势，也并非所有客户都愿意或能够支付公司要求的高价格[23]。

　　3. 专一化战略

　　专一化战略是关注特定的客户群、产品线的一部分或区域市场。就像差异化战略一样，专一化战略可以采取多种形式。虽然总成本领先战略和差异化战略目标都要在整个行业内实现，但整体战略是围绕一个服务于特定目的的中心而建立的。专一化战略的前提是必须考虑服务于特定目的这一中心思想。这一战略的思想是公司业务的专业化可以服务于一个效率更高、效果更好的狭隘战略目标，从而超越更广泛竞争力的竞争对手群。波特认为，想要达到这样的效果，公司要么通过满足特定对象的需求来区分，要么在提供此需求时实现低成本，或者两者兼而有之。这样的公司可以使其利润潜力超过行业的一般水平。这些优势可以保护公司免受各种竞争力的威胁[23]。

　　但是，专一化战略通常意味着限制可获得的整体市场份额，因此专一化战略，必然包括利润率和销售额之间的关系，而不是相互牺牲。

　　波特在《竞争战略》一书中还对三种通用战略的实施要求进行了详细的分析。

　　波特的竞争战略研究开辟了一个新的业务战略领域，为全球企业发展和管理理论研究的进步做出了重要贡献。竞争战略是要创造一个不可替代的地位：无论是公司还是希望保持不败竞争力的国家，是否具有竞争力是关键。

0.2.6　创新理论

　　熊彼特（Schumpeter）是创新理论的先驱，他在 1912 年提出的创新理论对后世影响很大[24]。熊彼特认为，市场经济是一个创造性的破坏过程，它不断从内部革新，不断地破坏旧的经济结构，不断地创造新的结构。破字当头，立在其中，这种过程被称作"产业突变"。不断生成"新组合"、促进"经济发展"，这些都是近现代市场经济秩序的本质特征，所以"创新是资本主义的永动机"。市场经济增长的主要推动力是企业家精神。企业家的职能是把生产要素带到一起并将之组合起来。而所谓"资本"，就是企业家为了实现"新组合"把各项生产要素转向新用途、把生产引向新方向的一种杠杆和控制手段。因而资本的主要社会功能在于为企业家进行"创新"提供必不可少的手段和条件。熊彼特的创新理论主要有以下几个基本思想[25]。

　　（1）创新在生产过程中是内生的。熊彼特说："我们所指的'发展'是经济生活中从内部自行发生的变化，而不是从外部强加于它的。"虽然投入的资本和劳动力的变化可以导致经济生活的变化，但这不是唯一的经济变化；另一种经济变化无法通过外部增加数据的影响来解释，这种变化是在系统内部发生的，此外，这种变化是这么多重要经济现象出现的原因，因此为这种变化建立一个理论似乎是值得的；还有一个经济变化即所谓的"创新"。

（2）创新是一种"革命性"的变化。熊彼特做过一个形象比喻：无论多少驿路或邮车加在一起，你也永远无法获得铁路。"这种'革命性'变化才是我们正要处理的问题，也就是在一种非常狭窄和正式的意义上的经济发展的问题"。这充分强调了创新的突然性以及不连续性的特点，提倡了一种"动态"的经济发展分析。

（3）创新也意味着毁灭。一般来说，"新组合不必由控制创新过程的生产或商业过程中的同一批人执行"，也就是说，驿路运输的所有者不会建造铁路，相反，铁路的建设意味着对驿路的否定。因此，在竞争激烈的经济生活中，新的组合意味着旧的组织通过竞争被淘汰，尽管消除的方式不同。例如，在完全竞争状态下的创新和毁灭往往发生在两个不同的经济实体之间，随着经济的发展和经济实体的扩张，创新在经济实体中更多地转变为自我更新。

（4）创新一定要产生新的价值。熊彼特认为，首先是发明，然后是创新；发明是新工具或方法的发现，创新是新工具或方法的应用。"只要发明尚未在实践中应用，它在经济上是无效的"。因为使用新工具或方法在经济发展中起着重要作用，最重要的意义在于创造新价值的能力。创新的分离发明在理论上有其自身的缺陷；但强调创新是新工具或新方法的应用必然会产生新的经济价值，这对于创新理论的研究具有重要意义。因此，这一思想由许多研究创新理论的学者所继承。

（5）创新是经济发展的必要条件。熊彼特试图引入创新概念来解释经济发展的机制。他认为经济可以分为两种情况：增长和发展。如果所谓的经济增长是由人口和资本的增长引起的，则不能称为发展，"因为它不会产生质量上的新现象，而只是相同的适应过程，就像自然数据的变化一样"。我们所说的发展是一种特殊的现象，是在流通中或者观察到的完全不同的趋势。它是循环通道中的自发和间歇性变化，是对均衡的干扰，它总是在改变并取代以前存在的均衡状态。我们的发展理论只是一个讨论这种现象及其伴随的过程。"所以，我们所谈论的发展可以定义为'新组合'的实施"。也就是说，发展是经济流通过程的中断，即实现创新，发展为创新提供本质规定。

（6）创新的实施者是企业家。熊彼特把企业看成是这种"新组合"的实现形式，那么企业家便是把这种"新组合"当成是职业的人。所以，企业家的主要职能不是管理和经营，而是看是否能够实现这种"新组合"。这个主要职能又把真正的企业家的活动和其他的活动区分开来。一个真正的企业家使企业能够实现某种"新组合"。这就使得"充当一个企业家并不是一种职业，一般说也不是一种持久的状况，所以企业家并不形成一个从专门意义上讲的社会阶级"。熊彼特对企业家的这种定义，其目的是突出创新的重要性，凸显创新的特殊价值。然而，把这种能否实现"新组合"作为评价企业家的内在规定，又过于强调企业家的动态性，这不仅给研究创新主体的问题带来了困难，而且在实际操作中也很难把握。

学术界在熊彼特的创新理论上又做了进一步研究，使创新经济学研究变得越来越精致和专业化，创新模式已经出现很多种，其中具有代表性的模型有：技术推动模型、需求拉动模型、交互模型、集成模型、系统集成网络模型等，建立技术创新、机制创新的理论体系，形成了有关创新理论的经济学理解[26]。

根据熊彼特的观点和理解，所谓的创新就是建立一种新的生产函数，引入从来没有经历过的制造要素和生产条件的"新组合"。熊彼特认为，企业家是资本主义的"灵魂"，其职能就是创新，创立"新组合"。经济发展就是指资本主义社会不断出现新的组合。资本主义就是这样一种"经济变动的形式或方法"，这就是所谓"不断地从内部革新经济结构"的"一种创造性的破坏过程"。在熊彼特假设存在的一种称为循环运行均衡的情况下，没有企业家，不存在变革和发展，企业的总收入与总支出持平，所以生产管理者所得到的工资只是"管理工资"，而没有利润，也就不存在相应的资本和利息。企业家和资本是在他所说的实现了创新和发展的情况下才存在的，也产生了相应的利润和利息。在这时，企业的收入才大于支出，由此产生的余额或剩余才是企业家利润，是企业家实现了"新组合"的合理报酬。资本就是为企业家在创新时给予必要的支付手段，资本所得的利息便是从企业家获得的利润中获取的，就像是对利润的一种课税。在这个创新理论中，人们只能看到生产技术和企业的组织发生了变化，而资本主义的剥削关系及基本矛盾则被完全隐藏了[27]。

0.2.7　国内产业集群理论的研究

我国学者对产业集群的研究开始于 20 世纪 90 年代，伴随着浙江、珠江三角洲、苏南等地的块状经济的崛起而成长起来。由于产业集群的复杂性和研究的切入点不同，国内众学者的研究也是百花齐放，各有特色。国内的研究主要从两个方面切入：经济集聚和地域集聚；以专业化分工、竞争优势、柔性生产方式、规模经济、外部经济、技术创新、组织创新及知识溢出等角度分析产业集聚及其创新体系的形成机理、过程及集聚的经济性等作为研究对象[28, 29]。

我国学术界对产业集聚现象及区域创新体系的研究开始于 20 世纪 90 年代，而大量的实证与规范研究则出现在 21 世纪初。

王辑慈是我国较早从地理学和经济学角度，系统研究产业集聚现象及其创新网络的学者。她与魏心镇合作研究了高技术产业开发区的发展与分布问题，这也是我国较早探讨高科技园区建设问题的理论成果。以此为理论铺垫，她不仅研究了高科技产业群与国内外典型案例，而且也讨论了传统产业集群现象与国内外典型案例，并系统地概括出产业集群理论和新产业区理论，探讨了产业集群与区域创新的关系，指出培养具有地方特色的企业集群、营造区域竞争优势、强化区域竞争优势是提升国家竞争优势的关键[30]。

仇保兴从历史与现实、理论和实践的多视角，分析小企业集群的形成过程、制约因素及其创新意义和深化趋势。从专业化分工角度分析了企业集群的形成机制；从产权、市场结构、产品和要素市场及人文环境角度分析了小企业集群形成发展过程中的制约因素，同时分析了小企业集群与我国产业结构调整和技术创新的关系等[5]。

盖文启从区域创新网络的视角探讨在新技术革命和经济全球化浪潮加速推进的背景下，区域经济发展的新机制。他提出了交易成本、规模经济和范围经济、竞争优势、创新等理论，较为系统地构筑了区域创新网络理论体系，并利用这些理论实证分析了产业的空间集聚与网络的创新活动，探讨了未来区域及其创新网络的发展趋势[31]。

徐康宁不仅从开放经济角度研究了产业集聚现象，指出国外的产业集聚一般是生产要素国际化配置的结果，显示出较强的国际竞争力，而且研究了当代西方产业集聚理论兴起的缘由和发展状况，并指出，中国经济学界更应当研究制度因素，如家族制度、政府作用等在中国产业集聚形成和发展中的作用[32]。

0.3　产业集群的国际发展情况

自 20 世纪 70 年代起，特别是 90 年代以来，随着经济全球化和新技术革命浪潮的加速推进，知识、信息、技术等要素在经济发展中的作用日益突出，这些要素的合理配置与创新，已经成为企业和产业发展的不竭动力，影响到产业内部的专业化分工，也影响到产业或经济活动的空间集聚，甚至影响到区域经济的发展。因此，特定产业的大量企业在特定区域内的集聚现象逐渐成为一种世界性经济现象[33]。

我们难以确定国际上的产业集群源于何时，但是，英国著名的经济学家马歇尔认证，早在 1250 年就有生产集中现象的记载。在马歇尔的时代，不同的产业集群不仅出现在了英国的曼彻斯特和兰开夏等地，而且在德国的奥芬堡与海德堡也形成了比较大的印刷机械产业集群。之后，随着欧美一些国家不断地进入并完成工业化的发展，产业集群现象在这些国家大量出现并不断成型。1990 年，波特用"产业集群"的概念来定义生产地集中的现象时，产业集群就已经在全球很多国家生根发芽了。就像斯科特与斯多波所说的，正是由于大量的产业集群的存在，当今世界的经济版图才变成了色彩斑斓、形状明显的"经济马赛克"，世界上绝大多数的财富就是在这些区域产生的。例如，在 20 世纪 90 年代的中期，多数产业集群就担负了美国将近 60%的产出。美国不但有在 20 世纪 20 年代形成的底特律汽车产业集群，更有在 60 年代出现、80 年代成型的，被誉为"经典产业集群"的加利福尼亚州硅谷IT 产业集群。美国绝大部分州都有一个或多个类似的产业集群[34]。

美国的这些产业集群不但规模宏大，而且相对成熟，五大行动主体齐全。美国加利福尼亚州的葡萄酒产业集群就是典型的代表。加利福尼亚州的葡萄酒产业集群包含了 680 个葡萄酒厂和几千个独立的葡萄栽培者，制造葡萄储藏装置、灌溉设施、开采的装备、桶、瓶、瓶盖和软木、标签等多样的相关产品的企业，专业化的公共关系和广告商，以及与葡萄酒相关的、针对商贸读者的许多出版商。另外，还包含许多与葡萄酒有关联的地方机构，如加利福尼亚州议会中设立了酒业委员会，加利福尼亚大学的戴维斯分校有着世界上著名的葡萄栽培和酿造的研究机构。该产业集群与加利福尼亚州的食品业、农业、餐饮业和乡村酿酒旅游业等其他的产业集群也有一定的联系[34]。

德国产业集群出现在英国产业集群之后。19 世纪初在德国海德堡附近出现了印刷机制造的产业集群。第二次世界大战后，德国被划分为了民主德国和联邦德国，联邦德国的南部和中部形成了众多的产业集群，而民主德国并没有出现产业集群。

意大利是除美国之外在产业集群发展上表现得最成熟且最有特色的国家。意大利每年的出口额为 200 多亿美元，主要由其 66 个产业集群提供。早在 1995 年意大利的产业集群就有 199 个，分布在其 14 个大区。意大利的产业集群主要是消费品方面的产业集群，也有一部分产业集群是资本品。其中，纺织品集群有 69个，占 34.7%；皮革与鞋业集群 27 个，占 13.6%；家具业集群 39 个，占 19.6%；机械业集群 32 个，占 16.1%；食品业集群 17 个，占 8.5%；另外，还有 4 个首饰集群，占 2%；4 个化学制品集群，占 2%；6 个造纸与印刷集群，占 3%；1 个金属制品集群，占 0.5%[35]。

尽管法国的产业集群发展得比较晚，但在法国的地域上同样也分布着为数不少的产业集群。其中，坐落于法国北部的布雷勒河谷就是全球著名的香水玻璃瓶制造业集群，占全球 80%的香水瓶市场份额，所以它是名副其实的香水瓶制造中心。近年来，产业集群在发展中国家也逐渐涌现。例如，亚洲的印度、印度尼西亚等国都拥有大量的产业集群。根据参加了第一届"地方产业集群国际会议"（由国土规划与区域行动议会和经济合作与发展组织共同组织，于 2001 年 1 月在巴黎举行，来自全世界 45 个国家和地区的 1200 多名代表与会）的印度小企业与农村事务部部长桑卡（Shankar）介绍，大量的产业集群分布在印度的各地区，2000 年印度制造业出口额的 60%是由印度大约 350 个产业集群所创造的。其中旁遮普邦的金属加工业集群和纺织业集群、泰米尔纳德邦的棉针织业集群、古吉拉特邦的苏拉特的钻石加工业集群、卡纳塔克邦的班加罗尔的电子软件业集群、北方邦的阿格拉的鞋业集群等，都是印度规模比较大的产业集群。印度产业集群的产量在国内是首屈一指的，如由卡尼巴德的纺织业集群所生产的毯子占印度全国产量的75%，鲁第海阿那的纺织集群制造了全国 80%的毛织服装，班加罗尔更是印度实际意义上的"硅谷"[36,37]。除此之外，印度的农村地区还有大约 2000 个手工业集群，其中有生产皮革、纺织印染、陶瓷、黄铜制品有机制品、手工纸等产品的产业集群[38]。

拉丁美洲产业集群的发展历史就没有那么长，最多也就只有 30～40 年的时间。拉丁美洲的产业集群并不是很多，但是产业集群的发展规划却是令人吃惊的，如拉丁美洲的几百个区政府，几乎每个城市都有产业集群的发展计划。其中发展计划比较多的国家有秘鲁、巴西、墨西哥、委内瑞拉、洪都拉斯、尼加拉瓜、牙买加等国。一些集群出现在非洲，南非、肯尼亚、津巴布韦和坦桑尼亚等国。南非的产业集群发展都比较晚，开始于 20 世纪的 90 年代，而且还是由中央政府的相关机构发动的，但是地方的一些机构没有发展产业集群的积极性。而东欧的许多国家如波兰、匈牙利、克罗地亚和斯洛文尼亚等国都在积极地发展产业集群[27]。

产业集群能够大大地降低企业交易成本，激励企业创新，从而使企业获得更高的外部经济性，加速区域经济竞争能力的快速提升。因此，产业集群成为全球性经济发展潮流，并开始成为各国产业经济发展的主流模式，越来越多的国家和地区把产业集群作为产业发展的战略途径，竞相重视发展产业集群，纷纷出台各种政策、措施，以期达到快速提升区域经济竞争力的目的。

0.4　产业集群的国内发展情况

我国的产业集群诞生于改革开放后的 20 世纪 80 年代初，改革开放政策客观上加快了生产要素在空间上的流动与有效配置，为区域产业集群的出现创造了宽松的宏观外部环境。因此，在沿海一些经济快速增长、对外开放程度高、劳动力资源丰富的区域，逐渐成长起一批表现为高度集聚、高度专业化的产业集群，从东北地区特别是辽中南地区城市的装备制造产业和京津的高新技术产业集群，到山东和江苏城市的加工制造产业和装备制造产业、上海的服务业和装备制造业、浙江和福建城市的加工制造产业，再到广东城市的加工制造产业集群，中西部地区由产业集群所导致的从点状到带状经济的隆起也越来越清晰。目前产业集群的发展已经成为带动我国区域经济发展和提升区域经济竞争力的重要力量，且呈方兴未艾之势。以浙江为例，该省产业集群发展主要起源于 80 年代初的温州和台州地区，80 年代中期辐射至宁波、绍兴地区，而后扩展至金华等地，并于 90 年代末基本实现了在浙江全省范围内的覆盖。伴随着产业集群的发展，其对区域经济发展的贡献也日益突出。据资料统计，2001 年在浙江全省 88 个县（市、区）中，有 85 个县（市、区）形成了块状经济（即产业集群），这些块状经济在一定程度上保证了多年来浙江一直以高出全国平均水平约三个百分点的经济增长速度发展，使这样一个无资源优势、无国家扶持、无政策优惠的"三无"省份，发展成为如今经济发展水平居全国前列的经济大省。从我国产业集群经济发展的基本情况出发，可以归纳出我国产业集群经济发展的六个特点、五种类型[39]。

0.4.1　国内产业集群的六个特点

1. 大部分的传统产业被产业集群所覆盖

浙江省委政策研究室于 2001 年 6 月针对全省的产业集群开展了全方位的调查，调查结果显示，在 88 个县（市、区）中，其中有 85 个县（市、区）发展了 800 多个产业集群，包含了纺织、制衣、制笔、电器、机械制造、医药等 175 个大小行业，其中有 23.7 万家工业企业，为 380.1 万人提供了就业岗位。江苏省中小企业局的初步调查显示，江苏境内形成了机械、纺织、轻工、食品等 13 个行业的产业集群。其余各省（直辖市）的调查报告显示，在湖南、上海、北京、吉林、辽宁、河北、山东、江西等地，也都形成了大小不一的产业集群，包括钢铁、机械、化纤纺织、生物工程、医药、信息技术等产业集群。据统计，全国形成了数千个各类产业集群，其中产业集群出现最多的行业包括五金制品、塑料、化纤纺织、制衣、制鞋、电子、信息、医药、塑料、汽摩配件、精细化工等产业。

2. 产业集群形成的经济规模已经扩大化

据统计，2001 年珠江三角洲地区电子信息产业所拥有的产值为 3043.86 亿元，电气机械产业所实现的产值为 1327.69 亿元。机电产品出口额为 500 多亿美元，占全国机电产品出口的 45%。在 2001 年，浙江的产业集群所生产的经济总产值达 5993 亿元，约占 2001 年浙江工业总产值的 49%；其中有 118 个产业集群的年产值达到 10 亿～50 亿元，26 个产业集群的年产值达 50 亿～100 亿元，100 亿元以上的集群有 3 个。江苏 60 个产业集群所拥有各类企业达到 3.21 万户，其中职员有 168.2 万人，2002 年江苏产业集群的产出总量高达 2566 亿元，在全国中小企业产出总量中占 19.2%。中国纺织工业协会命名的 29 个纺织特色市（县）、特色城（镇），全口径合计的纺织工业总产值达 2378 亿元，占到全国纺织工业生产的六分之一。

3. 一些产业集群已经建立了自己的特色产业和品牌

产业品牌反映了一个产业集群的特色，代表产业集群特色的品牌被称为区域品牌。在江苏比较有代表性的有常熟纺织产业中的"波司登"羽绒服、"雪中飞"羽绒服及"梦兰"床上用品等三个中国比较著名的品牌产业，其中"波司登"与"梦兰"是中国驰名商标。福建的著名商标有40多个，其中比较出名的是一些休闲服装品牌，如"七匹狼""金犀宝""野豹""帝牌""柒牌"等，其中，石狮的纺织服装行业拥有 2 个中国驰名商标。浙江宁波的"杉杉"西服和"雅戈尔"西服是比较著名的品牌，诸暨的"恒柏"西服、"步森"服饰也是其中比较有名的品牌。

4. 集群中某些公司因其影响力的日益上涨而成为其竞争性集群里的领导者

竞争性集群历经多年的发展，自然而然地产出了一些实力强大的公司。在浙江各行业调查中，2002 年，德力西、人民电器集团、乐清正泰和万向集团的产值均超过 50 亿元。由于其强大的影响力，近千家中小公司加入这些公司的产业链，带动了一些产品的技术革新，从而产品的品质和档次都有明显的提升。宁波服装企业中的"雅戈尔"服饰、平湖服装业的"茉织华"企业，以及海宁皮革企业中的"卡森"集团和"雪豹"集团在其领域的影响逐渐增大。台州市在这过程中也有所发展，其塑业产业的发展也存在产业集聚的现象，2%的骨干企业占据了企业集群中 42%的销售额。

5. 相关产业基地由某些竞争性集群形成

就化纤面料在中国的市场来看，化纤长丝织物对外贸易的情况，从 1996 年的5000 万米、1998 年的 2 亿米，发展到 2002 年 22 亿米，但是进口长丝面料却从1999 年的 32 亿米（不包含走私）下降到 2002 年的 23 亿米，达到了进出口相对平衡。这主要是由于产业集群的不断发展和壮大，企业的专业化分工水平得到了提高，从而激发了企业的竞争性。化纤产业链形成的集中区域有绍兴、萧山地区，苏州、嘉兴地区，以及中山、佛山地区。这三个产业集群的纺织产值均超过了 1000 亿元，占全国的纺织工业总产值的 20%。

6. 产业集群随着不断地发展开始扩大外贸

这些年来，浙江的外贸出口量之所以一直处于上升状态，主要是因为产业集群的外向度提高了。浙江在 2000 年有 10276 家的企业出口经济比重达到了 30%，161 个产业集群的出口产品产值占集群总产值的 10%。在我国企业"走出去"政策的引导下，浙江积极响应，开始扩大对外贸易，走出国门，现在在越南、俄罗斯建立了自己的专有市场，成功地带动了浙江其他产品的输出。

0.4.2　五种典型产业集聚类型

1. 自发成长型产业集聚

该类型一般都是依托历史较为悠久的传统产业或本地优势资源，在较长时期的发展过程中，形成专业化分工与协作的格局，逐步演进为具有综合优势的产业集群。例如，江苏吴江的丝绸产业历史悠久，清朝时期即号称"日出万匹，衣被天下"，改革开放后更是快速集聚壮大，目前已成为全国三大纺织产业集群之一[40]。

2. 企业扩张型产业集聚

企业扩张型产业集聚是在一个或若干个规模较大、产业带动力较强并且技术处于领先地位的企业主导下，抓住市场和政策机遇，迅速扩张裂变为一个产业集群。例如，江阴以一家上市公司（申达集团）为启引点，吸引同类产品和配套产品投资商进入，逐步形成为"亚洲包装中心"；2011 年许昌以瑞贝卡公司为龙头，汇集了龙正、神龙等具有一定规模的发制品企业 112 家、个体生产专业户 900 多家，发制品产业链上从业人员近 15 万人，成为全球最大的发制品生产加工基地。

3. 市场带动型产业集聚

市场带动型产业集聚是通过专业市场的带动发展而形成的产业集群。从带动效应来看，市场对产业集聚的作用最大，可以使市场信息、产品制造、销售渠道、服务产业等都有机地结合在一起。例如，义乌就是以中国小商品城为核心，带动形成了 11 个专业市场、14 条专业街，目前已形成集运输、产权、劳动力等要素市场相配套的市场体系，成为全球最大的小商品集散地。

4. 科技驱动型产业集聚

科技驱动型产业集聚主要是在实力较强的科研机构、大学的作用下，在某个区域、产业或产品上依托技术上的领先优势和人才优势逐步发展进而形成产业集群。例如，北京的中关村科技园区内有清华大学、北京大学等高等院校 41 所，中国科学院等各级各类科研机构 206 家，先后吸引了联想、方正、微软、国际商业机器公司（International Business Machines Corporation，IBM）、诺基亚等国内外知名高新技术企业万余家，成为国际知名科技、智力、人才和信息资源的密集区域[41]。

5. 外资及港澳台资带动型产业集聚

外资及港澳台资带动型产业集聚是我国产业集聚中发展最快的类型，大多是由外商及我国港澳台商等投资企业逐步发展而成。这方面有两种基本模式，一种是外商或港澳台商先投资零配件企业，然后通过再投资和吸引其他同类行业，逐步形成产业集群；一种是境外大企业投资兴办规模较大的终端产品企业，拉动国内外配套企业跟进投资，形成产业集群。前者多在改革开放的早期，后者主要是近十几年较多。这些产业集群主要集中在江苏、浙江等地区，以电子信息、精细化工和精密机械产业等为重点。这些产业集群形成较大规模后，当地技术研发力量以及配套企业的数量也逐年增长。

参 考 文 献

[1]　韩然. 高新区产业集群化发展研究[J]. 中国高新区, 2018, (9): 1.

[2]　杨煜. 京津冀产业协同创新的发展路径研究——基于产业创新生态系统理论视角[J]. 天津经济, 2018, (3): 3-11.

[3]　Marshall A. Principles of Economics: An Introductory Volume[J]. Social Science Electronic Publishing, 1920, 67 (1742): 457.

[4]　张金昌. 波特的国家竞争优势理论剖析[J]. 中国工业经济, 2001, (9): 53-58.

[5]　仇保兴. 小企业集群研究[M]. 上海: 复旦大学出版社, 1999.

[6]　Martínez-Cháfer L, Belso-Martínez J A, Molina-Morales F X. Knowledge, Systemic Contribution and Brokerage in Industrial Clusters[M]//Marchi V D, Maria E, Gereffi G. Local Clusters in Global Value Chains: Linking Actors and Territories Through Manufacturing and Innovation, 2018.

[7]　Marshall A. A Principles of Economics[M]. London: Macmillan, 1920.

[8]　郭蓥蘭. 论韦伯对工业区位理论体系的贡献及其理论缺陷[J]. 中国投资, 2013, (S1): 244.

[9]　阿尔弗雷德·韦伯. 工业区位论[M]. 李刚剑, 陈志人, 张英保, 译. 北京: 商务印书馆, 2010.

[10]　保罗·克鲁格曼. 地理和贸易[M]. 张兆杰, 译. 北京: 北京大学出版社, 2000.

[11]　Dixit A K, Stiglitz J E. Monopolistic Competition and Optimum Product Diversity[J]. American Economic Review, 1977, 67 (3): 297-308.

[12]　宋鹏, 王学鸿. 国际贸易与经济增长的关系研究——以新贸易理论和内生增长理论为核心[J]. 云南农业大学学报 (社会科学版), 2008, (5): 37-39.

[13]　藤田昌久, 克鲁格曼, 维纳布尔斯. 空间经济学: 城市、区域与国际贸易[M]. 梁琦, 译. 北京: 中国人民大学出版社, 2005.

[14]　Krugman P, Venables A J. Globalization and the inequality of nations[J]. Quarterly Journal of Economics, 1995, 110 (4): 857-880.

[15]　Perroux F. The domination effect and modern economic theory [J]. Social Research, 1950, 17 (2): 188-206.

[16]　布德维尔. 增长点·增长极·增长轴[J]. 李仁贵, 译. 开发研究, 1997, (1): 28-29.

[17]　吴传清, 周晨晨. 增长极理论在中国的新发展: 基于学说史视角的考察[J]. 贵州社会科学, 2013, (10): 47-52.

[18]　Boisier S. Growth poles: Are they dead? [R] Santiago: UN Latin American Institute for Economic and Social Planning, 1980.

[19]　Peeroux F. Ecnonmic space，theory and application[J]. Quality Journal of Economics，1950，64（1）：89-104.

[20]　朱妮娜, 叶春明. 以产业集群国际竞争力带动我国文化贸易快速发展[J]. 云南财经大学学报（社会科学版），2011，26（1）：21-24.

[21]　Porter M E. Regional Competitiveness：The Role of Clusters[R]. Toronto Region Economic Summit，2012.

[22]　刘培. 商业模式创新对企业竞争优势的影响研究[D]. 呼和浩特：内蒙古财经大学，2017.

[23]　Porter M E. Clusters and the new economics of competitiveness[J]. Harvard Business Review，1998，(12)：77-90.

[24]　代明，殷仪金，戴谢尔. 创新理论：1912—2012——纪念熊彼特《经济发展理论》首版100周年[J]. 经济学动态. 2012，（4）：145-152.

[25]　熊彼特. 经济发展理论[M]. 刘昱岗，译. 北京：中国商业出版社，2009.

[26]　陈寒凝. 创新系统理论视角下的陕西自主创新提升路径[J]. 新西部（理论版），2016，（2）：31-32.

[27]　朱文涛, 孙珠峰. 创新系统理论：范式与挑战[J]. 科技进步与对策，2017，34（5）：1-5.

[28]　陈日生. 中国产业集群形成路径研究[J]. 考试周刊，2012，（86）：193-194.

[29]　张哲. 基于产业集群理论的企业协同创新系统研究[D]. 天津：天津大学，2009.

[30]　王缉慈. 创新的空间——企业集群与区域发展[M]. 北京：北京大学出版社，2001.

[31]　盖文启. 区域发展的新思维[M]. 北京：北京大学出版社，2002.

[32]　徐康宁. 产业聚集形成的源泉[M]. 北京：人民出版社，2006.

[33]　Chakravorty S，Koo J，Lall S V. Metropolitan industrial clusters：Patterns and processes[J]. Policy Research Working Paper，2003.

[34]　耿小庆. 组织知识创新与企业能力成长研究[D]. 天津：天津大学，2008.

[35]　徐平. 中石油集团自主创新机制及能力评价研究[D]. 哈尔滨：哈尔滨工程大学，2009.

[36]　Bahari A，Hekmatara H，Sepahvand R，et al. Carbon nanotube-graft-poly (citric acid) containing silver and palladium nanoparticles[J]. Nano，2009，4（4）：217-223.

[37]　Shiff S J. Sulindac sulfide, an aspirin-like compound, inhibits poliferation, causes cell cycle quiescence and induces apoptosis HT-29 colon adenocarcinoma cells[J]. Journal of Clinical Investigation，1995，96（1）：491-503.

[38]　朱李鸣. 产业集群发展的国际经验及启示[J]. 浙江经济，2007，（10）：36-39.

[39]　李碧宏. 产业集聚与增长极的形成[D]. 重庆：西南大学，2012.

[40]　孙华平. 产业转移背景下产业集群升级问题研究[D]. 杭州：浙江大学，2011.

[41]　李涛. 国家创新系统理论的演变评述[J]. 新丝路（下旬），2016，（8）：26-27.

第1章 产业集群的概念基础

1.1 产业集群概念的内涵

集群的概念最早由马歇尔（Marshall）在《经济学原理》一书中提到，并且在波特（Porter）出版了著作《国家竞争优势》以后，这个概念开始普及，学术界及政策制定者对其进行了广泛的研究和讨论[1, 2]。产业集群作为一种有效的经济发展战略方式，已经成为国家制定政策的风向标之一，对相关经济政策的制定和实施具有导向作用，在中小企业的升级和创新政策方面的作用尤为突出。然而到现在为止，学术上并没有产业集群概念和内涵的统一定义。最早马歇尔将集群定义为一个由历史和自然共同限定的工业分布区域，即后人所说的"马歇尔产业区"。波特在1998年从战略管理的角度将产业集群定义为相关企业和机构在某一特定区域的地理集中现象，是由一系列相关企业及其他对竞争有重要作用的实体构成的。在研究国外集群理论的基础上，国内的许多学者也对集群的概念阐述了各自不同的见解。王缉慈认为，集群就是指特定的产业及相关领域中的大量的企业和支撑机构在一定的空间范围内集聚并密切联系，从而形成具有持续而强劲的竞争优势的机制和现象。仇保兴在对各种集群基本概念进行梳理和总结后，提出集群是一群独立自主而又通过专业化的分工协作和资源互补彼此依赖的企业所形成的组织，在组织结构上，它的稳定性比市场强，灵活性又比层级组织高。魏江和魏勇将产业集群定义为某一特定领域的企业及机构相互联系，在地理上形成集聚体，在集聚体内部主要存在两种联系，企业纵向的产业链联系和与其他企业的横向上的竞争和互补联系。不同领域的学者采用了多种术语来定义和描述这种产业的集聚现象，经济学领域将其称为集群或簇群、产业集群、区域集群，经济地理学将其称为产业区、新产业区、产业集聚、区域创新系统。我国学者还提出了许多特别的称呼，如块状经济、专业镇经济等，反映出我国产业集群的发展特色。对于产业集群现象，虽然不同学科侧重于不同的关注方向，但从以上这些集群的相关概念可以看出，其含义都是大同小异的，都从不同侧面反映了产业集群的地理集聚特征、产业联系特征、外部经济特征及社会文化特征，如何定义集群还是要取决于研究者研究采用的视角、案例的内容及自身水平的局限性等。总地来说，产业集群是一个复杂的系统，是指在一定区域内，关于特定产业的众多不同等级规模的企业及与其发展相关的各种机构、组织等行为主体在分工合作的基础上进行集中，这些行为主体利用复杂的关系网络紧密联系在一起，形成空间集聚体，是一种新的介于等级制和市场之间的空间经济组织形式，并且形成了产业集群内部复杂的网络性质和系统性质。不同类型的产业集群拥有各自不同的特色，在研究产业集群的时候，我们要抓住集群关键要素，对集群的本质特征进行分析。

本书归纳了一些国内外具有代表性的产业集群定义，如表 1.1 所示。

表 1.1　产业集群定义

学者	对集群概念的相关阐述
马歇尔 （Marshall）	马歇尔基于外部经济的视角解释了在同一区位内的企业集中现象，并指出外部经济可以分为技术性外部经济和金钱性外部经济。其中，技术性外部经济指产业集群内的技术传播与信息扩散；金钱性外部经济指规模效应给产业集群及集群内企业带来的利益，包括劳动力效应与中间品效应[1]
韦伯（Weber）	韦伯以工业区位理论为基础解释了企业集聚现象，论述了企业的靠近在于对集群成本与利益的权衡。其中，区位因素包括区域因素和集聚因素两个方面；认为当集群发展到高级阶段，各个企业将通过相互联系的组织形成地方工业[3]
帕鲁（Perroux）	帕鲁认为，推动性工业嵌入某地区形成集聚经济，产生增长中心（增长极），进而推动整个区域经济的增长。一个地区可以通过增长极对周边地区产生支配、技术创新与扩散、资本集中与输出等作用，获得巨大的规模经济效益与集聚经济效益[4]
克鲁格曼 （Krugman）	克鲁格曼以"地理集聚"为指导思想创建了"新经济地理学"。克鲁格曼认为，因为外在条件具有一定的局限性，特定的产业在什么地方集聚，具有历史偶然性，随后累积循环的自我实现机制使产业长时期地聚集并固定在某个地区，产业通过专业分工获得规模报酬递增优势[5]
波特（Porter）	波特认为产业集群是某一特定领域内相互联系、在地理位置上集中的公司和机构的集合。集群包括一系列相关的产业和其他竞争的产业，如零件部门、机器设备和服务供货商，专业的基础设施供货商等。集群也往往向下游发展到营销部分和客户方面，横向发展到互补性产品的制造商及与技术、技能上有关的企业。最后，许多集群也包括政府和其他机构，如大学、专门机构、职业培训机构及商会等。这些机构提供专门化的训练、教育、信息、研究和技术上的支持[2]
王缉慈	王缉慈认为集群是指在某一特定的产业及相关领域中，大量联系密切的企业及相关支撑机构，如行业协会、金融机构、职业培训和科研机构等，在空间上集聚，并形成具有强劲、持续竞争优势的机制和现象[6]
仇保兴	仇保兴认为小企业集群是一群独立自主又相互关联的小企业依据专业化分工和协作建立起来的组织，这种组织结构介于纯市场和层级组织之间，它比市场稳定，比层级组织灵活[7]
魏江和魏勇	魏江和魏勇认为产业集群为某一特定领域内相互联系的企业及机构在地理上的集聚体，该集聚体内部存在企业纵向的产业链联系和竞争企业与互补企业之间的横向联系[8]

基于以前学者给出的对产业集群的多种定义，结合本书的研究特点，本书给产业集群的定义为：产业集群是指某一特定领域内具有地理接近性和产业关联性的企业和机构的集合体，它们为获取集群所能提供的规模经济、技术溢出和创新平台等竞争优势，在集群内部不断进行着竞争或者共生，并同时与内部和外部进行着资金、信息和人才等的交流，以适应市场的选择，继而通过自学习、自组织、自适应不断实现进化的、开放的复杂自适应系统。

1.2　产业集群的分类

在布满全球的众多产业集群经济中，就大的分类而言，联合国将产业集群分为十大类：农林渔猎，矿业，制造业，电力、煤气、供水，建筑业，批发、零售、旅馆、饭店，运输、储运、通信，金融、保险、不动产，政府、社会与个人服务及其他经济活动。这样的划分，过于笼统，没有体现出产业集群的特征，不具有经济指导作用。故而我们在谈论产业集群的分类时通常依据不同集群的功能、组织形式、运行方式等特征来进行划分；众学者对产业集群的分类划分的标准各有不同，比较有代表性的有如下几种：

马库森（Markusen）1996 年在《光滑空间中的黏着点：产业区的分类》一文中，依据公司的构造、对外和对内的关系将产业集群划分为以下四种类型[9]：马歇尔式产业区，意大利式产业区为其变体形式；轮轴式产业区，其地域结构围绕一种或几种工业的一个或多个主要企业；卫星平台式产业区，主要由跨国公司的分支工厂组成；国家力量依赖型产业区。克诺琳娜（Knorringa）和梅耶-斯塔默（Meyer-Stamer）在马库森研究理论基础上，以发展中国家的产业集群为研究对象，将发展中国家的产业集群划分为意大利式产业集群、卫星式产业集群和轮轴式产业集群三类[10, 11]。

迈克尔（Michael）在 1997 年综合其他学者研究的基础上，提出了一个以市场导向和协作方式为基础的分类方法，将产业集群分为以下四类：手工艺/传统工业产业集群；组装的生产网络集群；高技术综合体（或园区）集群；基于大企业的工业中心集群[12]。在这四个类型产业集群的横向和纵向上存在两个"交流"：以消费者为驱动的劳动者密集型产品与以生产者为驱动的资本或技术密集型产品之间的"交流"；主要由中小企业组成的多元化经营的产业集群与以大企业为中心的转包制的产业集群之间的"交流"。

戈登（Gordon）和麦肯（McCann）在 2002 年运用交易成本理论将产业集群分为纯集聚体、产业综合体和社会关系网络三类[13]。这种分类主要以集群公司规模、企业间关系特点、成员资格、入群条件、空间特点和分布等特征为参考分析要素，考察的是集群内的企业联系的紧密程度，根据企业在交易过程中节省的交易成本的大小来进行分类。

1998 年，联合国贸易和发展会议根据集群内的企业技术总体水平、集群变化的广泛性及集群内企业间的协作与网络化程度三个标准，将集群分为非正式集群、有组织集群、创新集群、科技集群和孵化器及出口加工区等五种类型。

而产业集群在我国有其自身的特色，从产业集群的驱动力划分，我国产业集群大致有五种主要类型，如表 1.2 所示。

表 1.2　我国地方产业集群的成长类型划分

驱动力	内驱动力		外驱动力		
类型	1	2	3	4	5
驱动主体	本地企业家	科技实业家	外资，港澳台资本	外资，港澳台资本	国有企业
类型	劳动密集型	技术密集型	劳动密集型	技术密集型	技术密集型
典型实例	东莞虎门服装产业集群	北京中关村高科技产业集群	东莞鞋业产业集群	东莞清溪电子产业集群	重庆摩托车产业集群

类型 1：依靠本地历史传统产业基础、依靠当地企业家精神和工商业传统、依靠当地资源形成和发展的产业集群。

类型 2：在科技实业家创业基础上出现的高科技企业集群，以及依靠高校资源和科技人员创业自发形成的产业集群。这类集群后来大都受到政府的扶持。

类型 3：本地企业通过"三来一补"（来料加工、来料装配、来样加工和补偿贸易）发展成中小企业集群，然后再引进外资和港澳台资本发展成外向型加工企业集群。

类型 4：通过引进外资和港澳台资本发展配套企业的集群。

类型 5：国有企业经过改革后再次繁衍和集聚配套大型企业发展和形成集群。

上述五种类型中，第 1、第 2 种属于内生型集群，资本主要依靠本地区的积累，技术主要源于自身的模仿与研发，此类集群利用当地的资源禀赋和文化氛围，由少数嗅觉灵敏的开拓者率先涉足某一行业并获利，其盈利示范效应使得许多同类企业涌现，相互竞争互补而逐渐形成中小企业集群。浙江众多产业集群基本属于这一类型，在发展过程中经历了企业与社会相互作用，这同自然选择与演化的过程非常类似，使得此类集群具有很强的生命力和发展潜力。第 3、第 4、第 5 种属于外生型集群，其中外资部分可分为外资嵌入型与外资带动型两种。外资嵌入型通常由资本与技术源自国外的跨国公司进驻某一地区，其相关配套企业集团也随之进入而形成的集群，此类集群主要依靠地缘、政策、低成本优势吸引外资。外资带动型往往由一两家外资企业进入，由其品牌效应带动本地大量同类企业的建立和发展，从而形成以本地企业为主的产业集群，如广东南海区盐步内衣制造企业集群。

1.3　产业集群的特征

在对产业集群的研究中，对其特征的归纳分析是必不可少的，一个集群的特征决定了该集群的发展路线和运行模式。根据 1999 年詹卡洛（Giancarlo）等[14]和苗长虹等[15]的观点，笔者认为一个典型的产业集群应当具有以下三个方面特征：①大量企业在特定地理空间聚集，并存在专业化（纵向或横向）分工；②集群内形成广泛的、一体化的、具有根植性的能力和地方专业化的劳动力市场；③产品以在集群中合作和竞争的方式提供。随着集群经济的发展，地理接近性、集群成长的自组织性、政府协助性等因素也纳入了产业集群特征的考虑范畴。结合国内外学者的研究经验和笔者的研究心得，本书归纳出如下产业集群的一般特征。

1.3.1　根植性

地理特征是产业集群的主要特征，生产组织表现出很强的地域性，在地理分布上较为集中。产生外部规模经济的基本条件是企业在地理上的集中，同时也是集群以一种地域经济现象存在的条件之一。地理集中并非是对其生产经营活动的限制，而是指生产布局上的空间有限性。产业集群的产品可以销往任何一个集群外的地方，而它的生产要素也可以来自任何集群外的区域。但由各个独立企业的生产运作所构成的生产系统一定会在这个集群区域内聚集，当技术固化到产品中形成标准化产品或零部件时，有些产业就可以实现远距离供应。然而当别的产品和零部件需要尽可能快地供应，及时生产，实时地反馈信息，及时地更换产品，近距离联系对这样的产业就非常重要。从各地产业集群的具体情况来看，集群的地理范围可大可小，没有也不可能有一个统一的标准。有些集群可能只坐落在一个镇上；也可能在一个县内，如绍兴的纺织产业集群；有的甚至可以突破行政边界，如山东临清的轴承集群与河北临西的轴承集群连成一体，美国一个药业集群横跨新泽西州和宾夕法尼亚州，德国的一个化工集群就延伸到了瑞士的德语区。因此，自然地理和行政区划几乎很少能划定出集群的空间边界。在产业集群中，由于地理上的集中，新思想、新观点、新技术和新知识的传播需要企业间的密切合作与频繁地面对面交流，这样就会形成一种知识溢出效应，增强企业的研究和创新能力[16]。

美国社会学家格兰诺维特（Granovetter）在 1985 年提出一种经济社会学概念（即社会文化特征，具有根植性），经济行为深深根植于社会关系之中是该概念的主要思想[17]。经济活动者在现实经济社会中所乐意接受的只有根植于社会结构、人际关系网络之中的信息和经济关系。人际交往中产生的互动和联系及人脉关系会使经济活动具有可靠性、可预见性，并可以避免陌生的人际关系所带来的交易上的问题。经济活动应理性地依靠现存关系而展开行动，经济体系的正常运行以良好的人际关系为基础。嫁接相同概念到地域上，则认为发展环境是以行为主体在经济、社会、文化等各方面的地方联系为基础而形成的，并为创新机构提供创新，协调和其他创新机构的工作[18]。

集群内企业在社会文化背景、制度环境上具有相似性。企业经济行为具有共同的圈内语言、背景知识及交易规则，因此具有可靠性、可预见性，易于产生交往默契并方便交流行业内的商业机密，做到有效地防止各种机会主义行为的产生和促进空间上的知识的扩散和溢出，其内容包括明晰的知识，但主要内容是默会的知识。相互信任和满意形成的社会资本进一步产生了"集群胶"，使大量企业团结在一起形成一个整体，增强了区域整体凝聚力和企业在当地的影响力[19]。

根植性是产业集群长期积累的历史属性，是资源、文化、知识、制度、地理区位等要素的本地化，是支撑集群生产体系地理集中的关键因素。产业集群的本地根植性一旦形成，就难以复制。故而又可以将产业集群根植性分为：认知根植性、组织根植性、社会根植性、制度根植性、地理根植性。集群中的认知是指有效的、有价值的和结构性的意识形态。认知根植于本地人们的经验之中，其中包括具有深厚历史渊源性的地方文化、信仰价值系统和道德世界观及默会知识。集群组织根植于产业整体的层面，而不偏向企业或个人，它是指本地集群的组织性质、形式和结构。而集群丰富的社会资本使集群的经济关系具有较强的社会根植性。集群的制度主要是集群企业在运行中所体现出来的一种技巧，它的表现形式很多样化，良好的制度可以减少集群经济中的不确定性。一个集群的最主要特征就是地理集中，集群的地理根植性是与区域的经济环境、政治环境、法律环境、社会环境、气候环境等密切相关的。产业集群的根植性在意大利式产业区或马歇尔式产业区有着典型的体现，在我国浙江的"经济马赛克"也是一个典型的代表[20]。

1.3.2　弹性专精

产业集群在形成的过程中所需的必要条件之一就是与生产技术的可分性及垂直分离的生产组织方式相关的专业化分工。外部市场和技术环境将会影响在专业化基础上集聚的大量中小企业的生产经营方式，因此一个集群可以看成是柔性生产的地域系统。

以工艺品的生产为例，随着 CAD、CAM、CIMS 等技术的发展，生产方式也由手工制作逐步转向弹性化。这就要求企业必须与时俱进，企业内部的组织关系和企业外部与其他企业的关系，也必须随着外部技术条件变化和市场竞争加剧而做出相应的改变。一个集群内企业通过相互协调与明确分工实现了生产灵活分配和多样性。产业集群不是简单的企业聚集和堆砌，集群具有积极的渠道与方式促进商业交易、对话和交流。这种生产特点适应了 20 世纪 70 年代以后生产技术进步和市场需求变化的特点，相对于传统的福特制生产方式具有明显的竞争优势，这使得产业集群具有极强的生命力,这是它的主要特征之一[21]。

产业集群主要表现为在有限的空间结构内聚集大量的企业和劳动力,集中于某一特定产业。集群内部形成专业化分工,单个企业只生产某个产品的单一零部件或完成某个工艺的其中一个步骤。产业集群形成所需要的必要条件之一就是专业化分工,是与生产技术的可分性及垂直分离的生产组织方式相关的。要想达到精细的分工,必须以紧密的协作与联系作为前提。

20 世纪初期开始的传统的福特制生产模式是资本主义制造业典型的生产模式,它的主要特征就是大批量、少品种、流水线生产,适应于较低的消费水平与简单的消费结构的工业社会。在福特制沿用半个多世纪以后,进入 20 世纪 50 年代,尤其是 70 年代石油危机过后,世界经济陷入了衰退[19]。萨贝尔(Sabel)认为,这种衰退宣告了以大批量生产方式为基础的福特制生产方式的死刑,而具有弹性的生产表明这种生产可以随时根据消费需求和竞争的变化而加以调整,同时又可以避免生产频繁调整带来的高成本,实现了产品的小批量、多样化,因而它符合新的需求观念,适应了现代化的消费结构、复杂的消费心理和高层次的消费水平的要求[22]。表 1.3 是国外学者总结的福特制与后福特制的比较,从中可以看出弹性生产的一些特征。

表 1.3　福特制与后福特制的比较

比较项	福特制	后福特制
技术特点	复杂;严格;使用标准化的零部件;向新产品过渡时间长,耗资大	高度灵活的生产,利用 CAD、CAM 等技术创造多功能制造模具,转产新产品相对容易
市场需求	需求的稳定性、统一性、可预测性,主要为卖方市场	需求的不确定性、多样性、不可预测性,主要为买方市场
生产过程	同类产品大批量生产;统一性和标准化;大量缓冲库存;生产结束后进行质量测试(次品在后来才能被发现),因为次品和库存瓶颈造成生产时间的损失	同类产品小批量生产;差异性和弹性自动化;无库存或很少库存;生产过程中实施质量控制(次品立即被发现),损失时间少
劳动力	通过工资而减少成本;工人完成单一任务(专业面很狭窄的熟练工人设计产品,非熟练或半熟练的工人生产产品;每个人都按预定的时间和程序简单地工作;没有或很少在职培训)	通过长期的"干中学"而减少成本;工人完成多种任务(各方面较熟练的多才能的工人以团队为单位进行生产;每个人负有责任地进行具体操作、维护和修理;长期在职培训)
创新模式	突破性创新 创新与生产相分离 较少的过程创新 忽视客户的需求 创新的高成本与长周期	渐进性创新 创新与生产相结合 频繁的过程创新 满足客户的需求 创新的低成本与短周期
与供应商的关系	功能上与地理上都是远距离的关系;大量存货堆积在工厂里以防供应的中断	非常密切的功能上的联系;即时生产要求,客商与供应商地理上的接近

续表

比较项	福特制	后福特制
企业组织形式	垂直一体化	垂直分离；网络化组织（转包、动态联盟）
企业间关系	讨价还价，相互敌视	利益共同体，联合应付各种问题
竞争战略	价格竞争；规模经济；通过调整存货来应对市场竞争	以产品和过程创新为基础的竞争；通过分散化来降低市场风险；不断进行核心业务的创新
区域基础条件	重点在于确保供需平衡的区域经济政策	重点在于确保各类单位间的合作的社区公共政策
区域空间结构	大企业支配的全球生产系统的形成；劳动市场的均质化	柔性专精的空间集聚，地方生产系统的形成；劳动市场的多样化
经济特征	规模经济为主	范围经济为主
产品产量和种类	产量大，产品差异小，设计标准化	产量小，产品差异大，按客户要求定制

1.3.3　自组织性

产业集群演化的本身在某种意义上可以作为各自组织系统，这也是通过自组织的角度研究产业集群演化的根本原因。拥有自组织系统是产业集群演化的条件。同时产业集群演化也明显是一个开放的、不平衡的系统。另外，产业集群在演化过程中会不断出现各种随机的、偶然的、不确定的因素，然后通过非线性作用，系统出现随机涨落的情况。因此，产业集群演化过程满足形成自组织系统的各个条件。同时，产业集群演化也包含自组织行为。产业集群演化过程因为各种主观因素的存在，具有某种程度上的稳定性。但是产业集群演化的过程是个开放的系统过程，所以可以从外部获得负熵流，使系统的无序程度降到最小甚至消除，这样就可以让产业集群演化过程的自组织能力拥有保持与恢复系统有序状态的功能。产业集群演化过程中的自组织与他组织互相协调，相辅相成。然而产业集群并不总是走在正确的道路上，有些情况下会陷入"路径锁定"的恶性循环，因此产业集群演化过程中必须存在他组织，同时需要注意的是，他组织必须要建立在遵守集群自组织规律的基础上，这样可以有效确保产业集群演化的稳定性与持续性，同时使产业集群演化过程处于一个理想状态[23, 24]。

1.3.4　竞争与合作

集群内企业彼此之间既有竞争又有合作，既有分工又有协作的生存模式是全球经济一体化过程中的必然产物。企业在地理上靠近，使得企业间正式或非正式的接触更为频繁，知识和信息会很快地流通，企业间合作的机会也更多，可以在培训、金融、技术开发、产品设计、市场营销、出口分配等方面实现网络化的互动与合作。企业只有通过与研究开发机构、咨询培训机构、金融机构、政府规制部门和行业协会的不断合作交流，才能把握市场的动向，了解市场的需求情况，及时调整自己的运行模式和营销策略，以追求经济利益的最大化。正是企业对经济利益的不懈追求造就了集群内部的激烈竞争，只有通过积极的竞争才能在集群内占有一席之地，享受集群所带来的既得利益[25]。

集群内同时包括一些有关的产业部门和有竞争关系的实体，如提供零部件、机器设备和服务的供应商、专用性基础设施的供应商等；同时集群也可向下延伸到销售渠道和客户身上，或者横向延伸到互补产品的制造商和在技术、技能上相关或有着共同投入品的企业；很多集群内还包括研究开发机构、咨询培训机构、金融机构、政府规制部门和行业协会等政府部门和相关机构。这些各色各样的组织与机构共同组成了一个集群生态系统，集群中的各个机构与企业形成了共生体。集群本身可以看成是具有生产部门、相关产业部门、辅助性部门、支持机构等相对完整的部门结构的生产体系。这些机构和组织实现了信息、知识和技术的共享，一个部门与机构的创新可以很快地传递到其他部门与机构，一个领域的突破也可以影响到其他领域，它们是一个围绕主业而共生的生态系统[26]。

1.4　产业集群的演进

1.4.1　产业集群的演进概述

无论是马歇尔的外部经济理论还是波特的竞争优势理论，许多研究人员从各种角度对集群的形成机理进行了阐述和深入研究，但这些研究都是关于产业集群的静态特征方面，而产业集群是一个在演进过程中不断动态发展的组织，而且这种发展明显呈现出阶段性特征，仅仅对集群进行静态分析是远远不够的，因此，近几年来，关于集群演进的动态特征研究越来越多，众学者提出了许多不同的阶段划分方法。

蒂奇（Tichy）等引入生命周期理论对集群的演进阶段进行划分，认为集群同生物体一样，从产生到衰亡的过程都是无法避免的，是产业集群必定会经历的阶段，在此思想的基础上，将集群的演进划分为萌芽阶段、成长阶段、成熟阶段及衰退阶段这四个阶段[9]。克鲁格曼和波特也都持有类似的观点，认同产业集群的生命周期理论。还有一些学者从进化的角度对集群的演进阶段进行分析，认为集群的发展是一个由初级向高级阶段逐步演进和深化的过程。另一种比较经典的集群演进阶段的理论是意大利学者布鲁诺提出的两阶段理论，他依据政府的外部干预在集群中的出现时间，将集群发展分为无政府干预的自发成长阶段和政府干预促进集群成长这两个阶段，更重要的是，这个理论还阐述分析了集群演进过程中，有意识的政府外部干预的重要性。

为了深入研究这些阶段的形成动因，众学者从不同的角度对集群的演进机理进行了研究，并进行了实证分析。史密斯（Smith）认为专业化分工协作是产业集群产生和发展的基础，一方面专业化分工提高了生产效率和技术水平，从而扩大了生产规模，形成规模经济；另一方面专业化分工使得生产和部门细化，并在特定的地理空间形成集聚经济，随着专业化分工的进一步深化，集聚区内建立起弹性专精的网络化生产体系，促进了产业集群的演进发展。还有很多学者从产业集群的竞争机制和创新机制的角度阐述集群的演进机理[27]。赛多（Sydow）和施塔贝尔（Staber）通过实证研究德国某针织产业集群，提出同行业之间缺乏合作和自主创新能力，使得企业间的激烈竞争占主导地位，阻碍了集群的发展，容易导致集群的衰退[28]。汪少华和汪佳蕾通过对浙江产业集群发展过程的分析，提出集群演进和发展的动力来自于集群中技术、思想、制度等方面的创新[29]。

从上述分析中可以看出，虽然有许多学者对集群演进过程和机理进行了研究，并进行了实证分析，但是大多还集中在集群形成原因及条件的研究，以及集群演进阶段的定性分析，对集群演进阶段的定量划分及集群中相关要素变化对各阶段集群发展变化影响的动态关系等这些产业集群演进过程的深入研究不多。

1.4.2　产业集群的演进阶段及特征

在本书中，我们按蒂奇的产业集群生命周期将产业集群的演进过程分为四个阶段：萌芽阶段、成长阶段、成熟阶段和衰退阶段。集群竞争力增长与产业集群演进阶段的关系如图1.1所示。

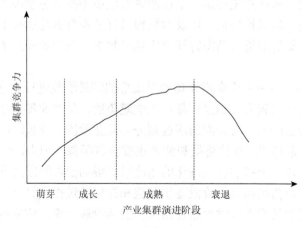

图 1.1　产业集群生命周期

1. 产业集群萌芽阶段

产业集群的萌芽阶段，众多企业开始向某地区集聚并生产相关产品，但此时的产品生产过程还没有标准化，基于信息网络、分工协作及资源共享的协同效应还不明确。这一阶段的集群产业规模还很小，企业向区域集聚的主导因素主要有自然资源、劳动力资源、资本资源等持续的区位优势，市场需求条件，以及人文环境、政策环境、基础设施等适合企业生存的环境。此时集群中的企业数量还很少，集群中的极个别的龙头企业已经开始发展起来，并在市场上占有一定的地位，取得了不错的经济效益，产生较大的社会影响，于是更多企业在经济效益的吸引下进入集群。但是这些企业间的信任还不够，联系也不够密切，处于"集而不群"的状态，在空间范围内集中，但在产业联系上离散。萌芽阶段还没有形成足够大的经济总量，整个集群的经济状况还无法轻易被改变，产业集群竞争优势还不明显，因此无论是自发形成的集群，还是由政府规划的集群，政府的引导和支持都必不可少，必须加大政府协助的力度。

2. 产业集群成长阶段

随着企业规模的不断发展，集群中企业的经济效益不断提升，集群的吸引力也大幅增强，大量生产相关产品的企业及相关支持机构向集群集中，集群进入成长阶段。此时，集群规模迅速扩大，市场份额也快速扩张，企业数量迅速增加，企业开始结网。龙头企业的规模大幅度扩张，迅速提高了其在区域中的重要性，产业集聚程度提升较快，集群的地理范围也会扩大，成为产业发展的新兴地区。大量企业的集聚造成企业间的竞争越来越激烈，但这种竞争压力也使得企业不断寻求新途径，不断突破创新，提高竞争力，而知识扩散效应又带动了同一地区产业的升级。这一阶段的另一重要特征——专业化分工协作开始出现，上下游产品的产业链开始形成并逐步完善。另外随着集群内公共基础设施及配套的创新环境和合作关系网络的完善，集群的竞争优势更加显著。

3. 产业集群成熟阶段

成熟阶段的产业集群，其生产过程及产品都渐渐走向标准化，集群的竞争力较强，集群中相关企业的数目众多，但增长率开始逐步趋于稳定，形成了完整的、配套的产业链体系。在产业链体系中，相关企业的专业化分工更加细化、明确，企业之间的联系更加密切，彼此既竞争又合作，建立了一个坚实、稳定、密切的本地关系网络，持续增强产业集群的竞争优势。另外，在这一阶段，随着集群中企业的全球化战略的开展，集群开始加入全球价值链，如果集群可以在全球化的竞争中占有一定的优势，集群本身的知识就能得到丰富，开拓了集群市场，进一步刺激集群的创新，使集群保持稳定的发展。但如果产业集群无法开拓新的市场空间或产业空间，本地同类产品企业间的竞争加剧，而产业集群内各类生产要素成本的提升，企业的生产利润开始下降，产业集群的发展将会停滞不前，并开始出现衰退现象。

4. 产业集群衰退阶段

在产业集群的衰退阶段，大量的企业破产或向其他优势地区转移，集群中企业数量不断减少，龙头企业也逐渐开始外迁，集群失去对市场的灵活反应，缺乏内在发展动力，集群的创新优势也无法平衡产品生产成本上涨、利润下降造成的亏损。高素质人才大量外流，集群的网络结构缩小，企业间的交流合作逐渐减弱，信息的传递减少，集群几乎丧失了组织学习能力，从而造成集群的创新活力不足，集群规模倒退，经济增长缓慢甚至出现负增长，而且外界环境的轻微"扰动"都有可能引起内部网络的破坏甚至是崩溃，从而加速集群走向老化或衰亡。在这一阶段，若政府能正确引导企业进行战略调整，协助集群顺利完成升级转换，才能避免集群衰退对地方经济的冲击。

产业集群从萌芽到衰退的逐步演进需要一段很长的时间，通过对集群演进的各个阶段的主要特征（表 1.4）进行分析研究，为我们划分和认识集群的发展阶段，以及在各阶段中政府如何对产业集群进行科学的引导提供依据[30]。

表 1.4　集群演进各阶段的主要特征

特征指标	萌芽阶段	成长阶段	成熟阶段	衰退阶段
集群规模	小：以小企业为主，极个别龙头企业开始发展，有明显的空间集聚趋势	中：中小企业开始衍生，逐步发展为大企业	大：除小企业的诞生外，龙头企业发展成熟	回退：企业数量和规模都开始下降，龙头企业外迁
集群主导动力	区位因素	集聚经济、外部经济	创新网络	锁定效应
集群网络	信任基础不稳定，企业间合作较少，结网效应差，还没形成稳定的网络，易受环境影响	企业间信任基础逐步稳固，专业化分工加强，形成柔性专精的网络体系，集群中的行为主体的联系增强	企业与其他相关企业机构之间的联系更加密切，形成了各种稳定、复杂的网络关系	由于大量企业的破产和外迁，以及集群现有企业的战略调整，网络结构也在开始解体或改变
集群创新	区域创新环境仍未形成，创新能力不足	区域内的创新机制开始形成，并逐步完善，创新能力提高，出现知识溢出效应	通过创新网络的连接不断增强其创新功能，自主创新能力增强	集群的创新环境恶化，集群内创新活动急剧萎缩
集群竞争力	竞争力初步显现，但缺乏稳定性，主要来源于地理因素造成的"外部规模经济"性，可模仿和转移	生产的灵活性及专业性增强，竞争力迅速提升，品牌优势凸显，集群适应环境和利用资源的能力提升	标准化生产、规模效益突出使竞争力得以巩固；参与国际竞争，占有领先的市场份额	受到各种风险的冲击，发展活力不足，国际市场竞争和适应环境的能力下降，竞争优势逐渐丧失

1.5　产业集群演进程度的定量衡量方法

在早期，关于产业集群的演进过程及阶段的研究侧重于定性的分析描述，随着研究的深入，提出了许多定量分析方法，对集群的集聚程度进行测度，从而判断分析集群演进的水平和阶段，这些方法经过不断地发展和完善，主要形成了以下一些常用的衡量方法。

1. 行业集中度

在各种测度方法中，行业集中度是最常用的，而且计算也最为简单。行业集中度反映的是某产业中规模最大的 n 个企业的生产总值（销售总额、就业人数等）在整个行业中所占有的份额。具体公式为

$$\mathrm{CR}_n = \sum_{i=1}^{n} X_i \bigg/ \sum_{i=1}^{N} X_i \tag{1.1}$$

式中，CR_n 表示 X 产业中规模排名前 n 的企业的市场集中度；X_i 表示 X 产业中第 i 个企业的生产总值（销售总额、就业人数等）；N 表示 X 产业的企业总数。

根据贝恩和植草益对产业组织化程度或市场结构界定的研究，我国学者张学华和邬爱其利用行业集中度，定量地划分了产业集群的演进阶段[31, 32]（表 1.5）。

表 1.5　基于行业集中度的产业集群演进阶段判定

集聚演进阶段	市场结构类型	CR$_4$ 值/%	CR$_8$ 值/%	
		贝恩	贝恩	植草益
生存期	极高寡占型	CR$_4$≥75	CR$_8$≥85	CR$_8$>70
发展期	高中寡占型	35≤CR$_4$<75	45≤CR$_8$<85	40<CR$_8$<70
起飞期	低集中竞争型	30≤CR$_4$<35	40≤CR$_8$<45	20<CR$_8$<40
成熟期	分散竞争型	CR$_4$<30	CR$_8$<40	CR$_8$<20

CR_n 能够形象地反映某一产业的市场集中水平，测定某产业的主要厂商的市场垄断状况及竞争激烈程度，能够灵敏地反映规模较大的几位大厂商的市场占有率的变化，但 CR_n 指标仅将前几家厂商的信息纳入研究，未能综合其他因素的变化，而且选取的主要厂商数目不同，所测得的行业集中水平也有所不同。

2. 区位熵

区位熵（location quotient，LQ）衡量的是某一区域要素在集聚区的分布情况，反映了区域中某一产业的专业化程度，其计算公式为

$$LQ_i = \left(e_i \bigg/ \sum_{i=1}^{n} e_i\right) \bigg/ \left(E_i \bigg/ \sum_{i=1}^{n} E_i\right) \qquad (1.2)$$

式中，e_i 表示某区域产业 i 的产值（就业人数）；$\sum_{i=1}^{n} e_i$ 表示区域所有产业的总产值

（就业人数）；E_i 表示高层次区域产业 i 的产值（就业人数）；$\sum_{i=1}^{n} E_i$ 表示高层次区

域所有产业的总产值（就业人数）。$LQ_i > 1$ 说明该地区的产业 i 已经具有一定的专业化水平，LQ 越大，说明区域内产业专门化程度即集聚程度越高。虽然采用 LQ 来判断产业集群计算简单，能形象地反映区域内某产业的集聚水平及该区域的主导产业，但是要确定 LQ 多大才可以形成产业集群，目前还没有明确的数值门槛。另外，LQ 也没有考虑区域内产业的绝对规模，也可能在某个区域区位熵很大，但产业规模很小。

3. 空间基尼系数

克鲁格曼等[5]在洛伦兹曲线基尼系数的原理与方法的基础上，提出了空间基尼系数，用来衡量经济活动的空间集中程度，测定产业在地理空间分布的均衡性。其公式为

$$G = \sum_i (s_i - x_i)^2 \qquad (1.3)$$

式中，s_i 表示某产业在 i 地区的生产总值占全国生产总值的比重；x_i 表示 i 地区的全部产业的生产总值占全国全部产业总产值的比重。当 G 接近 0 时说明该地区的产业空间分布均匀，G 越大说明产业的集聚程度越高，但是空间基尼系数没有考虑到企业规模、产业组织状况及区域的差异，$G > 0$ 时不一定存在集聚现象。

4. Ellison-Glaeser 指数

Ellison-Glaeser 指数（EG 指数）是由艾利森（Ellison）和格莱赛（Glaeser）提出的新的测定产业地理集中程度的指数，在一定程度上弥补了空间基尼系数的不足[33]。假设某一地区的某个产业有 N 个企业，且将该地区划分为 M 个区域，这 N 个企业分布于 M 个区域之中。公式为

$$\gamma = \frac{G - \left(1 - \sum_i x_i^2\right) H}{\left(1 - \sum_i x_i^2\right)(1 - H)} = \frac{\sum_{i=1}^{M}(s_i - x_i)^2 - \left(1 - \sum_{i=1}^{M} x_i^2\right)\sum_{j=1}^{N} z_j^2}{\left(1 - \sum_i x_i^2\right)\left(1 - \sum_{j=1}^{N} z_j^2\right)} \qquad (1.4)$$

式中，s_i 表示 i 区域某产业的就业人数（或生产总值）占该产业全部就业人数（或

生产总值）的比重；x_i 表示 i 区域全部产业的就业人数（或生产总值）占该地区所有行业就业人数（或生产总值）的比重。$H = \sum_{j=1}^{N} z_j^2$ 是该产业赫芬达尔指数，反映了企业的规模分布情况。

艾利森和格莱赛建立的 EG 指数将企业的规模及地区差异所带来的影响都纳入测度方法中进行考虑，一定程度上能够克服空间基尼系数的不足，可以对不同产业甚至是不同国家进行比较，EG 指数将产业聚集度分为三区间：第一区间为 $\gamma < 0.02$，表明该产业聚集度低；第二区间为 $0.02 \leqslant \gamma < 0.05$，表明该产业聚集度中等，较为平均地分布在区域中；第三区间为 $\gamma \geqslant 0.05$，表明该产业聚集度高，我们可以根据指数在上下限区间的相对位置来判断集聚程度的高低。罗勇和曹丽莉就使用 EG 指数，对我国 20 个制造行业的聚集程度进行了研究[34]。

1.6　产业集群的竞争优势

1.6.1　产业集群竞争力含义

关于竞争力的概念就现阶段而言，世界范围内还缺乏共识。波特在其著作《国家竞争优势》中第一次从产业的角度研究竞争力。他认为，产业竞争力的关键在于竞争环境的形成及创新机制的建立，而这种以创新为动力的竞争环境的建立需要依靠生产要素、需求条件、相关及支持性产业，以及企业战略、结构和同业竞争四个基本面而构成"钻石"模型。竞争力概念本身就是一个复杂的命题，根据考察的着重点不同又有众多的分类。从企业而言，竞争力就意味着企业凭借全球化战略在国际市场的竞争能力；从国家经济而言，竞争力指的是国家在进出口贸易上实现顺差的能力；从经济学而言，竞争力意味着根据汇率变动调整，形成低廉的单位劳动成本等。

所谓集群竞争力也就是某个集群内部所有企业以集群内部各种资源为依托在全球化经济下所体现的整体竞争力。这种竞争力不仅表现在其产品在市场占有率上的绝对优势，更加体现在其精细的分工、良性的生产、科学的管理和不断的创新。这种竞争力来源于集群内部所有企业的合作与竞争，通过协同劳动来获得经济收益；同时一个健全的集群，其内部必定有配合企业生产的相关支撑机构，通过"产—研"的密切合作，建立一个集群内部的创新系统，为整个集群提供源源不断的创新动力。一旦集群竞争力成型，集群内企业将会在与集群外的同行在市场的竞争中获得期望的规模经济[35]。

1.6.2　集群竞争力评价体系

在实际的经济活动中，考察一个集群的竞争力就必须设计一套科学有效的竞争力评价体系，正是这种体系的建立使竞争力这一概念从理论走到实践应用的前沿。由于不同产业集群的复杂性和不确定性，在建立集群竞争力评价体系时没有一个特定的标杆。集群在选择竞争力评价体系时往往从该集群本身的地域、结构、规模、当地政策等要素出发，所选择的评价体系必须能够较全面地反映集群现状，必须能够指引集群的良性发展，必须能够给集群提供建设性的分析结果。在这种大环境下，国内众学者分别从不同的角度出发，建立不同的评价体系，如表 1.6 所示。

表 1.6　产业集群评价体系

学者	产业集群评价体系
刘爱雄和朱斌	从显性竞争力和隐性竞争力两个角度出发，建立了产业集群竞争力评价指标体系。显性竞争力的二级指标分为规模竞争力、市场竞争力和投资竞争力；隐性竞争力的二级指标分为集群资源集聚竞争力、集群空间集聚竞争力、集群网络竞争力、集群价值链竞争力和集群文化竞争力[36]
蒋录全	从分析产业集群竞争力影响主体出发，设计了产业集群竞争力评价指标体系，一级指标分为企业竞争力和结构竞争力。企业竞争力的二级指标分为显性态势和潜在能力；结构竞争力二级指标分为基础结构和组织结构[37]
薛涛	从市场竞争力、盈利能力、产业增长能力、产业发展水平指标、技术竞争力指标、资本竞争力指标六个角度出发，设计了产业竞争力评价指标体系[38]
喻荣春和孙学君	从基础条件竞争力、竞争实力、竞争潜力、环境竞争力四个角度出发，设计了区域产业竞争指标体系。基础条件竞争力的二级指标分为区域资源聚集程度、区域交通状况、信息化水平教育和人力资本状况；竞争实力的二级指标分为生产竞争力、技术竞争力、市场竞争力和管理竞争力；竞争潜力的二级指标分为创新竞争力、财务竞争力、市场前景和生产能力扩张竞争力；环境竞争力的二级指标分为区域整体经济状况、经济开发状况和市场化程度[39]

1.6.3　波特的国家竞争优势理论

在众多研究产业集群学者中，美国哈佛大学商学院著名的战略管理学家波特无疑是最耀眼的一颗明星。正是波特的国家竞争优势理论将产业集聚与创新理论带到了一个新的高度，在《国家竞争优势》一书中关于产业竞争优势的阐述开辟了集群研究的新里程。波特认为，创新机制是决定竞争优势的关键因素，而通过集聚形成的产业集群是促进创新的关键。波特在里根政府时期任职于直属白宫的产业竞争力委员会时开始全面地考察美国的竞争力，讨论美国政府是否需要制定相关"产业政策";在一年的考察期间,波特给出提问:"为什么在有些国家中,部分的企业能持续创新?为什么它们锲而不舍地进行改善,寻找更精致的竞争优势来源?为什么它们能克服变革与创新的实质障碍,进而获得成功?"[40]波特用"价值链"模型、"五力"模型和"钻石"模型三个模型分别从微观层面、中观层面和宏观层面来回答这些问题。

1. "价值链"模型——微观层面

波特在《国家竞争优势》中提出"价值链"模型(图 1.2)分析产业竞争力。此处所说的"价值链"由与企业相关的所有竞争活动构成,这些竞争活动都是能为企业带来商业价值的;"价值链"模型中把这些竞争活动分为基础活动和辅助活动,基础活动为企业的产品生产链上下游,辅助活动为企业生产过程中所涉及的人事、科研、管理等活动。不同时期的不同企业在生产"价值链"中的各个环节的重要性不同,而只有特定的能够创造实际价值的"价值链"环节才被称为企业的"战略环节"。而企业要保持的竞争优势,实际上就是企业在"价值链"某些特定的"战略环节"上保持其优势。

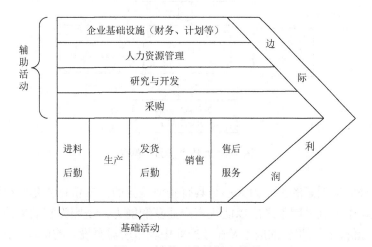

图 1.2　波特"价值链"模型

运用"价值链"的分析方法来确定核心竞争力,就是要求企业密切关注组织的资源状态,要求企业特别关注和培养在"价值链"的关键环节上获得重要的核心竞争力,以形成和巩固企业在行业内的竞争优势。企业的优势既可以来源于价值活动所涉及的市场范围的调整,也可来源于企业间合作与竞争所带来的最优化效益。

"价值链"的出现为企业提供了一种了解成本优势的工具,成本必须和竞争者相比较才有意义。一般来说，企业可以在很多方面反映它的成本优势，但很多经理人只认识狭义的制造成本。事实上，真正的成本控制高手会注意到产品的开发、市场营销、售后服务的成本，因为他们会从"价值链"的角度来思考成本概念，以取得生产体系和上下游活动最密切配合时的成本优势。此外，"价值链"也会提高企业在客户心中的特色，为企业增强软性竞争力。因此，"价值链"模型在微观层面能够给企业提高竞争力提供指导作用。

2. "五力"模型——中观层面

波特在 20 世纪 80 年代初提出决定产业竞争力的"五力"模型，他认为企业要建立竞争战略，就要先认识产业结构和它的演变过程。世界范围内，任何产业竞争都包含五种竞争因素：新生力量构成的威胁；新产品和技术构成的威胁；供应商的攻坚能力；客户的攻坚能力和既有竞争。图 1.3 为波特《国家竞争优势》中提及的"五力"模型。

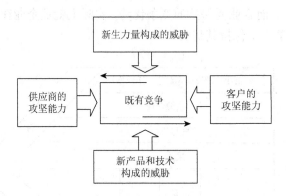

图 1.3　波特"五力"模型

这五种竞争因素的影响力大小是具有企业差异的，要依据实际情况而定。在波特的理论中这五种因素之所以能决定产业获利能力，是因为它们关系到企业的产品如何标价，必须担负的成本及在该产业中竞争所需要投入的资本。五种竞争因素作为"产业结构"的代表，是支撑产业经济与技术发展的重要力量，在企业的国际竞争中起到重要作用。

3. "钻石"模型——宏观层面

波特的竞争优势理论认为，一国兴衰的根本在于是否能在国际产业竞争中赢得优势，一个国家或地区的产业竞争力，集中表现在这个国家或地区内以集群形态出现的产业上[2]。波特正是在这种理论的基础上提出了"钻石"模型框架，这一框架是由生产要素（包括天然资源、人力资源、知识资源、基础设施、资本资源），需求条件（国际和国内市场的需求情况），相关及支持性产业（集群的上下游产业市场情况），以及企业战略、结构和同业竞争四个基本面构成，如图 1.4 所示。

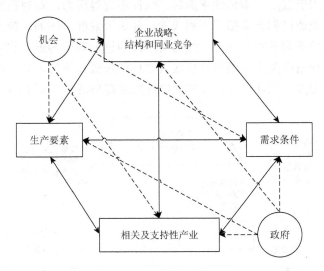

图 1.4　波特"钻石"模型

　　波特"钻石"模型的四个要素间对产业集群竞争力的影响并不是单独的，而是一个双向的关系。从图 1.4 中我们可以看到四个要素中每个单独项都受到其他三个要素的影响。本书以单个要素作为考察对象，分别讨论该要素在整个"钻石"模型中的作用以及其他要素对其的影响。

　　1）生产要素

　　根据波特的分类，生产要素可分为初级生产要素和高级生产要素两大类，初级生产要素包括企业所处的地理位置的优越性、天然资源的丰富度、人口密集程度、气候适宜程度及非技术人工、融资等，最好的方式就是通过被动继承或者简单的投资就可获得大量的资源；高级生产要素包括高级人才的数量和质量、科研院所的数量和等级、高等教育体系的完善程度、现代通信的基础设施等，这些高级生产要素需要在人力和资本上通过前期大量投资才能获得。根据波特的理论，现代社会中，初级生产要素的重要性与日俱减，而高级生产要素则越来越重要。另外，全球化的发展更是加剧了这一现象，企业可以通过国际采购等活动，来获得所处地区与国家缺少的初级生产要素。但是高级生产要素却不能依葫芦画瓢，企业对高级生产要素的需求，则只能由当地政府和企业通过自己的努力来创造。波特特别强调，有时候，初级生产要素（如人口、资源）出现合理的不足，反而能刺激企业的创新与发展，而正是创新造就了企业持久的竞争优势。然而初级生产要素形成的竞争优势，常常会被创新流程所淘汰。生于忧患，死于安乐，舒适的环境会使企业不思进取，止足不前；但过多不利的生产要素，也会给企业太大的压力，压垮企业。因此合适的压力会带来渐进式改善。例如，劳动力匮乏、工资过高、本地缺乏原料、气候不宜等压力，都曾在欧美亚各发达国家发生，企业通过创新克服了不利因素，促进了发展。例如，荷兰的低温和潮湿的气候本来并不利于花卉种植，然而荷兰却通过创新成为最大的鲜花出口国。波特所提出的理论中关于初级生产要素（如自然资源和廉价劳力）形成的竞争优势后劲不足的观点，尤其值得广大发展中国家重视与研究（图1.5）。

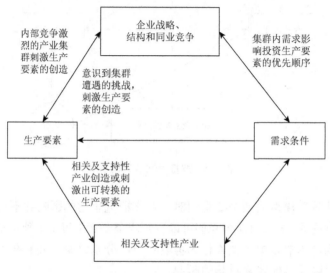

图 1.5　影响生产要素创造的情况

2）需求条件

在波特提出的"钻石"模型中，国内市场的需求是需求条件的主力军。国内市场需求是产业发展的主要动力，包括国内市场需求的结构、国内市场需求的规模和国内市场需求的成长等。其中，国内市场的需求结构往往比需求规模更具有决定性。需求结构的定义为市场需求呈现多样细分。根据市场细分，企业、机构与国家可以专攻市场需求的某一个环节，以此来获得更强的创造力。需求规模虽然也会对产业的壮大有影响，但是，从长远的角度来看，需求规模的影响不如刁钻的客户需求对企业产生的压力大。专门需求在要求上的精细造成的竞争压力，促使企业进行创新。只要企业能够满足刁钻的客户需求，那么当企业面对国外客户或者要求相对低客户时，就会比其他企业具有更大的竞争优势[41]。

一个产业的需求组合是千变万化的，它的国内市场需求条件反映该区域的人口、气候、社会规模及经济体内其他产业的性质。它与其他关键要素间的关系也是密不可分的（图1.6）。

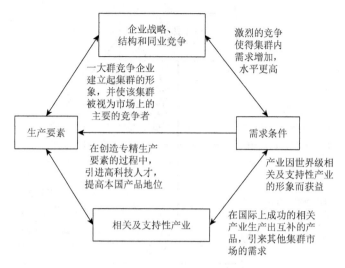

图 1.6　集群内需求条件的影响力

3）相关及支持性产业

根据波特的理论，单个企业甚至单个产业都不能够轻易获得竞争优势，然而当形成一定规模有效的产业集群（industrial cluster）后，就能和上下游产业之间形成良性互动与协调，保持长远而有效的竞争优势。

对单个企业来说，上游产业的强大竞争力能够为这一企业提供更加廉价的原材料及更加先进的相关技术等，这些都可以提升一个产业的竞争力。同理，如果下游产业在全球也具有一定优势的竞争力，那么必然就会对上游产业提出更强的要求与标准，这也就促进了本产业的创新与发展。相关产业会形成"提升效应"，这一效应在互通技术比重较高而且处于产业生命周期的初期时更为突出。

我们也可以从需求的角度去解释相关及支持性产业的地位。本产业的上下游产业分别扮演着本产业的供应商和客户的角色，更具有全球竞争力的客户也常会对原材料等方面的要求更加严格，企业在努力满足这些客户需求的同时，也会在无形中提升自身的国际竞争力。根据波特的理论，高效率的产业集群就是相关产业高度相互作用的标志。这对一个国家和地区具有重要意义。《国家竞争优势》一书中提到，波特收集分析了 10 个国家的数据后得出，一个国家的经济崛起，必定伴随着相关产业集群的诞生，而不可能靠一个寡头企业就能成功的结论。政府也不能随意创造和产生产业集群，产业集群是根据"钻石"模型的各因素由市场力量相互作用产生的。政府应该为产业集群提供良好的市场环境，减少过度的政府干预和保护。同时，企业要有强大、具有国际实力的相关产业，也需要其他竞争要素的配合（图 1.7）。

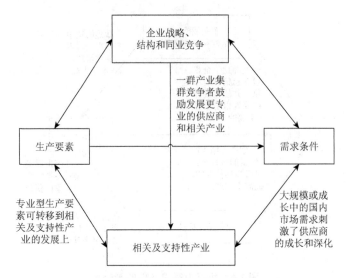

图 1.7　相关及支持性产业发展时的影响力

4）企业战略、结构和同业竞争

企业战略、结构和同业竞争是波特的企业治理三角习题，涉及的方面是如何创建、管理和经营公司，如何应对同业竞争和其他问题。波特认为，企业的战略、组织结构和管理者对待竞争的态度，通常和国家环境密不可分，和产业差异息息相关。一个企业想要获得成功，它必须在很大程度上依赖本国的历史文化资源，依据国家环境，形成相应的企业战略和组织结构，从而能够完美地融入当地社会，而且该战略和组织结构也非常符合所处产业的特殊情况。

影响企业的策略和企业的构成因素包括：政府设定的发展目标，企业自身目标，个人事业目标，民族荣誉感和使命感所带来的诱因。不同的国家所带来的不同的文化和价值观也对企业和员工的工作热情有很大影响。假如一个国家鼓励人们对该行业忠诚，这将有助于降低产业员工流动率，增加企业长期投资意愿。企业自己的目标和股东的结构、业主的精神、债务人的态度、内部控制模式和动机，这些因素都将影响企业对投资风险和资本使用采取不同的态度。个人事业目的加上国家名望及个人内心的使命感都对企业战略和企业的基本构成产生复杂的影响。只要在正确的指引下，整个社会的文化及个人的心理因素可以成为工业竞争的来源[9]。对于竞争力这里主要是指受到同行的竞争企业数目、技巧和战略的影响（图 1.8）。

5）机会和政府

在波特的"钻石"模型中，除了四个基本要素外，还有两个变量：机会和政府。这里所说的机会可能是好的机会也可能是不好的机会，对于一个产业集群而言这种机会是一种随机事件，是不受外力所控制的，它可以存在于一种很微妙的

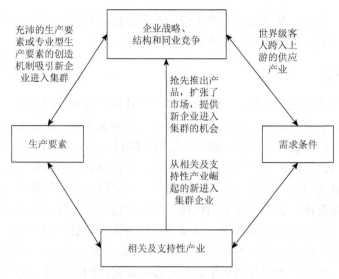

图 1.8　集群内竞争的影响力

关系之中。从好的一方面来说，一个新的技术创新之于电子信息产业、突发的流感之于医药保健行业、突然兴起的服饰搭配之于服装布料行业等都是一种难得的发展机遇；但从另一方面来说，全球金融市场的动荡之于国际贸易行业、战争的爆发之于民生行业、政权的更替之于大宗原料行业等都是一种严峻的考验。

在"钻石"模型的体系中还有一个重要的元素，那就是政府。在波特的理论中，政府并不直接参与产业集群的竞争力培养，它的作用主要是在集群外围对产业集群提供一个良好的成长环境。对于政府作用的解读，国内外专家们都有着各自的观点。有些学者认为政府的作用必不可少，而有些则认为政府的参与破坏了市场经济的完整性，应当剔除。笔者认为，政府在集群经济的建设中是必不可少的，关键是它以何种形式干预产业集群的发展，它以何种方式参与产业集群的管理，它以何种强度体现政府的意愿。

1.7　产业集群持续竞争优势的内涵与特征

对产业集群持续竞争优势的内涵，文献中大多是存而不论，因此没有一个明确的解释。结合 1.6 节中对产业集群和企业竞争优势的理解，本书对产业集群持续竞争优势的内涵界定为：产业集群以其内部的企业、资源、社会资本、基础设施和技术条件等各种要素为基础，以各要素间的动态网络关系及其分工合作为运行方式，具有对环境的利用能力和风险规避能力，进行技术和组织方式的持续创新，形成具有强大影响力的国际知名集群品牌，不断强化或更新相对于其他集群的有利发展条件，从而在全球市场竞争中能为产业集群的整体发展带来长时期的市场领先地位。产业集群持续竞争优势具有如下特征。

1. 内生性

集群持续竞争优势从根本上说是集群自身具备的有利发展条件。集群的形成可以是由当地的企业逐渐发展形成的，也可以是外部企业、资本进入形成的。但是，产业集群要形成持续竞争优势必须与当地的资源、文化、社会、资本相融合，具有明显的当地根植性。在集群发展过程中，其竞争优势的获取和强化取决于集群中资源的有效整合和利用。它不单纯依靠外部条件，而是能通过自身的核心竞争力去不断赢得相对于竞争对手的优势。知识和技术是集群重要的异质性资源和能力的来源，因此集群内部知识的流动与共享决定着集群的竞争力。集群内的学习不只是单个个体的学习，更多的是一种社会互动过程。集群中大量存在的企业、机构和个人，通过彼此的互动和学习，可以不断促进知识流动并强化彼此建立的信任，这种信任也构成了集群区别于一般经济区域的重要特征——社会资本。只有形成当地根植性，才能逐步巩固和发展集群内企业的分工合作关系，积累社会资本，才能在遇到市场风险时不轻易迁移。集群本身必须有强大的技术研发能力，能够自主地、具有前瞻性地开发新技术、新产品，使集群能够在本产业保持市场领先地位。随着时间的发展、市场条件的变化，集群产业的竞争优势可能降低，通过借助学习过程把握技术发展趋势和新产品发展机遇，从而适应迅速变化的市场环境，顺利地实现集群升级，甚至是形成新的产业集群。

2. 可持续性

一方面，集群具备持续地获取优势的能力，既包括现实的优势，也包括长远的优势。另一方面，这种优势是建立在可持续发展基础上的，它是人口、资源、环境协调发展的结果。集群在发展中必须能够不断地获得所需要的各种层次的人力资源，包括高级管理人员、技术人员和熟练的操作员工。集群内部有允许人员流动的市场和机制，也能够从外部便利地获得人力资源支持，集群都是要消耗资源的。但是集群要形成和保持长期的竞争优势，必须要与当地的土地、能源、水源、环境相适应，能够在发展中不断提高技术水平升级集群层次，增加附加值，减少对资源的消耗和环境的排放，促进产业集群与生态环境的和谐发展。

3. 开放性

封闭的集群是难以保持持续竞争优势的。马库森在研究集群的成功与风险二者之间的关系时指出，许多集群倾向于发展成一个封闭的系统，进而逐步丧失获取应变市场变化所需的能力，导致竞争力不断下降，直至集群的消亡[9]。随着经济全球化的兴起和发展，国际市场竞争越来越强调高度灵活的商业战略和供应商专业化能力，无论是作为生产组织整体的集群还是企业本身的网络都已经扩展到全球化的层面上。集群关系的开放性和积极寻找大型外部市场是发展中国家集群取得成功的两个关键因素，就是说发展中国家的集群不仅要强调集群内部企业之间联系，而且要强调它和发达国家的产业创新中心的联系。它不仅立足集群内的要素以形成优势，更着眼于吸引和利用集群外面的要素，包括技术、资本、人才、信息，从更广阔的空间配置和利用资源，在与其他集群的竞争和合作中建立优势。

4. 动态性

当一个产业集群经过多年的积累逐渐形成独特的竞争力时，它往往会有意无意地排斥其他方面的能力，形成竞争优势刚性。产业集群竞争优势的形成过程往往也伴随着竞争优势刚性的生成。集群优势不是一成不变的。动态性指随着时代的发展，在与其他集群的竞争中，不断更新和强化，新的优势会不断替代已衰退的优势，使集群始终保持发展的动力。这种动力是集群内部能力、吸收性知识或引进性学识有机结合的产物。动态性强调建立从外部途径吸纳知识（一方面是资源与能力，另一方面是机会）的特殊能力。吸收性知识在集群内部和外部资源与能力之间起到了桥梁作用[42]。通过引进集群外部新的知识及技术，消化吸收转化为集群内部企业可以接受的方式，进而提升整个集群的技术与市场能力。动态性既强调企业能力的内部化积累，又强调通过其开放性而获得灵活性，从而减少了竞争优势中的刚性。从本质上分析集群的持续竞争优势表现出一种动态的非均衡状态。在动态复杂竞争环境中，集群优势持续不断地培养、开发、运用、维护和扬弃，通过不断地创新获得一连串短暂的竞争优势，从而从整体上体现出产业集群的持续竞争优势，如图 1.9 所示。

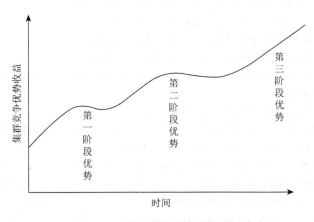

图 1.9　产业集群的持续竞争优势

参 考 文 献

[1] Marshall A. A Principles of Economics[M]. London：Macmillan，1920.

[2] Porter M E. The Competitive Advantage of Nations[M]. New York：The Free Press，1990.

[3] 阿尔弗雷德·韦伯. 工业区位论[M]. 李刚剑，陈志人，张英保，译. 北京：商务印书馆，1997.

[4] Peeroux F. Ecnonmic space：Theory and application[J]. Quality Journal of Economics，1950，64（1）：89-104.

[5] Krugman P，Venables A J. Globalization and the inequality of nations[J]. Quarterly Journal of Economics，1995，110（4），857-880.

[6] 王缉慈. 创新的空间——企业集群与区域发展[M]. 北京：北京大学出版社，2001.

[7] 仇保兴. 小企业集群研究[M]. 上海：复旦大学出版社，1999.

[8] 魏江，魏勇. 产业集群学习机制多层解析[J]. 中国软科学，2004，（1）：121-125.

[9] Markusen A. Sticky places in slippery space：A typology of industrial districts[J]. Economic Geography，1996，（72）：293-313.

[10] Knorringa P. Operationalisation of Flexible Specialisation：Agra's Footwear Industry[J]. Economic and Political Weekly，1996，31（52）：L50-L57.

[11] Meyer-Stamer J. Path dependence in regional development：Persistence and change in three industrial clusters in Santa Catarina，Brazil[J]. World Development，1998，26（8）：1495-1511.

[12] Michael A. Technological learning and innovation in industrial clusters in the south[J]. Electronic Working Papers Series，1997：17.

[13] Gordon I R，Mccann P. Industrial clusters：Complexes，agglomeration and/or social networks?[J]. Urban Studies，2014，37（3）：513-532.

[14] Giancarlo L，Cyr D，Muyskens K，et al. Scanning tunneling microscopy of molecular adsorbates at the Liquid-Solid Interface：Functional Group Variations in Image Contrast[J]. Langmuir，1998，14（6）：1465-1471.

[15] 苗长虹，魏也华，吕拉昌. 新经济地理学[M]. 北京：科学出版社，2011.

[16] 蔡颖. 区域产业集群形成、升级和效用研究[D]. 武汉：武汉大学，2013.

[17] Granovetter M. Economic action and social structure：The problem of embeddedness[J]. American Journal of Sociology，1985，91（3）：481-510.

[18] 李文静. 文化产业集群嵌入性研究[D]. 西安：西安建筑科技大学，2013.

[19] 雷声. 天津市产业集聚程度评价实证研究[D]. 天津：河北工业大学，2006.

[20] 陈继祥. 产业集群与复杂性[M]. 上海：上海财经大学出版社，2005.

[21] 郑胜利. 集群经济条件下的企业技术创新[J]. 南京社会科学，2003，（1）：10-14.

[22] Sabel C F. Studied Trust：Building new forms of cooperation in a volatile economy[J]. Human Relations，1993，46（9）：1133-1170.

[23] 张嗣瀛. 自聚集、吸引核与聚集量[J]. 复杂系统与复杂性科学，2005，（4）：84-92.

[24] 钱学森，于景元，戴汝为. 一个科学新领域——开放的复杂巨系统及其方法论[J]. 自然杂志，1990，13：3-10.

[25] 袁政慧. 产业集群三维嵌入性与企业品牌竞争力关系研究[J]. 当代财经，2016，（1）：73-82.

[26] 武宝贵，赵丽洲. 产业集群企业间竞争合作博弈研究[J]. 北方经贸，2016，（10）：63-64.

[27] Smith A，Lewis H. The essence of adam smith：Wealth of nations[M]. Edinburg：Axios Press，2011.

[28] Sydow J，Staber U. The institutional embeddedness of project networks：The case of content production in German television[J]. Regional Studies，2002，36（3）：215-227.

[29] 汪少华，汪佳蕾. 浙江省企业集群成长的创新模式[J]. 中国农村经济，2002，（8）：38-62.

[30]　王发明. 创意产业集群化：基于地域根植性的理论演进及其政策含义[J]. 经济学家，2010，5（5）：63-66.

[31]　植草益. 微观规制经济学[M]. 北京：中国发展出版社，1992.

[32]　张学华，邬爱其. 产业集群演进阶段的定量判定方法研究[J]. 工业技术经济，2006，25（4）：116-118.

[33]　Ellison G，Glaeser E L. Geographic concentration in U.S. manufacturing industries：A dartboard approach[J]. Journal of Political Economy，1994，105（105）：889-927.

[34]　罗勇，曹丽莉. 中国制造业集聚程度变动趋势实证研究[J]. 经济研究，2005，（8）：106-127.

[35]　郝松. 产业集群视角下我国高新区竞争力提升路径研究[D]. 上海：上海社会科学院，2017.

[36]　刘爱雄，朱斌. 产业集群竞争力及其评价[J]. 科技进步与对策，2006，23（1）：144-146.

[37]　蒋录全. 产业集群竞争力评价分析及指标体系设计[J]. 经济地理，2006（1）：37-40＋69.

[38]　薛涛. 地区产业竞争力评价指标体系与方法[J]. 技术经济，2005（10）：90.

[39]　喻荣春，孙学君. 区域产业竞争力的层次评价研究[J]. 江西农业大学学报（社会科学版），2005，（2）：47-50.

[40]　Bell M，Albu M. Knowledge systems and technological dynamism in industrial clusters in developing countries[J]. World Development，1999，27（9）：1715-1734.

[41]　胡黎明，赵瑞霞. 产业集群式转移与区域生产网络协同演化及政府行为研究[J]. 中国管理科学，2017，（3）：49-58.

[42]　Helgeland A，Eriksen K，Foss P O，et al. The influence of prazosin and propranolol on serum lipids and atherosclerosis in standard fed pigs[J]. Acta Pharmacologica et Toxicologica，1984，54（4）：270-272.

第 2 章　产业集群的协聚集理论

2.1　自组织与自聚集

2.1.1　自组织理论

自组织理论来源于物理学。在 19 世纪早期，通过演绎和建立模型等方法，物理学创建了 SCP 范式（structure-conduct-performance，结构-行为-性能）。SCP 范式指出，产业结构通过影响产业竞争和企业行为，进而影响企业业绩。

1945 年，贝塔朗菲发表著作《关于一般系统论》，标志着系统论的诞生[1]。贝塔朗菲认为随着研究的深入，系统理论研究已经到达瓶颈状态，传统的技术方法论已经无法满足系统论的研究，而系统与整体正是当下有可能的突破点之一。系统论认为，自组织是某个系统在内部机制影响下，由简单到复杂、从粗糙到细致的过程。

1969 年，卡斯特（Kast）、罗森茨韦克（Rosenzweig）和约翰逊发表著作《复杂理论和系统》，向研究界宣告了系统管理模式的形成[2]。系统论科学是基于系统的组织特征、整体特征和目标特征的研究。而作为系统科学的子领域，复杂科学理论一直是研究的前沿热点，它是系统科学的进一步研究深化、发展与升华。

20 世纪 60 年代末期，作为复杂科学理论的范畴，自组织理论不断发展，引导人们探索系统内复杂性的本质。1969 年，普里戈金（Prigogine）和赫尔曼（Herman）提出耗散结构（dissipative structure）理论，标志着自组织理论的诞生，自组织理论即关注系统如何在特定条件下从低级发展到高级、从有序发展为无序的研究[3]。协同理论（synergetics）创始人哈肯（Haken）将自组织系统定义为系统在没有外部条件干扰下，获得时间、空间或功能等方面结构的过程。在该过程中，外界以非特定的方式对系统产生影响[4]。哈肯还将组织分成两类，由外部指令形成的组织称为他组织；依据自身内部规则演变为有序结构的组织称为自组织。系统维持与发展新功能的能力与其本身的自组织能力成正比[5]。

总地来说，自组织理论可以定义为一种开放的、远离平衡状态的非线性系统。当系统吸收负熵排出正熵，并与外界持续交换物质和能量，使得其内部某个参数达到阈值时，系统就可能会通过涨落发生突变、分叉和同一性振荡，这种情况我们也称为非平衡相变[6]。系统的自组织过程如图 2.1 所示。

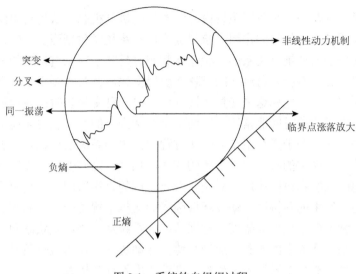

图 2.1　系统的自组织过程

1. 自组织理论的相关概念

1）耗散

自组织思想的重大进展，大部分是因为热力学的发展。20 世纪初，物理领域著名的贝纳德试验，给很多科学家带来了很大的启发，顺着这条思路，自组织思想发生重大改变，普里戈金建立了耗散结构理论，他认为，贝纳德试验展现了自组织的基本特征：第一，自组织系统是个开放的系统，可以进行能量和物质的完美流动，所以一部分系统可以在不靠近均衡的背景下，维持一个时间-空间结构；第二，自组织系统是有发展性的，物质与能量顺着边界流动，可以创造、发明新结构和新的组织行为特征；第三，自组织系统是复杂的，主要是因为自组织系统由繁多的部分构成，且系统的每个组成部分是借助反馈循环，以非线性的方式相互联系。

耗散系统里面包含的自组织思想主要是[7]：自组织依靠于自身的加强与深化；在可能的条件下，细小的事情将会被扩展和延伸，而不是消失的趋势；最小的不确定性可能进化成"混沌"，系统的未来肯定不能预测。

2）协同

哈肯创立了协同理论。协同是协作（协调）一起发展的意思，根据哈肯的观念，系统里面有很多子系统的共同作用。不管系统有多复杂，只要该系统行为的主体或者子系统中间有关系或者协作行为，则协同作用就有用。我们对它的定义是：协同指的是事物或者系统在联合和进展过程中，它自身各要素之间的有机的关联、协调、合作的一致性与和谐性。

协同理论主要是用来研究系统内各元素间的协同机制，认为自组织过程的基础是系统各要素之间的协同作用。哈肯提到，在系统发生剧烈变化时，系统内各子系统和代表子系统耦合关系的各状态参数充分反映了对系统影响的差异性和不平衡性。有一类变量会随着时间的推移而缓慢变化，并且需要很长时间才能达到一个新的稳定状态，他称这类变量为慢变量。另一种变量随时间快速变化，达到新的稳定状态所需的时间非常短，有些甚至在达到新的稳定状态之前消逝，称为快变量。慢变量存在于整个系统的演变过程中，主导系统从旧稳定状态历经不稳定达到新的更加稳定的状态，产生新的有序结构，称这些变量为序变量。系统中序变量之间的竞争和协同作用是系统获得新结构的直接原因。系统要素间的独立运动或者局部发生的各协同运动及环境因素的随机干扰总会导致系统实际值偏离平均值，这种偏离平均值的幅度叫作涨落。当系统从一个稳定状态向另一个稳定状态过渡，系统要素之间的独立运动和协同运动进入势均力敌阶段时，轻微涨落都可以放大到影响整个系统的大涨落，将系统推入有序状态。

3）突变

在 20 世纪 70 年代，来自法国的数学家托姆（Thom）提出了突变论（catastrophe theory），它涉及连续自变量如何产生不连续原因变量的问题，即定量变化过程如何导致质变结果[8]。由于不连续或定性的变化是意想不到的变化，这种理论被称为突变论。突变论对系统相变前后的临界点提出了因果解释。

对于系统耗散结构的相变过程，根据系统中累积能量的状态，吸引子的概念可以用来解释系统状态的耗散结构的相变过程是如何由新旧吸引子拉扯产生相变的过程。

突变论主要研究由稳定至另一种稳定的现象和规律。突变论的精髓在于关注系统处在一个什么状态，然后设定一组参数来描述它。系统稳定时，意味着此系统状态的某个函数有唯一的值。当参数在某个范围内不断变化的时候，即这个函数值至少存在一个极值，此时的系统是不稳定的。托姆认为，系统状态的改变是随着参数的变化而变化的，并且使得不稳定状态过渡到了稳定的状态，这时候我们可以称系统发生了突变。

4）分形

分形这个概念是曼德布罗特（Mandelbrot）创造的，描述了某种不规则、破碎形状的且其部分和整体又有某一方式相似性，它的维数可以不是整数的几何体或者演化着的形态[9]。分形学可以用自相似性与无标度性构建自己的方式，产生了嵌套的无穷层次和复杂样态，为生成和认识复杂性提供了不错的方法，自相似性是分形理论的基本特性。

5）涌现

涌现（emergence）这个词来自系统科学。1950 年以来，大量学者开始深入地研究涌现。卡斯蒂（Casti）[10]讨论了涌现概念的架构，认为涌现是作为总体系统行为从多个参与者的相互作用中所产生出的系统论泛称，是一种从系统的各个组成部分的孤立行为中无法预期、甚至无法想象的行为。霍兰德（Holland）[11]认为，研究涌现的重点在于系统的可识别特征。只有多次出现并且可以识别的现象才能够被叫作涌现，重点在于可识别性。欧阳莹之[12]认为交互作用导致了涌现，它侧重于揭示系统如何组织的过程，而不是系统组织的物质基础。郎羽和房明民[13]强调结构、联系和关系的作用。系统的环境和结构及其相互之间的关系决定了系统的整体性和功能，是系统科学的一个重要原理，即系统的整体性和功能是系统环境与结构相互作用的结果，被叫作涌现。涌现过程是形成新的结构和功能的过程，是质变的过程。涌现的基础是微观主体的变化，体现在宏观的系统突变，这是一个从低到高的过渡过程，可以产生新的系统性质。在涌现的过程中，系统个体在简单规则的局部作用下形成一个整体，在系统层面上，会出现一些新的规则和属性。涌现不会破坏系统内个体之间的规则，但是个体规则不可以在系统层面上解释规则和属性。对于涌现，我们可以简单地认为系统大于部分之和，即高层次系统具有低层次系统没有的特征、属性、行为和功能。

目前，众学者普遍认为，由子系统的特性不可以推导出复杂系统的全部特性，低层次组织的运行机制不可以完全解释高层次组织的运行机制，系统具备其单个组成成分所不具有的属性，而系统整体所体现出来的特征、属性、行为与功能叫作涌现。

2. 自组织理论的特点

自组织理论由普里戈金的耗散结构理论[3]、哈肯的协同理论[4]、托姆的突变论和超循环理论（super circle）[8]组成，其中耗散结构理论和协同理论是自组织理论的核心部分[14]。本章将自组织理论特点归纳如下。

（1）系统具有开放性是有序系统形成的最基本条件。系统不断地从外部环境引入物质流、能量流和信息流，并且持续排出系统"新陈代谢"产出的废弃物，这样便可以让系统自身得到不断发展。其中，负熵流可以称为能量流、物质流和信息流。此外，系统只有保持开放性时，耗散过程才能进行与完成。因此拥有开放性的系统可以通过自组织从无序发展为有序，进而达到耗散结构的状态。

（2）系统远离平衡状态是有序系统形成的最理想条件。系统远离平衡状态指的是系统内不同区域的能量和物质布局是不平衡的，甚至有些区域间的能量差和物质差是很大的。自组织理论指出有序的系统不会来自于无序平衡状态。因为平衡状态就像一个引力的轴心，使系统在向平衡状态不断发展的同时，又由有序走向无序。

（3）有序系统的优点就是它的整体性。作为系统组成部分的各个结构之间是有联系的。要想找到一个有序系统的整体性，不应该从外部寻找，而是应该从各部分结构中探究本质。结构中的某一部分经过转化可以变成对应的另一部分。通过转换原则，部分连接成整体，从而有序系统的整体性质就产生了。

（4）有序系统的核心在于它的自身调节性。系统的调节作用可以分为两类：第一类调节作用存在于将要完成或者已经完成的结构中，当一个系统处于稳定状态时，这样的自身调节对维持有序系统的正常运行有一定作用。另一种调节作用存在于正在构造的新结构中，使用曾经的一个或多个结构重新构成新的结构，让结构呈现新的特点。有序系统的自身调节性既能保证系统处于相对稳定的状态，也能让系统不断优化完善自身。

（5）系统内部各个要素之间的非线性作用是有序系统形成、保持与发展的基础。一个系统拥有各种不同的要素，各个要素之间不是相互独立和简单的线性相加。系统内通过各部分之间非线性的联系与互动，形成各要素之间复杂的协同关系，从而产生维持系统的有序新结构。

（6）涨落是有序系统形成的动力。涨落的定义是指系统中某行为或者变量围绕平均值上下浮动而产生的偏离。对于任意一个自组织的系统，这种偏离是一定存在的。由自组织理论可以得出，某种无序参考系丧失稳定性会让无序系统状态产生变化，所以说涨落会让系统发展成为有序状态。一个系统在演变过程中，系统内涨落会随时间增大。这样有序新结构可以产生，系统脱离了无序。

2.1.2　自聚集理论

本书中提及的自聚集一词主要来自于东北大学张嗣瀛院士在研究复杂系统中提出的自聚集概念[15, 16]。复杂系统是一个很大很泛的概念，其研究的领域很广。它可以是生物和生态系统中神经元网络和思维过程，动物种群的增长和衰退及生命起源等；它也可以是不同层次的经济系统（如地区、国家、共同体）、金融股市、城市乃至国家的形成和发展及经济和社会系统中不同层次的管理体系；它还可以是环境系统中土壤侵蚀、厄尔尼诺现象及沙尘暴、飓风和海啸的形成。可以说，复杂系统与人类密切相关，具有广泛而深远的影响，研究这类系统具有重要意义。张嗣瀛院士的研究认为，在这些复杂系统中有以下共同特征。

（1）它由大量代理（agent）组成。这里的 agent 术语具有以下含义：代理人；做某事或导致事情发生的作用者；产生某种影响或变化的力量或物质。简而言之，它可以被理解为具有某种功能的代理人，称为代理。代理可以是个体、元素、部分、子系统等。例如，它可以代表神经网络中的神经元、蚁群中的蚂蚁、股票市场中的股民、计算机网络中的用户、大型系统中的子系统等。在这些系统中，存在大量代理。代理具有不同的别名，如主体、智能体等[5]。在本书中，使用 agent原字。

（2）该系统是开放的，会受到外界的影响。例如，角马群受降雨、水生植物、狮子和豹的影响；受精卵受到温度的影响等。

（3）在某些条件下，发生微小的变化（初始变化，初始条件），代理之间会相互作用。例如，在雪崩现象中，一块雪块落下；受精卵中的一组基因开始启动；在大坝崩塌的过程中，某一缝隙开始渗水等。

（4）某一微小变化，就有可能导致结果的显著差异。例如，一粒种子落到地上，会长成一棵大树。

（5）交互作用开始后，系统可以自组织、自我协调和自我强化，然后扩展、发展，最终产生质变。例如，受精卵中有数千个基因簇，首先作用的几个具有打开和关闭的功能，然后触发其他基因簇，并继续扩大，导致细胞分裂，逐渐形成肌肉、骨髓、内脏和其他器官，最后形成胚胎并进行质变。这种质变现象在复杂科学中被称为涌现，这是一个非常重要的概念。

这些特征本质上是这种复杂系统的动态演化过程，从最初的变化到发生涌现的过程。在定性研究中，概念通常是规则的概括。对于复杂的系统，没有 agent之间的交互，没有 agent 的聚集，也就没有体现作用。聚集是制造和吸收的组合。对于自然发展的系统，它们是自聚集的。生物世界中最广泛、最常见和最基本的自聚集是求爱和家庭聚集，它被用作进一步发展的基础和开始。有机体进化成雄性和雌性，然后是自聚集配偶，随后的自聚集是同质簇。物体是成簇的，如蚁群、蜂群、鱼群、动物群等。

人类社会的形成是由于人的不断自聚集。人也是自然界中的生物。人类发展成为社会，并从家庭到洞穴、村庄、部落等发展。到现在为止，还在继续自聚集。农村集会到城市、世界贸易组织、世界卫生组织、联合国、东南亚国家联盟、非洲国家联盟、南美联盟、中国-东盟自由贸易区、欧洲共同体等，都是继续自聚集。没有聚集，就没有互动，就没有发展。聚集是发展的物质基础。在复杂系统中，自聚集是现实世界中的普遍现象，应该是理论框架中的基本环节。没有聚集，agent之间就没有互交，没有自组织，也没有系统的功能变化和演变。聚集、组织、演变和发展；重新聚集、重组和重新开发……这是复杂系统演变的基本模型。由于聚集和功能变化直接相关，$n(n-1)$ 律不仅描述了功能变化的规律，还描述了 agent的聚集规则。

首先，我们来了解以下几个相关概念。

1）$n(n-1)$ 律[15]

我们正在探索一个存在于生物、社会、经济、环境、生态、工程等许多领域的复杂系统。这些系统具有一些共同的特征：它们由许多 agent 组成，在外部环境的影响下，agent 之间互动，自组织，自我强化，最后可能出现涌现。

复杂网络由顶点和顶点之间的线（边）组成。顶点表示正在研究的对象，边表示对象之间的交互并且彼此相关。例如，它可以是信息传递、人际关系发展、疾病传播、不同生物物种之间的存活依赖性等。

复杂系统和复杂网络都在探索整体规律，所以两者之间有着密切的关系。因此，复杂网络必然成为研究复杂系统的重要方法之一。

特别的是，对于复杂系统，很难建立定量模型，如在还原理论研究中常用的微分方程模型。建立网络模型相对容易，如广泛研究的随机网络（随机图），其模型是：n 个顶点，每一对顶点间的连接概率为 p；并且最近由斯特罗加茨（Strogatz）等提出了一个重要的网络——小世界网络。该模型是对规则网络中的边缘进行轻微更改，并随机添加一些快捷方式[17]。这使得规则网络和随机网络之间的小世界网络成为可能。因此，它更符合现实世界，具有重要意义。

建立网络模型后，特别是增长网络模型，研究网络的一些统计特性，如聚集系数、顶点分布、平均路径长度等，以及动态过程，反映整体规律。因此斯特罗加茨的理论被称为"小世界网络的集体动力学"。

复杂系统 agent 之间存在各种角色。网络中顶点和顶点之间的连接和研究也存在许多差异。

因为复杂系统的研究应该探索整体规律，所以应该对定性研究给予适当的关注。定性研究不是追求局部准确性，而是更多地关注整体情况的一般性的概括。

从这个角度出发，我们来看上述复杂系统的共同特征，结合网络，总结两者的共性，找到一个多智能体交互，并能反映自组织自我强化的简单网络模型，对复杂系统作一些定性和定量分析。

该模型如下：

n 个顶点，每两个顶点间由方向相反的两条有向边连接。这里两条有向边表示 agent 之间的相互作用。图 2.2 是 $n=5$ 的网。

n 是可变的，从小到大，表明 agent 之间的聚集和交互过程。例如，蚂蚁在发现食物源之后聚集动作，群体在城市形成期间向城市移动，参与交互的神经元的数量在神经网络中增加。所以这个网又是一个生长网，并且随着 n 的变化，可以用它来对系统的动态演化过程进行定性分析。该网络也是图论中的完全有向图。

选择此模型并考虑以下三点：

（1）它可以在一定程度上描述相互作用和演化。

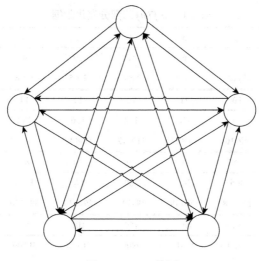

图 2.2　$n=5$ 的网

（2）相互作用也是定性考虑因素。它们不区分诸如强弱、确定性和随机性等细节，但是通过双向布线来概括。

（3）简单直观，易于操作。

具有 n 个点的这种网的连线（边）的总数是

$$C_n = n(n-1) \tag{2.1}$$

连接表示 agent 之间的交互，连接数增加，表明相互作用被加强，系统的功能提升。

关系式：

$$1+1 > 2 \tag{2.2}$$

表示组合了两个 agent（如两个子系统），它们的功能将大于原始两个 agent 的功能总和。也就是说，相互作用导致功能的提升。

比较式（2.1）和式（2.2），式（2.2）的左端表示两个系统具有交互功能，右端表示原始功能的总和。如果有 n 个系统合在一起，和式（2.2）相比，应有

$$n(n-1) > n \tag{2.3}$$

当 $n=2$ 时，得到式（2.2），即式（2.2）为式（2.3）的特例。

记

$$f(n) = n(n-1) \tag{2.4}$$

称其为功能函数，用以分析演化过程中的功能变化。

表 2.1 列出 n-$f(n)$ 的部分变化数据，图 2.3 为其变化折线。

表 2.1　　*n-f(n)* 的部分变化数据

n	1	2	3	4	5	6	7	8
(n−1)n	0	2	6	12	20	30	42	56
	0×1	1×2	2×3	3×4	4×5	5×6	6×7	7×8
n	9	10	11	12	13	14	15	16
(n−1)n	72	90	110	132	156	182	210	240
	8×9	9×10	10×11	11×12	12×13	13×14	14×15	15×16
n	17	18	19	20	30	40	50	60
(n−1)n	272	306	342	380	870	1560	2450	3450
	16×17	17×18	18×19	19×20	29×30	39×40	49×50	59×60
n	70	80	90	100	101	200	300	400
(n−1)n	4830	6320	8010	9900	10100	39800	89700	159600
	69×70	79×80	89×90	99×100	100×101	199×200	299×300	399×400
n	500	600	700	800	900	1000		
(n−1)n	249500	359400	489300	639200	908100	999000		
	499×500	599×600	699×700	799×800	899×900	999×1000		

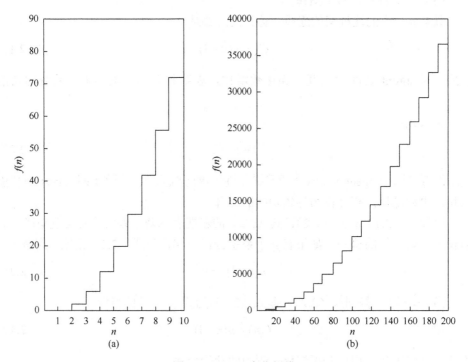

(a)　　　　　　　　　　　　(b)

图 2.3　*n-f(n)* 变化折线

2）小 n 机制[15]

今分析当 n 为小数时，agent 的增减对功能的影响。

增加一个 agent：

$$\frac{f(n+1)}{f(n)} = \frac{(n+1)n}{n(n-1)} = \frac{n+1}{n-1} = \frac{(n-1)+2}{n-1}$$

$$f(n+1) = f(n)\frac{(n-1)+2}{n-1} \tag{2.5}$$

减少一个 agent：

$$\frac{f(n-1)}{f(n)} = \frac{(n-1)(n-2)}{n(n-1)} = \frac{n-2}{n}$$

$$f(n-1) = f(n)(n-2) \tag{2.6}$$

从式（2.5）和式（2.6）可知，当 n 为小数时，$f(n+1)$、$f(n-1)$ 与 $f(n)$ 相比较，变化均较大。但当 n 充分大时，式（2.5）和式（2.6）右端所含的两分式均趋近于 1，表示变化不大。

由以上可见：n 为小数时，n 的增减对整体功能影响显著。由此引起的一些规律性的现象可称"小 n 机制"。下面举例说明。

（1）疾病传染：切断小 n 间的联系，防止 n 的扩大。当只有少数人感染疾病时，将他们进行隔离治疗，即患者与患者及患者与他人断开连接，感染过程可能完全切断。同时，对可能被感染的人进行疫苗接种，并且防止疾病感染的潜伏者继续传染给他人，即防止 n 的增加。

在这里，"功能"是传染的动力。当 n 尚小时，切断 n 的联系及防止 n 的增大，对遏止传染势头作用显著。

（2）防洪、火灾预防：控制小 n 的变化。当大坝上有小漏水时，及时堵塞；森林和草原严禁用火。

（3）动物的自发护仔：防止小 n 时 n 的减少。动物本能保护它们的幼崽，不仅是父母，还有群体。例如，象群保护小象，幼崽是少数成员家庭的重要成员，种群繁殖中幼崽的生存是关键。

当动物护仔困难或淘汰率高时，采取"大 n 策略"，使幼仔数量增多，如鱼类大量产卵。

（4）资本的积累。在风险投资初期，资本仍然很小，少量资金的增加或减少非常重要，引起了很多关注。当资本累积到一定规模时，少量资金的收益和损失不会妨碍整体情况。正是：少时珍惜小，多时忽视少。

（5）当一个系统只包含少量 agent 时，个别 agent 的缺陷将产生重大影响。例如，手臂系统。手臂有三个自由度，手肘有三个自由度，手腕有三个自由度，加上五个手指。手臂系统可以进行各种复杂的动作，如弹钢琴。然而，如果其中一种 agent 有缺陷，如即使某 agent 有轻微疼痛，整个系统就会感觉"非常不方便"并且功能受损。

此外，进化过程从小 n 开始，小 n 机制可以解释初始阶段 n 增加和减少的重要性。差距很小但影响很严重。

3）n^2 效应[15]

$f(n)$ 可写成

$$f(n) = n(n-1) = n^2 \left(1 - \frac{1}{n}\right)$$ （2.7）

由此可见，随着 n 的增大，且当 n 充分大时

$$f(n) \approx n^2$$ （2.8）

即此时功能可用 n^2 度量。系统的功能有大跃升，这可称为 n^2 效应。

可用 n^2 效应解释一些现象。

（1）大群体优势。大群体具有大功能，如蚁群和蜂群。每只蚂蚁和蜜蜂的能量很小，但是大量的蚂蚁和蜜蜂一起寻找食物来源，发现食物的可能性就增加了。如实施蚂蚁战术，获得的可能性和获取的数量增加了。

（2）大群体与鲁棒性。这里的鲁棒性是针对系统的功能。现在分析当 n 足够大时，少量 agent 的减少会对系统功能产生影响。当 n 减去 1 时，$f(n) - f(n-1) = n(n-1) - (n-1)(n-2) = 2(n-1)$。这是功能的降低。此量与原有的功能 $f(n)$ 相比，

$$\frac{2(n-1)}{n(n-1)} = \frac{2}{n}$$ （2.9）

n 较大时，上式是一个很小的数量。也就是说，系统的功能仅受到轻微影响。例如，蚁群和蜂群中由于某些原因导致少量蚂蚁和蜜蜂死亡，但该群体的功能不会受到很大影响。也就是说，大型团队具有很强的鲁棒性。

（3）能量、权力聚集的高端。河上的水力发电，电站设于主要河流，主河汇集了最大的能量。一个国家的权威有基层、中层和最高层，后者是权力集中的高端。破坏和利用是事物的两个方面。大雨期间的洪水，洪峰也是能量聚集的高端，具有很强的破坏力。

（4）强强联合。经济和政治方面都有很强的联盟，如大企业之间的合并和国家之间的联盟。如果在联盟之后协作顺利，那么功能的增长将会激增。例如，一

方具有一定的规模优势 l^2 ，而另一方具有相同的规模 m^2 。双方联合的作用是

$$F(l+m) \approx (l+m)^2 = l^2 + 2ml + m^2$$

如果 $l \approx m$ ，则

$$F(l+m) \approx 4l^2 \qquad (2.10)$$

而不是 l^2 与 m^2 之和。

在上述知识的基础上，张嗣瀛院士给出了 $n(n-1)$ 关于聚集的一些规律。

（1）择偶聚集： n 从 1 到 2。生物学的进化是通过雌性和雄性，生物世界中最常见、最广泛和最基本的自聚集是配偶选择，这是从 1 到 2 的聚集。 $f(n)$ 则是从 0 到 2，即从无到有的聚集。

根据之前的分析，这对应于 $1+1>2$ ，并解释一个基本事实：聚集导致功能跳跃。如图 2.3 所示，这是折线的起点和聚集的开始。

（2）小 n 机制。这是少数 agent 聚集的规律。小 n 机制为我们提供了几个 n 聚集的细节。

在生物世界中，配偶选择是自发的，保护幼崽也是自发的。也就是说，在小 n 时，保持聚集量不降低。另外， n 被阻止增加，如疾病传播。

（3）聚集、组织、演变和发展，贯穿全过程。通常， $f(n)=n(n-1)$ 解释聚集，交互（自组织、自增强等）和作用跳转的规则。该法贯穿整个过程，并在不同层面重复。例如，人类社会的发展，从配偶选择、育儿，到家庭、洞穴、村庄、部落直到国家形成，然后到现代，继续聚集。例如，在国内，大量农民工聚集在城市。在国际上，如中国加入 WTO，扩大与欧盟、东盟等国的合作。

使用此规则来解释更多区域。

（1）人体：手指朝手掌聚集，然后手腕、肘部和手臂聚集，形成手臂的子系统，实现功能的跳跃。两个手臂和腿部聚集到身体上，形成人体的外部系统，功能再次跳跃。

（2）大型流域：如果我们用水流比喻，从细流到小河，小河到支流，支流到主干流，主干流到主河。聚集是能量的积累。到达主要河流时，能量上升了很多。

（3）树木：叶片是制造营养的工厂，从叶子到茎干、到树枝、到树干。水和肥料的运输，从细根到主体，分层聚集形成树木生长的功能系统。

（4）行星和恒星形成于不同的理论，但有一个共同的前提。例如，行星由围绕恒星的尘埃盘形成，银河系中的恒星由一定的机制通过黑洞周围的气盘形成。

（5）机器：如汽车的发动机、传动系统、控制系统等，都由某些部件组成，这些部件组装成汽车，实现功能跳跃。

2.2　产业集群的自组织结构

2.2.1　一个产业集群就是一个自组织系统

自组织理论的代表普里戈金的耗散结构理论是由哈肯的协同理论进化而来，形成了有力的分析产业集群与演化机制的工具。自组织结合了系统论和热力学的理论，通过与外界（如能量和信息）进行交换，降低了自身的熵含量，其内在机制的驱动使得其自身的结构不断复杂化、细致化，而且还使得结构更加有序并且具有自适应功能，自组织机制的精细化程度直接影响着产业集群的形成和进化过程[18]。

自组织系统的行为模式与他组织有着明显的不同。他组织的产业集群在企业面临较大市场风险的时候，缺乏稳定性，而自组织产业集群在企业诞生时，保证了企业在不同动机、目标和行为的情况下，具有良好的协调性和一致性，也保证了企业的存活率和成功率。信息在产业集群内部实现共享，集群内的企业受利益的驱使依照一定的行为规则在市场上进行协作和竞争，形成一定的行业规范、准则和特点，集群内的新旧成员围绕着这些行业准则和规范不断共享、吸收和更新。这就达到了自组织"自"的效果，不受外部特定宏观决策的干预，发挥企业及相关机构的特点，并根据自身和周围事物的状态进行决策。这样使得企业建立了相互信任关系，降低了经营风险，同时提高了行业生产、创新效率。所有个体各自的行为的总和，决定整个集群系统的宏观行为[19]。

从集群单个元素的出现到集群的逐渐形成，再到集群的进化升级，产业集群自组织机制见证了它从多次的量变到质变的演变过程，并如此反复迭代，进化始终向最优的方向发展。产业集群必须动起来，始终处于静止或平衡状态必然会成为一潭死水，所以要在远离平衡区的地方不断调整和演化。当外界输入达到一定阈值，产业集群自组织系统将不再保持平衡，会出现非线性作用和建设性的振荡，根据这一耗散结构概念方法论，集群开放到一定的程度，产业集群就"活"了起来[20]。

自组织系统理论的发展始于 20 世纪 60 年代，普里戈金耗散结构理论的问世奠定了自组织系统理论在复杂性科学领域研究的重要地位。从系统科学的角度来看，所谓的自组织就是指在一个可称为系统的环境内存在着一种有序结构或者是这种系统环境的形成过程。笔者认为一个系统的形成存在三种情况：①系统在形成的过程中主要受到系统外部力量的推动，称为他组织；②系统在形成的过程中不受外力的作用，只是单纯的系统内部各单位结构的相互作用自发形成的，称为自组织；③系统的形成过程是在系统内部各单位的自发有序运动和系统外力的协助作用下共同完成的，称为协组织[21]。

本书认为产业集群本身就是一个自适应、自组织的有机系统。产业集群的演化过程其实就是一个开放的耗散结构不断演化的过程。其具体表现为：

（1）产业集群是个复杂的多元有机体，一个产业集群是由众多部门有机构成的。集群内部既合作又竞争的若干企业构成其主体，围绕这个主体还存在这个主体的上游和下游产业（包括供应商、生产商、销售商和顾客等众多元素）；此外在这个主体的辐射周边还有为其服务的基本供给系统、社会服务机构、学研创新机构及政府部门等元素。

（2）产业集群是一个开放的、远离平衡状态的系统。一个产业集群无时无刻不在与集群外环境进行着经济、科技、文化等往来，不断地更新集群内部的结构、成员、信息和思想；只有这样，集群才能在国际市场经济的大环境下保持对其竞争对手的了解，调整自己的竞争策略。产业集群在竞争的同时也是离不开合作的，正是这种若即若离的特殊关系使得产业集群保持稳定。

（3）产业集群演化是一个自组织行为，由于企业管理者的主观能动作用，增加了集群演化的稳定性。产业集群在一个公开的环境当中，产业集群自身的特性使得自身在演变和进化时能够从集群外部获取负熵流，从而提高或增强系统的有序度，是其自组织能力在产业集群演变进化过程中保持和恢复系统有序状态的体现。

（4）产业集群的演化发展是在涨落中达到有序的。从首个企业开始发展聚集，到整个产业集群的产生及向后演变进化期间，它的存在形式表现为一个波动式的涨落，这种涨落在产业集群演变过程当中发挥着重要作用。根据突变论，产业集群演化过程中表现为从开始循序渐进的微涨落（量变），在非线性作用下，扩张成为剧烈的巨涨落（质变）。

（5）产业集群演化过程中会出现很多问题，其中演化过程的方向正确性是产业集群向着阳光前进的基础，如果演化路线出现偏差，那么会产生很多不必要的资源浪费和损失，严重的话甚至会将产业集群带向深渊。在产业集群演化过程中协组织发挥了巨大的作用，本书的视角中，政府作为产业聚集中协组织的操控者，以遵守集群自组织规律为前提（从产业角度来说就是在市场经济规则范围内活动），可以有效地预防市场调控的不足，是产业集群演化必不可少的一部分。所以在产业集群演化过程中，自组织、他组织和协组织三者之间相互作用，两两配合，缺一不可。

综上所述，产业集群演化离不开自组织理论，自组织理论基于内部各子系统之间相互作用形成耗散结构，将系统从无序、低级向有序、高级发展的思想，可以很好地指导产业集群的演化[22]。一个产业集群就是一个自组织的系统。

2.2.2　产业集群演化的自组织特征

产业集群作为一个自组织系统，主要具有如下一些特征[23]：

（1）产业集群演化具有不确定性。产业集群在演化过程中，其自身系统内部各元素、各单元都会随着时间的变化而变化，同时产业集群与外界环境相交互，这些产业集群演化的不确定因素需要一定的规章制度来保持其稳定性，从而产生了集群组织制度。组织制度规定了产业集群的目标及准则，从而依靠集群的整体性的力量与其不确定性相抗衡，使得产业集群朝着正确的方向演化。

（2）产业集群演化呈现整体性。各个企业主体作为产业集群的一部分，不是独立于集群而存在，各个部分的相互影响、相互作用决定了整个产业集群整体的性质。除此之外，集群的构成要素的自主调控和相互调节作用的能力使得产业集群在保证演化整体性的同时，具有一定的适应外部环境条件变化的能力。

（3）产业集群演化的连续性。当产业集群内部恰好达到稳定的内部条件时，外部环境的变化将对集群系统不产生作用，产业集群内部的自身平衡已经具有一定的抵抗能力，开放的外部涨落在强大的集群抵抗力面前就会显得很微小，它的影响只会让系统暂时偏离平衡轨道，系统还是处于线性相对平衡状态。如果没有足够大的涨落，就不会对产业集群的演变产生很大的冲击，产业集群的发展方向会暂时偏离，同时对涨落会有持续削弱作用直到消失，最终集群回到稳定状态。当集群遇到巨涨落，在巨涨落的强大冲击力下，产业集群将失去稳定平衡状态。此时就得依靠相关政府、行业协会和企业家，采取措施，对集群进行调控，使其恢复稳定状态。产业集群演变就是在稳定和不稳定之间求得一种相对平衡发展的过程。

（4）产业集群演化的特殊性。产业集群各个组成部分通过协议保证集群向有序方向发展。这种有序发展使得集群保持一种稳定的状态，不会因为集群中的某个成员的变动而使得集群内部受到伤害。由于地区的差异性，各个地区的产业集群受党的政治制度、评价准则、风俗文化的影响，产业集群带有地域特色，从这一方面来讲，技术、组织变革等影响集群的因素对区域性的产业集群的影响将会降低，这就形成了隐形的集群内部稳定机制，所以由此产生了产业集群演化的特殊性。

（5）产业集群演化的复杂性。产业集群的演化是不同企业和机构互动的过程。具体而言，产业集群的演化涉及各个环节，如企业数量增加、产业确定、劳动分工和技术创新。它是政府、研究机构、大学、企业和市场互动的结果。集群内各种要素的非线性作用和结果的筛选表明了产业集群演化过程的复杂性。因此，产业集群必须考虑由系统本身的复杂性引起的自组织机制。

（6）产业集群演化的自发性。产业集群本身处于市场经济的宏观环境中，是一个远离均衡的开放系统。通过与外部环境的非线性相互作用，聚类获得了自组织演化所需的负熵流；通过内部要素的非线性作用，得到了自组织演化的核心竞争力。这定义了产业集群自发演化的内容、方向和性质，使产业集群自发地进行调整、改进和发展。

2.2.3　影响产业集群的自组织因素

1. 影响产业集群的初始因素

当我们提到产业集群如何形成的时候，我们首先面临的问题就是：产业集群始于什么地方？产业集群最初受什么影响？对这些问题的传统解释是古典经济学中的绝对优势理论和新古典经济学的比较优势理论。在这些理论中，自然要素处于非常重要的位置。但是，经过对产业集群案例的分析，我们得到一个结论：产业集群在自然要素并不占优势的地方也会出现。例如，中国的浙江省创造了数百个产业集群。但是，浙江的自然资源并不是太好，许多自然资源在国内都相对落后。

把自组织理论作为工具可以更科学地理解这个问题。根据自组织理论，小事件可以被扩大和发展，最小的不确定性可以进化成"混沌"，混沌理论中的"蝴蝶效应"充分证明了对初始条件的敏感性。根据保罗的观点，亚瑟对完全路径依赖理论中产业集群初始因素的重要作用提供了更为合理的解释[24, 25]。路径依赖理论认为，给予一定的初始赋值或者确定了偶然事件的冲击，报酬递增规律将产生正反馈机制与自增强机制，这将放大微小经济变化的影响；随着一些随机经济事件的积累，受正反馈机制与自增强机制的影响，会产生多种经济体系的可能运作结果。而且一旦可能的结果发生，它往往会被"锁定"很长一段时间。

亚瑟借助报酬递增和其带来的正反馈机制阐述了产业区域格局是怎样产生的，他的观点是产业聚集是历史偶然事件选择的结果，这一观点也受到了新经济地理学家的赞同与青睐，最初的优势被路径依赖放大，导致"锁定"效应，因此集群行业和集聚地点具有"历史依赖性"[26]。藤田昌久认为在具体活动发生的地方存在很大的不确定性和灵活性，一旦空间差异是定性的，它们就变得僵化[27]。波特从历史的角度研究了产业集群的萌芽，并认为产业集群的存在有诸多原因，特殊的历史环境是其中一个重要原因。

影响产业集群初始因素的机制可概括如下：产业集群出现的初始因素在历史

上是偶然的，但一旦某一相关产业集群在某个时间产生，如果这种集中是经济的，之后将会在正反馈机制与自增强机制下，固定产业集群的优势，产业集群会出现自我增强和自我壮大的现象；相反，如果这种集中未来会不经济，那么不会形成产业集群或刚刚建立的产业集群就会走向衰退。

2. 耗散与协同

产业集群发展的有序性离不开耗散与协同。哈肯提出，系统结构的有序性的直接来源是协同。一定量的宏观空间、时间或功能的整体的有序结构就是由耗散与协同一致作用于系统参数而导致系统自发异变产生的。确定集群创新发展的协同理论支配序参量，在各序参量间形成一种协调合作竞争的运行机制，使得集群内产生各个正反馈环节相互制约、相互协作的协同效应，将产业集群创新系统内原来低有序度的各单元变成高有序度的"自组织"产业集群。

产业集群在协同机制的作用下，企业集群这个大的工厂就像涂了润滑剂一样，摩擦减小了，损失降低了，各个企业的适应力、凝聚力、灵活性和吸引力都会得到增强，能够让产业集群与周边环境形成良性循环。最后要从自身的特点出发，发扬各个要素的特点优势，架构特有的创新氛围系统体系，鼓励企业通过协同效应和耗散（竞争）增加集群的动力。在创新因素之间建立竞争与合作的桥梁，对产业集群创新的形成和发展具有十分重要的意义。

3. 外部环境

系统内各要素之间的相互作用是产业集群健康发展的内在因素，外部环境的支持是其外在因素。因此，外部环境建设对产业集群健康发展十分重要。为了提高企业自身的生存和竞争能力，达到企业预期的目标，产业集群需要寻求良好的运行机制、不断改善经营环境和提高管理水平。因此，产业集群必须在不同领域建立良好的机制。

首先，要进一步开放产业集群。例如，集群内部企业应加大产品研发投入，通过提高员工的创新积极性，积极引进社会创新和管理方面的精英，完善企业系统的人才架构。此外产业集群还必须建立完备可靠的信息系统，及时调整产品的研发方向，以便应对可能出现变化的市场需求和国家经济政策。其次，为提高产业集群的发展经营能力，必须充分利用当前的科学技术和员工对企业各项工作的创新想法，并建立健全对各层员工的奖惩措施。由此产生小的方面的影响，通过"蝴蝶效应"继而形成对产业集群积极健康的促进作用，促使其走向健康发展的道路。产业集群的健康发展还离不开政府的服务，服务型政府是构成产业集群健康发展环境的一个不可或缺的因素。对此政府需要为产业集群建立有利的机制和措施[24]。

4. 企业网络与产业竞争力

企业网络作为一种新的资源分配方式，是独立且相互关联的企业或机构为了能够互相利用对方资源来提升自己的能力，所建立的一种长期性的企业间的联合体。产业集群也是企业网络的一种，一些学者对其表现出蓬勃生命力的原因进行了以下讨论。

一种是围绕交易成本作研究，如威廉姆森的交易成本经济学指出，资产特殊性决定了机会主义行为在一定程度上可以避免。1970 年以后，经济学者将研究方向转到了网络关系及其构造上，并提出了一些具有代表性的网络理论，如资源依赖、种群生态等。1990 年至今，大多数学者认为信任是组织网络的运作逻辑或治理机制，并在此基础上以非正式的方式研究人际信任关系、共同价值观和道德规范。另一个研究角度是波特的竞争优势理论，他认为集群是一个自我增强的系统，由于受人际关系、社会资本等方面的影响，从而促进了集群内企业竞争战略的改变，提高了产业集群本身的竞争力[28]。

企业网络与产业竞争力通过产业集群理论被紧密地联系起来。波特建立了"钻石"模型框架，同时兼顾政府的作用和小概率事件发生的影响，总结了影响当地行业竞争优势的因素，包括生产要素，需求条件，相关及支持性产业，以及企业战略、结构和同业竞争。产业集群由一些距离比较接近，相互独立且关联的企业组成。这些企业本着资源共享的原则形成了一种既有竞争又有合作的关系，这就形成了能够自我增强产业竞争力的企业网络。因此，产业集群对外部世界的变化具有很强的适应性。

企业网络对产业集群的自组织效应可以概括为两个方面：一方面，当产业集群中相关企业数量增加时，外部性会减少交易成本，从而吸引更多的企业进入产业集群；另一方面，企业网络提高了资源配置效率，增强了整个产业集群的竞争力，从而对集群外的企业更有吸引力[29]。

5. 制度、文化的自组织演化

截至 2010 年，全球有 100 多个模仿美国硅谷模式的科学园区，除了中国台湾的新竹和印度的班加罗尔，大部分想要打造"第二硅谷"的国家和地区都没有成功。由此可见，成功的产业集群有着扎实的根基。在产业集群的成立和发展过程中，制度和文化因素通过自组织演化过程根植于产业集群。产业集群既是一个空间集合体，又是一个由经济、文化、制度等子系统构成的复杂系统。经济、文化、制度等因素通过产业集群这样的复杂系统产生耦合，子系统之间的动态关系是相互依存、协调和相互加强的。根据哈肯的协同理论，系统参数可分为快弛豫参数和慢弛豫参数。文化和系统是产业集群系统中从产业集群演化开始到结束的慢弛豫参数。系统演化的速度和过程由众多子系统共同决定[30]。

在产业集群内，企业可以直接进行交流，经过反复磨合、多次合作，企业间会达到一种特定的默契。这种默契是企业网络能够继续存在和发展的前提条件。到最后，这种固有的默契就会成为产业集群内不可或缺的部分[31]。

2.3　产业集群的演化——从自聚集到协聚集

2.3.1　协聚集的提出

本书 2.2 节提到一个产业集群就是一个自组织系统，在此基础上进一步对产业集群的演化过程进行深入分析。从产业理论上的研究来看，产业集群的演化可以看作是一个自然演化发展的系统；类似于我们在探讨复杂性科学中的生物、社会、经济、环境、生态、工程等系统，这类系统有一些共同特征：由众多的 agent（在产业集群系统中表示为集群系统中的单个企业或部门）组成，在外界环境影响下，agent 间相互作用，并自组织、自加强，最后可能出现涌现。

一个产业集群的内部存在着大量的相关企业和部门（agent），这些 agent 作为集群的基本组成单位在集群内部相互作用和影响构成了集群的一个有机体。从整体上来看一个产业集群的存活必须与其他相关集群或经济体进行着频繁的物质和信息的交流，也就是说开放性是一个产业集群的必要条件；同时，在集群的内部，各个 agent 之间也要进行着相关的交流，而且大量的 agent 之间并不是孤立的，而是相互紧密联系的，某个 agent 出现了状况必然影响到其他的 agent，进而影响整个产业集群。集聚的最初形态是两个相关的 agent 为了共同的经济利益而聚集起来，用式（2.11）表示[9]：

$$1+1>2 \tag{2.11}$$

这是两个 agent 的聚集。以两手为例，两手联合作用与两只单手分别作用之和相比，将有功能上的跃升。一般，两系统聚集为一，将发生两系统间的相互作用，并随之有功能上的跃升。

再看式（2.12）中的 $\sum\limits_{i=1}^{n} l_i$：

$$\sum_{i=1}^{n} l_i = l_1 + l_2 + l_3 + \cdots + l_n \tag{2.12}$$

这是 n 个 agent 的聚集，是式（2.11）聚集的扩展。现在分析由 n 个 agent 的聚集所引发的功能跃升。

功能跃升来自聚集后 agent 之间的相互作用。如果用"点"表示 agent，用点之间的连线表示聚集后点与点之间发生了相互作用，将有如图 2.4 所示的图形。

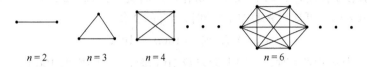

$$n=2 \qquad n=3 \qquad n=4 \qquad \cdots \qquad n=6 \qquad \cdots$$

图 2.4　点与连线

用 n 表示点的数目，C_n 表示 n 个点之间的连线的数目，则

$$C_n = (n-1)+(n-2)+\cdots+3+2+1 = n\left(\frac{n-1}{2}\right) \qquad (2.13)$$

如果考虑双向相互作用，即连线增加一倍，又有

$$C_n = n(n-1) \qquad (2.14)$$

据此式列出：

n	1	2	3	4	5	$\cdots$	10	$\cdots$	20	$\cdots$	100	$\cdots$	1000	$\cdots$
C_n	0	2	6	12	20	$\cdots$	90	$\cdots$	380	$\cdots$	9900	$\cdots$	999000	$\cdots$

n 越大，agent 之间的相互作用也越大，从而点与点之间连线的数目也跟着变多。因此，agent 之间相互作用的强度可以用点与点之间连线的数目 C_n 表示。如式（2.14）及根据式（2.14）列出的两行数值显示，agent 之间的相互作用的强度随着 n 的增大而增大。

上面两行数值表示，只有两个以上的 agent 相互影响才会使功能大幅度提高，如式（2.11）表示。

当 $n \geqslant 3$ 是聚集的扩充，C_n 随着 n 的变大而迅速增加。

综上分析，当 n 个 agent 聚集时，其功能跃升可用式（2.15）表达

$$l_1 + l_2 + \cdots + l_n > en(n-1)_n \qquad (2.15)$$

式中，e 表示协作程度。由式（2.14）可见，当 n 足够大时，有

$$C_n \approx n^2 \qquad (2.16)$$

由式（2.16）可见，C_n 与 n^2 的变化基本一致。若据此度量功能跃升的量级，又可以得到式（2.17），与式（2.15）相比较，随着 n 的增加，整体的功能大于局部功能之和 n 的平方（乘某一系数），如下式：

$$l_1 + l_2 + \cdots + l_n > en^2 \qquad (2.17)$$

当$n=2$时，式（2.17）为

$$1+1 > e2^2 \qquad\qquad (2.18)$$

e表示协作程度，$e=1$代表完全协作，进而就得到式（2.11）。

由式（2.16）可知当n增加 10 倍时，C_n 的变化：

$$C_{10n} = (10n)^2 = 100n^2 = 100C_n \qquad\qquad (2.19)$$

因而，当n足够大时，n增大为自身 10 倍时，C_n 将增大 100 倍。

式（2.12）包含式（2.15），继而式（2.12）已包含系统功能与数量n之间的某种确定性关系。同时，$E(n)$ 也表示式（2.12）与n相关。例如，如果 $E(n)$ 表示涌现，则涌现的量级将和n相关。

在产业集群经济的发展过程中，单体经济的产品、资源、市场之间的耦合作用有着一定的局限性，因此其不可能独自发展成熟。为了实现经济持续、稳定增长，必须不断地重复聚集、组织的过程，使其上升到一定高度，达到理想的规模。通过式（2.15）可以看出，系统的功能随着 n 的增大而出现质的提升。因此，为了进一步的发展、突破，集群需要重复进行组织、聚集。可见，一个产业集群不仅是一个自组织系统，更是一个自聚集系统。

但是，产业集群作为一种新的经济组织，适应了当今世界的新经济形式，其存在是合理的。产业集群从雏形到最终的成熟一直受到其内在的积极因素的影响。同时，产业集群还存在着会导致其自身消亡的不利因素。这两个因素对产业集群的发展会产生突出的作用。因此，产业集群单单依靠其自身的力量还不足以保证其健康向上发展。如果外界出现任何的不利因素都可能导致产业集群消亡、毁灭。这与所期望的相反，产业集群建设者希望产业集群能够一直处于稳定上升的阶段，在合适的时候还能够进行产业结构升级，强化自身的生存和竞争能力，确保产业集群积极健康发展，这正是政府组织的主要责任。因此，在产业集群的演变过程中，政府需要采取一定的措施来进行干预[32]。

作为产业集群中重要一员，政府必须为集群提供合适的制度和规则，这样有利于诱导集群自身的积极因素，减缓集群自身的不利条件所产生的影响，促进集群健康向上发展。所以，政府应根据产业集群处于发展的不同阶段，制定适当的、切实可行的政策，使产业集群的发展得到保障。

本书将在政府的引导下合理有序发展的产业集群的集聚称为协聚集，在分析产业集群的协聚集时主要就是分析政府在协助产业集群发展中所扮演的角色。

2.3.2 协聚集提出的理论依据——政府协助集群发展必要性

通过优化集群环境，改善集群动态机制来解决市场失灵和集群系统故障是政府的首要目标。

从经济学的角度来看，一旦出现市场失灵，即需要政府的干预。而集群也存在市场失灵的情形，其中集群内市场与资源被垄断、各类恶性竞争事件、资源无法有效配置、大量滥竽充数的行为、缺少合作甚至不合作，最关键的是排外且缺乏统一目标，以上均为集群中企业的市场失灵现象，无法促进各个企业间的协同发展，因此需要政府参与[24]。

作为一个组织系统，集群也存在系统失灵的问题，如果具有联系的机构，组织或交易规则间存在任何不相符的情况，如技术所需要的与其能力不合，又或是制度存在的缺点限制了技术层面的创新，均为系统失灵。集群中不同的组织与企业从自身利益出发，在知识、产品和服务等各个领域都有自己的一套经营方式和目标，这就导致了它们之间冲突不断且关系松散，因此易受到外界攻击，被锁定。如果组织与企业减少，就会出现竞争压力减小、自满情绪，引发内部的衰退，而不能获得集群的整体有益效果。因此集群中的组织与企业需要相互合作，形成一个有利于长期发展的组织，在政府的干预下，企业可以获得补贴或优惠，从而促进企业的研发能力，风险投资者也能够得到资金方面的支撑，共同建立起集群中技术创新与协作的平台，这样可以减少市场本身去解决这些问题和风险的高昂代价。有效的政府干预可以与市场同时作用，以改善市场失灵和系统失灵这两种情况，从而高效地促进集群的发展。

1. 公共产品的供给[23]

要想一个集群能够健康可持续地发展下去，其公用的基础设施及公共事业服务必不可少，且这些设施与服务做得越好越完善，那么加入集群的企业和人才就会越多，才能不断地为一个集群注入新的活力。在今天的中国，尤其是在中国的不发达或欠发达地区，作为集群基本组成的交通、通信、燃气、水电等基础设施一直是限制集群可持续健康发展的重要原因之一，这些基础设施的供给属于政府的传统职能，同时也决定着一个集群自身的竞争力及与别的集群进行交易所需要成本的基础。在一定程度上来看，集群中的公共设施能够极大地促进集群的可持续性发展，但是如果政府不参与公共产品的配置，那么生产者为了追逐自身的利益，在当下的市场中使得利益最大化，他们将不会考虑到公共产品的配置，这也是公共产品本身不具有竞争性和排他性所决定的。因此，要结合市场机制对公共产品进行配置必须要有政府的参与。

集群的发展是有利于企业与政府双方的。一方面，企业在集群中聚集有利于政府效率的提升、成本的降低，便于集中提供这些基础设施的服务；另一方面，集群中的企业也很需要这些由政府提供的社会福利，如住房、医疗、教育等，也极大地推动了企业与集群的共同发展。

政府可以提供许多方面的公共服务应用于企业的生产方面，如为企业提供技术支持及市场的需求预测，规范引导资源的走向；构建属于每个地方的培训机构，为企业招收人才，在政策上支持人才引进及专业人才市场的地域化；通过举办大型的信息交流、发展论坛与产品交易会，提升当地集群的知名度，只有树立起集群的良好形象，才能增强对外界资源的吸引力；通过专业市场的建设，由市场本身的辐射效应来带动当地企业生产规模的扩展。那么各个当地政府在保留原本企业的基础上再去引进外资和企业，更需要基础设施与公共服务来提升本地集群的竞争力与优势。用一个例子来说明政府指导的关键作用，浙江余姚市"零资源"现象的产业集群代表——塑料产业集群，在政府正确的指导下，余姚市从一个不经营塑料原料生产的小城市跻身为世界闻名的"塑料王国"。从 1994 年开始，当地政府用一个占地 36 000m² 的"中国塑料城"替代了原本不到 2 000m² 的"塑料街"，同时，在 1998 年的第二阶段与第三阶段的建造下，形成了一个 90 000m² 的中国最大的塑料交易商业区。在市场的推动下，原材料贸易、塑料加工等飞速发展，而加工业的快速发展又反哺塑料模型产业，加速了模具工业的发展。由政府指导下建设的"中国模具城"将"中国塑料城""工业城"和"中国模具城"合为一体，极大地改进了当地的产业集群关系，三城互帮互助，强化了本地集群的竞争优势。

2. 促进中介机构发展[23]

中介作为加强地方产业集群中各个企业联系的纽带发挥着极其重要的作用。为了防止政府的过度干预，需要中介机构来承担政府的部分经济职能，同时中介机构还能够弥补市场经济的部分缺点，保证在政府的指导下市场仍然保留其自身的基础性作用，因此其在政府与企业、组织与个人的联系方面起到了重要的桥梁作用。例如，意大利整个工业区的中介组织构建了外贸协会及区域商会，在国际市场上通过国内与国外的网络为自身吸引投资。由生产者协会、地方政府、中小企业或企业合作伙伴共同组成意大利的集群服务中心，目前已经有 56 个产业集群接纳了 130 个服务中心用于信贷、客户申诉、咨询、资格授予和商标推广、质控、产检、废品管理等服务，为企业与政府间构建起了对话的平台，因此中介的发展有利于集群的积极发展。

3. 维护市场环境，消除产业集群负外部性[23]

产业集群存在正外部性与负外部性，如集聚效应、协同效应、激烈竞争和紧密合作均为正外部性，而影响生态环境的废水、废气、废渣、废物等的大量排放，会对整个集群造成整体灾害的就是负外部性。然而，在单独的市场制度下，企业的私人成本即他们为所造成的灾害付出的代价或者受到的损失，与社会成本即灾害本身所造成的损失相比很不一致，这就会降低聚集的整体效应。产业集群内如果存在一家公司抱有机会主义的想法，那么整个产业集群都有可能会因此受到很大的影响，为了确保集群能够安全可持续地发展下去，就需要政府的主动干预来消除这种仅靠市场本身无法解决的问题，或者由政府引导下的集群中的企业组成的行业协会来帮助消除才行。除此之外，集群内的各大企业在生产安全、环境污染等方面都需要受到政府的节制，因此要想有效地配置资源，一定程度下的政府干预是十分有必要的，它可以很好地消除或控制集群的负外部性。

4. 维护市场秩序[23]

理论上来说，政府必须通过法律来规范产权保护及市场交易规则，产业集群通过市场调节提高自身社会的信用度，保护自身的各类知识产权，降低市场的准入门槛，调整外部企业加盟制度，营造出一个自由、公平、安全的外部竞争环境，从而保证市场经济的稳定，促进集群本身的发展，而以上这些都需要政府作为主要角色来对市场的法律和秩序提供各类司法相关的服务，以此建立起完整可维护的产权制度体系。例如，浙江省乐清市柳市镇的低压电器产业集群，在 1984 年和 1990 年两次被国家有关部门就质量问题通报，"假冒伪劣"也直接导致了当地产业集群的"信用危机"。因此，当地的政府果断出手，对 29 家无照企业、3965 家低压电器门市部、255 家假冒伪劣的家庭作坊，采取"取缔、封锁、整顿"的方针，并且将所有经营户都搬到柳州电气城进行集中管理，对 28 家新的优秀企业、24 家生产企业采取"引导、支持"的方针，共发放了 65 个生产许可证。与此同时，采用严格的筛选准则，禁止没有竞争力度的小企业进入市场，通过这些干预手段优化了集群的企业及市场的环境。这就是政府干预在产业集群中的强大作用，可以将最低效的价格竞争转变为质量和品牌上的竞争，有效地解决了"柠檬市场"的问题，从而促进了产业集群的发展，提升其竞争力。

2.3.3　政府的角色及职能定位分析

政府与市场之间的关系一直是经济学界争论的话题，在不同的时代政府与市场的关系对于产业集群的影响都有不同的看法。在自由资本主义时代，以马歇尔外部规模经济理论、韦伯区位理论等为代表的产业集群理论往往是由市场为主导，自发形成的一种集群体系，因此被认为是投资者在追求经济规模的最优选择结果。但是在进入 20 世纪后，政府对集群的干预得到了极大的响应与认可，通过政府这只可以调控的手去推动相关产业进行主动的集聚，从而推动经济呈区域性增长。

从整体系数的方向来看，政府与市场的关系在产业集群的发展中应当调整为一种平衡关系，地方政府可以在产业集群的形成过程中作为制度的缔造者，在集群产业的发展中作为集群系统演变的推动者，不断发挥自身的积极作用。但是区域、类型及时代的不同导致集群发展方式和目标不一样，因此地方政府在行使自身职能去帮助集群发展的同时，定位一定要准确。与此同时，政府在这一过程中不能太过干预，一定要遵循最基本的经济市场的规律，不求产业集群的数量，而是重视集群发展的质量，增强现有集群的核心竞争力。由于集聚过程是一个自下而上的市场诱导过程，且不同的市场主体在不同的运行条件下，会针对不同的经济政策在不同的时间做出各种反应。因此，经济政策的制定与传导可看作一个反馈系统，如图 2.5 所示。政府通过可控制的政策变量的调控，作用于集群系统，经过系统的转换，达到所预测的目标变量值并反馈给政策制定当局，为下一步政策的制定提供参考。

图 2.5　经济政策的制定与传导过程

2.3.4　政府协助下影响产业集群发展因素分析

在深刻了解了对象（要素）之间的内在动力关系和演化机制的基础上，实施科学有效的管理，从而对系统进行预测、调控和优化，是非线性动力学的最大特点。影响产业集群形成的动力可以分为集聚力和分散力，如何将这些力与产业集群的实际情况相联系，本书受藤田昌久等、安德森（Andersson）等和波特的观点启发，并考虑与 Logistic 模型的结合，将影响产业集群的因素分为外部动力、内部动力和逐渐变化的环境动力（图 2.6）[33-35]，而相对于各种动力的政府主要政策总结于表 2.2 中。

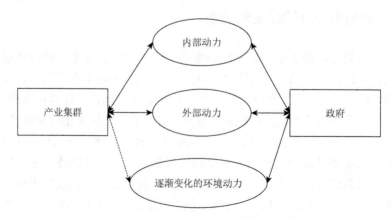

图 2.6　影响产业集群的三大动力及其与政府的关系

表 2.2　产业集群三大动力及政府主要政策总结

三大动力	可能影响的因素	政府主要政策措施
内部动力	新技术与创新能力； 企业内部结构与战略目标； 企业合作网络	为企业提供咨询顾问服务和建设性对话平台； 鼓励研发（R&D）合作并提供相应的设施条件、资金资助和激励； 提供管理和技术培训，建立特殊的技术和研究中心； 鼓励发展企业网络并提供方便条件； 建立集群产业链，鼓励集群配套企业进入
外部动力	自然资源； 人力资源； 资本资源； 市场资源	提前进行集群土地发展规划； 确保充足的基础设施、交通和通信设施等； 打造集群品牌，扩大集群知名度； 拉动内需，政府公共采购； 吸引专业人才，为集群紧缺人才提供政策补助； 为中小企业提供融资渠道
逐渐变化的环境动力	信息失灵； 市场失灵； 系统失灵； 不正当竞争； 其他锁定效应； 国际贸易环境突变	有计划、有针对性的税收优惠政策； 适时引导产业结构转变； 发展集群统计； 建立企业信息交换平台； 制定法律法规及成立行业协会，规范企业行为，形成良性竞争环境； 制定产品质量标准，加强产品质量监督

1. 外部动力[36]

在波特的"钻石"模型四要素中，有两个因素分别为生产要素和需求条件，这与本书归纳的外部动力的内容比较接近。外部动力可以被视为生物种群不可缺少的食物和土地，因为它决定了资源的丰富性和环境容纳量，所以它可以直接限制产业集群的最大规模。最主要的外部动力来自市场的需求和资源丰富度。产业集群通常意味着强大的生产能力，对应这种生产能力，必然要有相当大的市场，不然会导致其产能的过剩，以至于影响生产。在产业集群形成的早期阶段，自然资源起着决定性的作用。但是随着产业集群的发展和成熟，自然资源的影响力越来越小。与此同时，一些公共资源，如交通、通信、水电、邮政和快递将变得尤为重要。如果把产业集群的发展看作一列急速的高铁，那么"基础设施即便不能称为牵动经济活动的火车头，也是促进其发展的车轮"[37]。由于自然资源是由自然本身决定的，而市场需求（本地或周边地区）也会随着产业集群的壮大而扩大，政府能协助的外部动力便主要集中在基础设施建设上。基础设施不仅对经济增长有正面影响，而且有不能忽视的负面影响[38]。如果基础设施跟不上当地经济发展的速度，显然会阻碍生产力的提高，抑制经济增长。因此，政府加大基础设施建设的力度，能够从外部动力上促进产业集群的发展。

2. 内部动力[39]

与外部动力不同，内部动力与企业自身间的相互关系，包括企业结构、战略目标、创新技术、创造力及合作网络等因素有关。这些因素决定了集群的增长速度，构成了聚集的动力，尤其是集群创新，是集群可持续发展的力量，已被许多研究者广泛讨论。技术进步不仅可以提高产品质量，还可以提高生产效率，使生产数量增加，从而使企业的利润空间增大。此外，全面的合作网络，不仅包括了同类企业之间的知识转移，而且还结合了上下游产业，大大降低了生产成本、运输成本和生产率。然而，产业集群中企业的技术发展具有很强的路径依赖性，生产相同或类似产品的专业化集群很容易沿着相同路径产生技术趋同现象而导致集群竞争力的降级[40]。一个产业集群创新步伐逐步放慢甚至停止的时候，往往也是产业趋于成熟的时候，此时新技术已普及，表面上集群产出增长迅猛，实质只是低端产业链的单一制造与出口，集群逐渐丧失持续竞争力，而跨国公司的根植性较弱，集群一旦失去生产成本优势则会纷纷迁出，此时本地中小企业若没有自己的研发能力，很容易造成集群的衰退。2011 年 3 月 5 日，胡锦涛在参加十一届全国人大四次会议江苏代表团审议时指出，"要注重加强自主创新，推动发展向主要依靠科技进步、劳动者素质提高、管理创新转变"。[①]因此，地方政府需要采取相应的措施，强化集群的技术创新能力，突出高新技术产品开发[41]。

3. 逐渐变化的环境动力[42-44]

生态学里认为种群的生长环境是互相作用的物理因子和生物因子的综合体，它给种群的生长提供了条件，所以以环境条件为前提来描述种群的增长规律。在考虑生态产业集群时，还必须考虑环境对集群的影响。虽然这里的环境驱动力被称为动力，但它与前两种不同，因为它对产业集群的影响是间接的（图 2.6 中用虚线表示）。把环境动力划分为外部环境动力和内部环境动力。随着时间的推进，自由市场中的产业集群发展到一定程度，不可避免地会出现集群增长的一些不利因素，我们称其为"污染"，这将导致集群环境的恶化。例如，市场失灵和系统故障，如柠檬效应，也是集群内部僵化的主要原因，包括信息失败、不公平竞争、路径依赖和其他锁定效应。另外，由于技术不连续性，消费者需求变化等外部环境的变化，很容易使集群失去原有的竞争力。最典型的是 2007～2008 年的环球金融危机，由于国际贸易环境的突然变化，各国贸易保护主义悄然抬头，加上人民币对美元的不断升值，一批原本依靠高产与微薄利润生存的企业纷纷陷入困境，这时候如果没有政府适当的经济扶持与适时的引导转型，就会加快集群失去竞争优势的速度。包括波特在内的许多学者认为，政府对产业集群的最大贡献是维持公平、稳定和开放的竞争环境，防止产业集群环境的不断恶化。另外，值得一提

---

① 新华社. 胡锦涛参加十一届全国人大四次会议江苏代表团审议[EB/OL]. http://www.gov.cn/ldhd/2011-03/05/content_1817269.htm[2018-01-15].

的是，目前许多地方政府为营造一个更低成本的集群环境，都会多多少少制定一些小幅度的税收优惠措施，这对于吸引企业投资、降低企业成本是有利的，在一个公平良好的环境中，实行税收优惠政策可以令持续恶化的环境逐渐得到改善。但是，作为政府直接干预的手段，税收优惠政策相当于对企业的直接补贴，这只是一个短期的成本优势，在产业集群发展的早期阶段更为有效，但它并不鼓励企业进行科学研究和创新，很容易导致与其他区域集群的价格竞争。因此，政府在使用干预手段时应注意把握优惠力度的分寸，灵活地实行优惠政策。

参 考 文 献

[1] 贝塔朗菲, 曹和平. 开放系统模型[J]. 世界哲学, 1983, (2): 31-38.

[2] Kast F E, Rosenzweig J E. General system theory: Applications for organization and management[J]. Academy of Management Journal, 1972, 11 (7): 32-41.

[3] Prigogine I, Herman R. Vehicles as particles. (book reviews: Kinetic theory of vehicular traffic) [J]. Science, 1971, 173: 513.

[4] Haken H. Synergetics: An Introduction [J]. Berlin: Springer-Verlag, 1983.

[5] 屈单婷. 基于自组织理论的金融服务业集群形成与发展研究[D]. 南昌: 江西师范大学, 2015.

[6] 唐红涛, 朱艳春. 基于自组织理论的商业集群动态演化分析[J]. 商业时代, 2013, (27): 4-6.

[7] 鲍荣富. 试论上海产业结构变动趋势[J]. 上海经济, 2003, (4): 38-41.

[8] Thom R. Synergetics: An introduction: Nonequilibrium phase transitions and self-organization in physics, chemistry, and biology by Hermann Haken[J]. American Scientist, 1978, 66 (3): 358.

[9] Mandelbrot B B. Some mathematical questions arising in fractal geometry[J]. Development of Mathematics, 2000: 795-811.

[10] Casti J L. Emergent phenomena and computer worlds[C]//Asia-Pacific Conference on Simulated Evolution and Learning. Springer, Berlin, Heidelberg, 1996: 1-10.

[11] Holland J H. Emergence: From chaos to order[J]. Quarterly Review of Biology, 2001, 31 (1): 113-122.

[12] 欧阳莹之. 复杂系统理论基础[M]. 田宝国, 周亚, 樊瑛, 等, 译. 上海: 上海科技教育出版社, 2002.

[13] 郎羽, 房明民. 自组织理论在城市突发事件管理中的应用研究[J]. 中国电子商务, 2011, (4): 157-158.

[14] 张伟. 基于自组织理论的产业集群成长研究[D]. 贵阳: 贵州大学, 2007.

[15] 张嗣瀛. 复杂系统的演化过程, n(n-1)律, 自聚集[J]. 复杂系统与复杂性科学, 2005, 2 (3): 84-90.

[16] 耿金花, 高齐圣, 张嗣瀛. 基于层次分析法和因子分析的社区满意度评价体系[J]. 系统管理学报, 2007, 16 (6): 673-677.

[17] Strogatz S H, Abrams D M, McRobie A, et al. Theoretical mechanics: Crowd synchrony on the Millennium Bridge[J]. Nature, 2005, 438 (7064): 43-44.

[18] 王能. 基于自组织理论的虚拟产业集群演进研究[J]. 经济问题, 2011, (3): 66-69.

[19] 卞显红. 基于自组织理论的旅游产业集群演化阶段与机制研究——以杭州国际旅游综合体为例[J]. 经济地理, 2011, 31 (2): 327-332.

[20] 张赛君. 基于自组织理论的产业集群演化研究——以乐清的低压电气产业集群演化为例[J]. 经济研究导刊, 2011, (24): 216-217.

[21] 刘英基. 产业集群技术创新的自组织过程分析——基于动态博弈的视角分析[J]. 科技进步与对策, 2011, 28 (22):

62-66.

[22] 张嗣瀛. 复杂性科学，整体规律与稳定性研究[J]. 复杂系统与复杂性科学，2005，2（1）：71-83.

[23] 郑小碧. 基于自组织理论的产业集群共性技术创新研究[J]. 科技进步与对策，2012，29（8）：46-51.

[24] Gillikin D P，Lorrain A，Bouillon S，et al. Stable carbon isotopic composition of mytilus edulis shells：Relation to metabolism，salinity，δ13CDIC and phytoplankton[J]. Organic Geochemistry，2006，37（10）：1371-1382.

[25] Arthur W B，Ermoliev Y M，Kaniovski Y M. Path-dependent processes and the emergence of macro-structure[J]. European Journal of Operational Research，1987，30（3）：294-303.

[26] 龙跃. 基于生态位调节的战略性新兴产业集群协同演化研究[J]. 科技进步与对策，2018，35（3）：52-59.

[27] 藤田昌久. 集聚经济学[M]. 刘峰，张雁，陈海威，译. 成都：西南财经大学出版社，2004.

[28] 付颖. 基于自组织理论的科技创新集群形成机理研究[D]. 秦皇岛：燕山大学，2010.

[29] 仵凤清. 基于自组织理论与生态学的创新集群形成及演化研究[D]. 秦皇岛：燕山大学，2012.

[30] 李益民. 自组织视角下我国文化产业集群形成中的问题及对策[J]. 南阳师范学院学报，2011，10（11）：43-44，48.

[31] 黄昭晖. 基于自组织理论的文化创意产业政策研究[D]. 杭州：浙江大学，2011.

[32] 时方艳. 传统产业集群升级中内生性风险的演化与评估[D]. 镇江：江苏大学，2017.

[33] Fujita M，Krugman P，Venables A J. The Spatial Economy：Cities，Regions and International Trade[M]. Boston：The MIT Press，2001.

[34] Andersson T，Serger S S，Sorvik J，et al. The Cluster Policies Whitebook[M]. Holmbergs：Boyan Kostadinov，2004.

[35] 迈克尔·波特. 国家竞争优势[M]. 李明轩，邱如美，译. 北京：中信出版社，2007.

[36] 黄纯. 基于焦点企业的集群风险传导与扩散研究：自组织行为的视角[D]. 杭州：浙江大学，2012.

[37] 世界银行. 1994年世界发展报告：为发展提供基础设施[M]. 北京：中国财政经济出版社，1994.

[38] Aschauer D. Is public expenditure productive?[J]. Journal of Monetary Economics，1988，23（2）：177-200.

[39] 赫连志巍，邢建军. 产业集群创新网络的自组织演化机制研究[J]. 科技管理研究，2017，37（4）：180-186.

[40] 赵蓓. 税收政策运用与产业集群发展[J]. 税务研究，2004，（8）：49-55.

[41] 杨宏慧. 科技企业集群的自组织性研究[J]. 企业经济，2007，（2）：43-46.

[42] 陈文华，刘善庆，彭波. 产业集群发展中的政府治理[J]. 中国井冈山干部学院学报，2008，（3）：94-100.

[43] 杨吉飞，郑文婷. 传媒产业集群自组织性探析[J]. 青年记者，2012，（35）：24-25.

[44] 沈莹. 基于自组织理论的旅游产业融合研究[D]. 西安：西北大学，2012.

第3章 集群经济评价中的政府作用分析

3.1 相关知识介绍

1. 幂平均函数

幂平均（power mean）也叫广义平均（generalized mean）或赫尔德平均（Hölder mean），是毕达哥拉斯平均（包含了算术平均、几何平均、调和平均）的一种抽象化。幂平均函数一般定义为先对变量值进行 k 次幂变换，再计算其算术平均值，然后开 k 次方根，即

$$M_k(w_i, y_i) = \begin{cases} \left(\dfrac{1}{\sum\limits_{i=1}^{n} w_i} \sum\limits_{i=1}^{n} y_i^k w_i \right)^{1/k}, & k \neq 0 \\ \\ \prod\limits_{i=1}^{n} y_i^{w_i}, & k = 0 \end{cases} \quad i = 1, 2, 3, \cdots, n \quad (3.1)$$

式中，y_i 表示第 i 指标的无量纲化值；w_i 表示第 i 指标的评价权数（通常情况下 $\sum\limits_{i=1}^{n} w_i = 1$）；$k$ 表示幂平均阶数。当权数全部相等时，即 $w_1 = w_2 = \cdots = w_n$ 时，称为简单平均，否则，称为加权平均（本书中采用方案）。称 $M(k)$ 为 k 阶幂平均值。从纯数学角度看，幂次 k 可取任意实数值，但在综合评价实践中，通常取整数，本书中 k 值取整数 2。

显然，如果 $\alpha < \beta$，存在：

$$M_\alpha(w_i, y_i) \leqslant M_\beta(w_i, y_i) \quad (3.2)$$

当且仅当 $y_1 = y_2 = \cdots = y_n$ 时等号成立。另，k 取值 $-1, 0, 1$ 时有

$$\underbrace{\left(\dfrac{1}{\sum\limits_{i=1}^{n} w_i} \sum\limits_{i=1}^{n} \dfrac{w_i}{y_i} \right)^{-1}}_{\text{加权算术平均}} \leqslant \underbrace{\prod\limits_{i=1}^{n} y_i^{w_i}}_{\text{加权几何平均}} \leqslant \underbrace{\sum\limits_{i=1}^{n} w_i y_i}_{\text{加权调和平均}} \quad (3.3)$$

　　算术平均模型和几何平均模型常用在环境质量综合评价的实践中，在经济统计中很少提及。幂平均函数建模的思想主要在北美地区得到较广泛的运用。

　　美国密特公司提出的密特大气质量指数 MAQI 采用的是简单平方平均数公式：

$$\text{MAQI} = (I_c^2 + I_s^2 + I_p^2 + I_n^2 + I_o^2)^{1/2} \tag{3.4}$$

式中，I_c、I_s、I_p、I_n、I_o 分别表示大气中 CO、CO_2、P（颗粒物）、NO_2、O（氧化剂）的个体评价指数。

　　加拿大环境部（Environment Canada）提出的环境质量指数（environmental quality index，EQI）所采用的就是一个加权平方平均数公式：

$$\text{EQI} = (0.3I_a^2 + 0.3I_w^2 + 0.3I_e^2 + 0.1I_m^2)^{1/2} \tag{3.5}$$

式中，I_a、I_w、I_e、I_m 分别表示大气、水、土地、其他四个方面的单项质量指数。

　　此外，在实际操作时我们还可以取 k 为某一实数的平均合成模型，使合成误差最小，建立最优合成模型。

2. 数据包络分析

　　数据包络分析（data envelopment analysis，DEA）模型是 1978 年由著名的运筹学家查恩斯（Charnes）、库伯（Cooper）和勒温（Lewin）提出的一种效率评价模型，该模型用于评价相同部门间的相对有效性[1]。在本书中取 DEA 中的相对有效性评价模型，用来评价政府部门在对产业集群相关经济指标投入和收入的相对有效性，本书使用的是 DEA 方法中的非参数的统计方法。

　　本书中使用的 DEA 模型数学表达如下[2, 3]：假设有 n 个决策单元（decision making units，DMU），每个 DMU 都有 m 种输入和 s 种输出，DEA 决策单元表如表 3.1 所示。

表 3.1　DEA 决策单元表

1	2	…	…	n
x_1	x_2	…	…	x_n
y_1	y_2	…	…	y_n

　　其中 $x_j = (x_{1j}, x_{2j}, \cdots, x_{mj})^{\text{T}} > 0$，$y_j = (y_{1j}, y_{2j}, \cdots, y_{sj})^{\text{T}} > 0$ 表示决策单元 j 的输入与输出向量。

　　不同的决策单元对应不同的效率评价指数：

$$h_j = \frac{\sum\limits_{r=1}^{s} u_r y_{rj}}{\sum\limits_{i=1}^{m} v_i x_{ij}}, j = 1, 2, \cdots, n \tag{3.6}$$

若对第 j_0 个决策单元进行效率评价，则对应的考察目标就是第 j_0 个决策单元的效率指数，以所有的决策单元的效率指数为约束，得到 C^2R 基本模型：

$$\begin{cases} \max \dfrac{u^{\mathrm{T}} y_0}{v^{\mathrm{T}} x_0} \\ \dfrac{u^{\mathrm{T}} y_j}{v^{\mathrm{T}} x_j} \leqslant 1, j = 1, 2, \cdots, n \\ u \geqslant 0, v \geqslant 0, u \neq 0, v \neq 0 \end{cases} \tag{3.7}$$

式中，$v = (v_1, \cdots, v_m)^{\mathrm{T}}$ 和 $u = (u_1, \cdots, u_s)^{\mathrm{T}}$ 分别表示 m 种输入和 s 种输出对应的权重系数。利用 Charnes-Cooper 变换 $\left(t = \dfrac{1}{v^{\mathrm{T}} x_0} > 0, \omega = tv, \mu = tu \right)$[3]，可以得到 C^2R 模型的线性和对偶规划：

$$(P_{C^2R}) \begin{cases} \max \mu^{\mathrm{T}} y_0 = h^0 \\ \omega^{\mathrm{T}} x_j - \mu^{\mathrm{T}} y_j \geqslant 0, j = 1, 2, \cdots, n \\ \omega^{\mathrm{T}} x_0 = 1 \\ \omega \geqslant 0, \mu \geqslant 0 \end{cases} \tag{3.8}$$

$$(D_{C^2R}) \begin{cases} \max \theta \\ \sum\limits_{j=1}^{n} x_j \lambda_j \leqslant \theta x_0 \\ \sum\limits_{j=1}^{n} y_j \lambda_j \leqslant y_0 \\ \lambda_j \geqslant 0, j = 1, 2, \cdots, n \end{cases} \tag{3.9}$$

若式（3.8）中的最优目标值 $h^0 = 1$，则称决策单元 j_0 为弱 DEA 相对有效；若式（3.8）存在最优解 ω^0, μ^0 满足 $\omega^0 > 0, \mu^0 > 0, \mu^0 y_0 = 1$，则称决策单元 j_0 为强 DEA 相对有效。在之前的基础上利用线性规划方法得到关于 DEA 相对有效的等价定义，即若式（3.9）的任意最优解 $\theta^0, \lambda_j^0 (j = 1, 2, \cdots, n)$，都满足如下：

$$\begin{cases} \theta^0 = 1 \\ \sum_{j=1}^{n} x_j \lambda_j^0 = \theta^0 x_0 \\ \sum_{j}^{n} y_j \lambda_j^0 = y_0 \end{cases} \qquad (3.10)$$

则称决策单元 j_0 为 DEA 相对有效[4]。

为优化模型判断 DEA 有效性，在非阿基米德域上引进非阿基米德无穷小数 ε，同时定义正、负偏差变量：

$$s^+ = (s_1^+, s_2^+, \cdots, s_s^+)^{\mathrm{T}} \in E^s \qquad (3.11)$$

$$s^- = (s_1^-, s_2^-, \cdots, s_m^-)^{\mathrm{T}} \in E^m \qquad (3.12)$$

由约束条件得

$$(D_{C^2R}^{\varepsilon}) \begin{cases} \max[\theta - \varepsilon(\hat{e}^{\mathrm{T}} s^- + e^{\mathrm{T}} s^+)] \\ \sum_{j=1}^{n} x_j \lambda_j + s^- = \theta x_0 \\ \sum_{j=1}^{n} y_j \lambda_j - s^+ = y_0 \\ \lambda_j \geq 0, j = 1, 2, \cdots, n, s^+ \geq 0, s^- \geq 0, \theta \in E \end{cases} \qquad (3.13)$$

式中，$\hat{e} = (1,1,\cdots,1)^{\mathrm{T}} \in E^m; e = (1,1,\cdots,1)^{\mathrm{T}} \in E^s$。

3. 层次分析法

层次分析法（analytic hierarchy process，AHP）是美国运筹学教授萨蒂（Saaty）在 20 世纪 70 年代初提出的一种定性问题定量分析的简单、灵活和实用的多准则决策方法[4]，其特点是将复杂问题中的各种因素划分成一个有序的互联层次，使之组织起来，并基于某种客观现实的主观判断结构（主要是两两比较），结合专家意见和分析家的客观判断，将结果直接有效地结合在一起，定量地描述了元素一级比较的重要性。然后，利用数学方法计算反映各层次要素相对重要性顺序的权重，根据各层次之间的总排序，计算并排序各元素的相对权重。该方法自 1982 年引入中国以来，通过定性和定量分析各种决策因素，具有系统灵活、简单、快捷等优点，在我国社会经济的能源系统分析、城市规划、经济管理、科研评价等各个领域得到了广泛的关注和应用。

层次分析法的四个基本步骤：

（1）在确定决策的目标后，对影响目标决策的因素进行分类，建立一个多层次结构；

（2）比较同一层次中各因素关于上一层次的同一个因素的相对重要性，构造成对比较矩阵；

（3）通过计算，检验成对比较矩阵的一致性，必要时对成对比较矩阵进行修改，以达到可以接受的一致性；

（4）在符合一致性检验的前提下，计算与成对比较矩阵最大特征值相对应的特征向量，确定每个因素对上一层次该因素的权重，计算各因素对于系统目标的总排序权重并做出决策。

应用层次分析法的第一步就是将所要解决问题涉及的因素条理化、层次化，构造出一个层次结构模型，如图 3.1 所示。

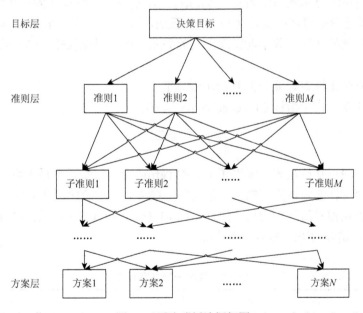

图 3.1　层次分析法框架图

层次分析法的优点之一就是可以将定性的问题定量。定量的关键就是判断支配元素的相对重要性，并按 1~9 标度对重要程度赋值，层次分析法权重含义如表 3.2 所示。对于准则 C，几个被比较元素通过两两比较构成一个判断矩阵 $A = (a_{ij})_{n \times n}$，其中 a_{ij} 就是元素 u_i 与 u_j 相对于 C 的重要度比值。

表 3.2　层次分析法权重含义表

标度	统计含义
1	u_i 与 u_j 具有一样的重要性
3	u_i 比 u_j 稍重要
5	u_i 比 u_j 重要
7	u_i 比 u_j 强烈重要
9	u_i 比 u_j 极端重要
2、4、6、8	u_i 与 u_j 重要性之比介于以上彼此相邻两者之间
倒数	若 u_i 与 u_j 重要性之比为 a_{ij}，则 u_i 对 u_j 之比为 $a_{ji} = 1/a_{ij}$

若判断矩阵 A 同时具有性质：$\forall i, j, k, a_{ij} = a_{ik} \cdot a_{kj}$，则称 A 为一致性矩阵。

从理论上分析得到：如果 A 是完全一致的比较矩阵，则有 $\forall i, j, k, a_{ij} = a_{ik} \cdot a_{kj}$。可在实际问题的处理上并不能实现上式的关系，因此对比较矩阵的一致性检验就必不可少。

检验成对比较矩阵 A 一致性的步骤如下：

（1）计算一致性指标 CI（consistent index）：

$$CI = \frac{\lambda_{\max} - n}{n - 1} \tag{3.14}$$

对一般的正互反矩阵，根据正矩阵的 Perron 定理可知，其最大特征根为正，且它对应的右特征向量为正向量，最大特征根 $\lambda_{\max}$ 为 A 的单特征根。

（2）查找相应的平均随机一致性指标 RI（random index），表 3.3 给出了 1～12 阶正互反矩阵的平均随机一致性指标。

表 3.3　层次分析法指数表

矩阵阶数	1	2	3	4	5	6
RI	0	0	0.52	0.89	1.12	1.26
矩阵阶数	7	8	9	10	11	12
RI	1.36	1.41	1.46	1.49	1.52	1.54

（3）计算一致性比率 CR（consistent radio）：

$$CR = \frac{CI}{RI} \tag{3.15}$$

当 CR ＜ 0.10 时，认为判断矩阵的一致性是可接受的，否则应对判断矩阵作适当修正。

4. 因子得分系数

本章所涉及的因子得分系数来自于主成分分析，主成分分析也称主分量分析，旨在利用降维的思想，把多指标转化为少数几个综合指标。在统计学中，主成分分析（principal components analysis，PCA）是一种简化数据集的技术。它是一个线性变换。这个变换把数据变换到一个新的坐标系统中，使得任何数据投影的第一大方差在第一个坐标（称为第一主成分）上，第二大方差在第二个坐标（第二主成分）上，依次类推。主成分分析经常用于减少数据集的维数，同时保持数据集的对方差贡献最大的特征。这是通过保留低阶主成分，忽略高阶主成分做到的。这样低阶主成分往往能够保留住数据的最重要方面。但是，这也不是一定的，要视具体应用而定。现考察主成分分析数学模型：

设有 n 个样品（多元观测值），每个样品观测 p 项指标（变量）：$X_1, X_2, \cdots, X_p$，得到原始数据资料矩阵：

$$
X = \begin{bmatrix} x_{11} & x_{12} & \cdots & x_{1p} \\ x_{21} & x_{22} & \cdots & x_{2p} \\ \vdots & \vdots & & \vdots \\ x_{n1} & x_{n2} & \cdots & x_{np} \end{bmatrix} = (X_1, X_2, \cdots, X_p) \tag{3.16}
$$

其中 $X_i = (X_{1i}, X_{2i}, \cdots, X_{ni})', i = 1, 2, \cdots, p$。

用数据矩阵 X 的 p 个列向量（即 p 个指标向量）$X_1, X_2, \cdots, X_p$ 作线性组合，得综合指标向量：

$$
\begin{cases} F_1 = a_{11}X_1 + a_{21}X_2 + \cdots + a_{p1}X_p \\ F_2 = a_{12}X_1 + a_{22}X_2 + \cdots + a_{p2}X_p \\ \qquad\qquad\cdots\cdots \\ F_p = a_{1p}X_1 + a_{2p}X_2 + \cdots + a_{pp}X_p \end{cases} \tag{3.17}
$$

简写成：

$$
F_i = a_{1i}X_1 + a_{2i}X_2 + \cdots + a_{pi}X_p, i = 1, 2, \cdots, p \tag{3.18}
$$

为了加以限制，对组合系数 $a_i' = (a_{1i}, a_{2i}, \cdots, a_{pi})$ 作如下要求：

$$
a_{1i}^2 + a_{2i}^2 + \cdots + a_{pi}^2 = 1, \ i = 1, 2, \cdots, p \tag{3.19}
$$

即 a_i 为单位向量，有 $a_i \cdot a_i' = 1$，且由下列原则决定：

（1）F_i 与 $F_j(i \neq j, i, j = 1, 2, \cdots, p)$ 互不相关，即 $\mathrm{Cov}(F_i, F_j) = 0$，并有 $\mathrm{Var}(F_i) = a_i' \cdot \sum a_i$，其中 $\sum a_i$ 为 X 的协方差阵。

（2）F_i 是 $X_1, X_2, \cdots, X_p$ 的一切线性组合（系数满足上述要求）中方差最大的，即

$$\mathrm{Var}(F_1) = \max_{c'c=1} \mathrm{Var}\left(\sum_{i=1}^{p} c_i X_i\right)，\quad 其中 c = (c_1, c_2, \cdots, c_p)'。$$

F_2 是与 F_1 不相关的 $X_1, X_2, \cdots, X_p$ 一切线性组合中方差最大的，以此类推，F_p 是与 $F_1, F_2, \cdots, F_{p-1}$ 不相关的 $X_1, X_2, \cdots, X_p$ 一切线性组合中方差最大的。

满足上述要求的综合指标向量 $F_1, F_2, \cdots, F_p$ 就是主成分，这 p 个主成分从原始指标所提供的信息总量中所提取的信息量依次递减，每一个主成分所提取的信息量用方差来度量，主成分方差的贡献就等于原始指标相关系数矩阵相应的特征值 λ_i，每一个主成分的组合系数：$a_i' = (a_{1i}, a_{2i}, \cdots, a_{pi})$ 就是相应特征值 λ_i 所对应的单位特征向量 t_i。这时我们就称 α_i 为方差贡献率。

$$\alpha_i = \lambda_i \Big/ \sum_{i=1}^{p} \lambda_i \qquad (3.20)$$

式中，α_i 越大，说明相应的主成分反映综合信息的能力越强。

通过主成分分析可求出主成分的因子得分系数。

3.2　产业集群综合竞争力评价体系设计

在经济全球化的背景下，产业集群已经成为人类从事经济活动的重要载体，是推动区域经济发展的中坚力量。我们通常考察其综合竞争力来评价一个产业集群，故而如何科学有效地测评产业集群竞争力是摆在我们面前的一个亟待解决的问题[5-8]。本书根据产业集群复杂性这一特点，运用多学科知识，选取了一个合理的、科学的评价指标体系来建立产业集群竞争力综合评价模型。

3.2.1　指标体系的选择

产业集群综合竞争力评价模型指标体系的选择主要考察对产业集群竞争力具有重大影响的各类因子，从局部影响和全局影响等多方面剖析这些因子的作用，从影响因子角度解读产业集群竞争力。美国哈佛大学商学院教授波特先生是产业集群竞争力研究的先驱，在其著作《国家竞争优势》中系统地分析了产业集群竞争力，特别是具有里程碑意义的"钻石"模型的建立，为众学者研究产业集群竞

争力打下了夯实的基础。本书正是在"钻石"模型的基础上，建立了基于广义幂平均函数的产业集群综合竞争力评价模型（evaluation model based on power mean of competitiveness of industrial clusters，EPCI）。该模型能够很好地根据集群的特点，深入剖析其综合竞争力，该模型通过对各项输入经济指标的分析，能够在微观、中观、宏观三个层次反映集群的当前状况；通过对模型各项参数的分析能够清晰地看到集群发展过程具体环节的健康状况；此外，地方政府通过模型能够了解当地集群的竞争力情况，为制定相应的集群政策提供指引性的作用，使政府在集群发展的过程中充分提供有效的"协"作用[9, 10]。

根据波特"钻石"模型，本书以苏州市电子信息产业集群为例，分析影响该集群的因素，建立其 EPCI 的指标体系，如表 3.4 所示。

表 3.4　产业集群综合竞争力评价指标体系

	主指标	序号	单项指标
产业集群综合竞争力评价指标	生产要素 A	A_1	产业集群平均从业人员
		A_2	产业集群工业用地
		A_3	产业集群固定资产原价
	企业战略、结构和同业竞争 B	B_1	产业集群企业家信心指数
		B_2	产业集群企业综合经营景气指数
	需求条件 C	C_1	产业集群市场占有率
		C_2	产业集群出口总额
	相关及支持性产业 D	D_1	产业集群办科技机构数
		D_2	产业集群外商及港澳台投资
	政府 E	E_1	政府对产业集群 R&D 投资
		E_2	政府对产业集群基础建设投资
		E_3	政府对产业集群实际利用外资
		E_4	政府对产业集群固定资产投入
		E_5	政府对产业集群货币贷款政策
	机会 F	F_1	产业集群相关基础科技的发明创造
		F_2	产业集群相关传统技术断层
		F_3	金融市场或汇率的重大变化等

表 3.4 中产业集群平均从业人员是指在产业集群内部从事与产业集群相关经济活动的日平均人员，它反映的是地区的实际劳动力规模，一般而言平均从业人员越多，表示该地区的生产规模越大，经济效益越好。产业集群工业用地是指在

属于产业集群范畴内的厂房、仓库、工地等各种用地，产业集群的工业用地直接影响产业集群的发展，对整个产业集群所在区域也有明显的影响。产业集群固定资产原价指产业集群企业在建造、改置、安装、改建、扩建时实际支出的全部货币总额，该指标是评估产业集群企业财产的必要条件，通过固定资产净值平均余额与固定资产原价相比较，可以反映出固定资产的新旧程度。产业集群企业家信心指数综合反映了企业家对宏观经济的看法和信心。本书取产业集群企业综合经营景气指数的取值范围为 0～200，若产业集群企业综合经营景气指数大于 100，则表示产业集群的发展景气是可观的；若产业集群企业综合经营景气指数低于 100，则表示产业集群在未来的发展是不容乐观的；若产业集群企业综合经营景气指数等于 100，则表示产业集群能够维持当前的发展。产业集群企业综合经营景气指数与产业集群企业家信心指数共同反映了产业集群内部企业家对集群发展的软性影响。产业集群市场占有率是指产业集群产品在国际、国内同行业中占有的市场份额，它直接反映了产业集群在行业内的集中程度或者市场控制程度。产业集群出口总额是指产业集群在积极开拓国际市场过程中的产品输出能力，出口总额越大表示集群的产品越能受到国际市场的认可，越有能力角逐国际产业市场。产业集群办科技机构数表示产业集群在创新方面所付出的投资，该指标越大表示产业集群对创新越重视，同时也反映出集群有充足的资金用于创新研究。产业集群外商及港澳台投资表示外来经济体对产业集群的支持，只有一个得到广泛认可的集群才能获得可观的外来经济体的青睐，才能获得更多的经济资本从事集群生产或与集群生产有关的各项经济活动。政府对产业集群 R&D 投资是指政府对产业集群发展在知识创新上的支持，通过对 R&D 的投资可以有效地刺激集群新产品、新技术的出现，实现产业集群地区的产学研一体化发展。政府对产业集群基础建设投资是指政府对产业集群的生产外的服务性投入，包括道路的修建、生活区的规划、民生设施的健全等，是政府在服务的角度对产业集群的支持。政府对产业集群实际利用外资是指产业集群企业或政府在和外商签订与产业集群相关的合同后，实际到位的外资款项；实际利用外资体现了产业集群在与集群外经济体合作中的有效合作率，是反映产业集群地区政府部门综合工作能力的一个指标。政府对产业集群固定资产投入是指政府对产业集群建造和购置固定资产的经济活动，一般固定资产投资包括房产、建筑物、机器、机械、运输工具以及企业用于基本建设、更新改造、大修理和其他固定资产投资等。政府对产业集群货币贷款政策是指政府为了刺激产业集群发展所实施的一系列相关金融政策，包括宽松的货币贷款政策、诱人的税收政策、低廉的生活收费等，这些都是企业家们可以看到的既得利益，有利于产业集群企业的进入和持久发展[11, 12]。反映机会这一因素的三项指标表示不可控制事件对集群的影响，依实际情况而定，本书不多加说明。

3.2.2　基于幂平均的产业集群综合竞争力评价模型

1. 模型的数学含义

本书根据 3.2.1 节选取的指标体系,采用多学科的知识建立基于广义幂平均函数的产业集群综合竞争力评价模型(EPCI)。其数学表达式为

$$
\begin{cases}
\text{EPCI} = 5 \cdot G \cdot [\mu_1 A^k + \mu_2 B^k + \mu_3 C^k + \mu_4 D^k]^{\frac{1}{k}} + \varepsilon \\
G = f(\theta) = \dfrac{2\arcsin\theta}{\pi} \\
\mu_1 + \mu_2 + \mu_3 + \mu_4 = 1 \\
\varepsilon = rand(), \quad \varepsilon \in (-0.1, 0.1)
\end{cases}
\tag{3.21}
$$

式中,EPCI 作为指标体系输入数据的运算结果,也是产业集群综合竞争力的最终表现;参数 G 是以政府对产业集群 R&D 投资、基础建设投资、实际利用外资、固定资产投资和货币贷款政策作为输入项,以产业集群的生产总额作为输出项,通过 DEA 模型求出的政府绩效相对有效值 θ 的一个相关函数;θ 取值在 0~1,θ 越接近 1 表示政府在参与集群经济的“协”作用越好,即当 θ 为 1 时我们称政府的“协”作用是相对有效的;参数 A、B、C、D 是分别通过对集群综合竞争力评价体系主指标 A、B、C、D 原始经济数据进行处理得出的以因子得分系数作为系数的一个加权和值,表示“钻石”模型中单项的得分;参数 μ_1、μ_2、μ_3、μ_4 是通过层次分析法结合完整的波特“钻石”模型得出的 A、B、C、D 权值;k 是一个幂平均模型的幂指数,通常表示一个正整数,本书取其值为 2;参数 ε 表示集群经济活动中不确定因素对产业集群的影响,即评价体系中机会的表示意义,在模型中其数学意义表述为–0.1~0.1 的一个随机数(其值取决于考察当年国内外对产业集群具有影响的突发事件)。

2. 两个参数的计算

1)参数 G 的计算

G 是一个利用 DEA 模型求出的政府绩效相对有效值 θ 的函数。模型以政府对产业集群 R&D 投资、政府对产业集群基础建设投资、政府对产业集群实际利用外资、政府对产业集群固定资产投资、政府对产业集群货币贷款政策作为输入项,以当年地区产业集群生产总值作为输出项,进行 DEA 建模求出政府绩效相对有效值 θ 。

G 是一个关于 θ 的函数,数学表达式为

$$G = f(\theta) = \frac{2\arcsin\theta}{\pi} \tag{3.22}$$

θ 值的求取见 3.1 节关于 DEA 模型的介绍，参数 G 的取值变化随政府绩效相对有效值的变化如图 3.2 所示。

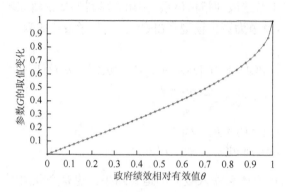

图 3.2　参数 G 的取值变化图

从图 3.2 我们可以看到，G 的取值变化为 0~1，在 θ 越靠近 0 的部分 G 值比较小且变化弧度小，从产业集群的角度来说，就是在这段范围内政府的"协"作用表现不明显，θ 值小幅度的改变对整体产业集群发展影响不大，在这种情况下，政府缺乏"协"作用将导致产业集群丢失综合竞争力。相反，在 θ 靠近 1 的部分，G 值也接近 1 且变化弧度加大，从产业集群的角度来说就是在这段范围内政府的"协"作用表现较为明显，θ 值小幅度的改变对整体产业集群发展影响比较大，在这种情况下，政府对产业集群的"协"作用表现比较突出，只要小小地增加这种"协"的作用将对产业集群综合竞争力的提升起到有力的推动。

2）参数 A、B、C、D 的计算

参数 A、B、C、D 表示的是在 EPCI 中产业集群在波特"钻石"模型的四个方面（生产要素、需求条件、相关及支持性产业，以及企业战略、结构和同业竞争）的一个综合得分。结合表 3.4 给出的产业集群综合竞争力评价指标体系，下面为参数 A、B、C、D 的求解过程（以生产要素 A 为例）。

首先取产业集群 n 年指标体系相关数据，构建如下生产要素矩阵：

$$A = \begin{bmatrix} a_{11} & a_{12} & \cdots & a_{1n} \\ a_{21} & a_{22} & \cdots & a_{2n} \\ a_{31} & a_{32} & \cdots & a_{3n} \end{bmatrix} \tag{3.23}$$

记向量 $A_1 = (a_{11} \quad a_{12} \quad \cdots \quad a_{1n})$，$A_2 = (a_{21} \quad a_{22} \quad \cdots \quad a_{2n})$，$A_3 = (a_{31} \quad a_{32} \quad \cdots \quad a_{3n})$。其中 $a_{ij}(i=1,2,3, j=1,2,\cdots,n)$ 为指标体系中对应的经济指标值。

对矩阵 A 进行因子分析，得出一个反映该矩阵特征的第一主成分线性表达式，则矩阵 A 可以表达为

$$A = \beta_1 A_1 + \beta_2 A_2 + \beta_3 A_3 \tag{3.24}$$

式中，$\beta_i (i = 1,2,3)$ 为通过 SPSS 软件分析得出的因子得分系数。

同理，依次可以得出 B、C、D 相应的表达式。

3.3　产业集群的评价实例分析——以苏州市电子信息产业为例

3.3.1　苏州市产业集群发展概况

近年来，苏州市不断强化集群发展意识，以专业化开发园区为载体，以建设有区域特色的投资企业集群为目标，加大招商引资力度，注重由集中办企业向集中做产业转变，强化专业化分工与社会化协作，围绕专业特色集聚相关产业，通过产业链将企业紧密有机地集聚在一起，增强企业间产业关联度的协作效应。经过多年的发展，全市各类开发区、专业园区的基地化功能和"一镇一业"的专业化功能逐步健全完善，特色产业集群迅速崛起，板块经济优势日益显现，在全市工业经济中占据主导地位，成为区域经济发展的新亮点。据不完全统计，截至 2004 年苏州初具规模的产业集群共有 23 个；集群企业数 7000 多家；涉及电子信息、新材料、石油化工、汽车零部件、机械、纺织服装、轻工等行业；预计实现销售收入超过 4000 亿元。

1. 苏州市产业集群发展的基本特点

（1）集聚效应日益显现。在全市 23 个产业集群中，苏州电子信息、张家港沿江钢铁和羊毛针织、吴江丝绸纺织和光电缆、常熟服装、昆山汽车及零部件年销售额均在 100 亿元以上。以苏州工业园区、苏州高新区、昆山经济技术开发区和吴江经济技术开发区为载体，苏州市电子信息产业集群已形成笔记本电脑、集成电路、手机、数码相机和电脑组件等制造系统。产业集群和工业供应链已实现产值约占全国总销售额的 10%，成为全国最大的 IT 产品制造和出口基地。张家港沿江钢铁产业集群以沙钢集团为龙头，形成了钢铁冶炼-特种钢-金属产品冶金产业链，预计销售收入将达到 500 亿元。吴江丝绸纺织产业集群已形成完整的丝绸纺织产业生产和销售产业体系，各类丝绸纺织品年产量超过 50 亿米。吴江丝绸的年产量和出口量是全国总量的 1/8 和 1/6，成为中国最大的纺织品生产和出口基地。常熟是著名的纺织工业聚集地之一，集群中有 1000 多家相关企业，有 3 个中国知

名品牌产品，产值约占常熟总经济产出的 1/3。昆山拥有 289 家特种汽车及汽车零部件生产企业，总投资额达 30 亿美元。年产近 2 万种汽车零部件，已成为华东地区重要的汽车零部件产业基地。

（2）基地功能不断强化。在做大做强产业集群规模的同时，苏州市还注重强化集群的技术创新能力，突出高新技术产品开发，加强与国内外名牌大学和科研院所的全方位合作，实行产学研各方的有效对接，加快培育大容量、高市场占有率、高效益的优势产品为龙头的高新技术产品群，产业集群的发展层次和水平得到大幅提升。截至 2004 年，苏州电子信息、张家港沿江钢铁、吴江光电缆、常熟高分子新材料、昆山传感器和模具、太仓特种功能新材料等一批产业集群已发展成为生产高新技术产品相对集中、企业相对集聚、产业具一定规模且发展潜力大、产业特色鲜明、产业关联度大、对提升区域经济起重大作用的高新技术研究开发和高新技术产品规模化生产的区域。目前苏州市已拥有国家电子信息产业基地、国家火炬计划吴江光电缆产业基地、常熟高分子新材料产业基地、昆山传感器和模具产业基地等一批国家高新技术特色产业基地。

（3）区域集群板块凸现。在产业集群定位上，各地以特色产业为依托，努力寻求市场与本地经济发展的最佳切入点，通过产业区域化布局和企业集群式发展，有效整合生产力要素，积极做大做强板块经济；以专业镇为龙头、"一镇一业"为特征的区域产业集群不断扩展，成为拉动地区经济发展的新形式。吴江横扇镇作为华东地区最大的羊毛衫生产基地，年产羊毛衫 1 亿件；有"缝纫机之乡"美誉的菀坪镇是中国最大的缝纫机产业生产基地，其生产的中厚料缝纫机占全国的 50%以上；金家坝镇是国内最大的新型建材生产基地，占全国生产总量的一半。太仓璜泾镇被誉为"中国加弹第一镇"，拥有切片纺、加弹丝、熔体直纺、涤锦丝和氨纶丝等企业 600 多家；陆渡镇则被称为"世界自行车生产最集中的地方"。昆山周庄镇正成为我国重要的传感器产业基地，生产的红外传感器销量占世界同类产品市场份额的 60%。张家港市金港镇是全国最大的氨纶纱生产基地；大新镇是"中国五金之镇"，现有从业企业 200 多家，形成了毛坯锻造、精加工、后道处理等完整的产业链。

（4）产业根植性和竞争力逐步提高。从产业集群形成的机制来看，苏州市的产业集群基本上都是由本土企业聚集发展起来的，以民资参与为主，为内生型产业集群，根植性较强。同时，为推动外源型经济与内源型经济加速融合，各地还围绕外资龙头企业，积极开展协作配套，通过大力推进产业集群化进程，逐步形成上、中、下游结构完整、外围健全的产业链和产业配套体系，促使外资企业加快"落地生根"。苏州市电子信息产业的发展主要是政府建设产业园区，大力引进外资企业，进而带动本地配套产业而发展起来的产业集群。随着电子信息产品制造业的快速成长，围绕外资企业大项目、大产品，积极实施引进消化吸收和专业化配套协作。目前，彩色显示器、大屏幕彩色电视机等零部件的本地化配套率已超过 80%，注塑产品的本地化率接近 100%。为提高产业竞争力，在产业集群发展较早的区域，各地政府对产业集群的扶持，已经从单纯的减地价、提供政策优惠的简单扶持，逐步向提供技术、品牌、信息、市场、融资扶持等方面的公共服务转变，并积极探索有利于提高产业竞争力的有效方法，在产业集群区初步形成了以技术、品牌和市场为主的服务平台。例如，太仓璜泾镇为了做大做强化纤加弹产业，该镇组建了化纤加弹业同业公会，还开设拥有国际域名的化纤加弹专业网站，及时搜集、整理和发布有关政策信息、市场行情和价格走势等，为众多企业家提供快捷和优质服务。昆山传感器产业集群实行产学研全方位有效对接，成立了江苏省传感器产业技术协会，已发展成为昆山政府与中科院合作共建的科技成果转化与产业化基地，被科技部认定为国家火炬计划传感器产业基地和国家"863"计划科技成果产业化基地。

（5）产业集群雏形加速形成。各地根据产业发展特色，加快培育新的产业集群。例如，吴江区积极引导和扶持有色金属加工业、新型建材业、电梯制造业、日用化工业、汽车配件业、食品加工业、服装业、制鞋业、环保处理产业、热能发电业发展壮大，形成新的经济增长点。张家港市对油脂加工、钢管、饮塑机械等具备良好基础的产业，着力在扩大经济总量、优化布局结构、壮大骨干规模、培育专业市场、加强内部整合上狠下功夫，加快块状经济升级。

虽然苏州市产业集群发展态势较好，已经出现一些在国际、国内颇有影响的高新技术产业集群和产品集群，但发展规模、层次和水平仍有待进一步提高，如产业链还缺乏整体设计和战略规划，对企业的技术、市场和经营上的合作重视不够，人力资源开发及服务配套能力与集群发展脱节，中小企业技术需求得不到应有的重视等。目前，苏州市正在积极实施民营经济腾飞计划和外资产业"生根"战略，采取产业集群式发展模式显得尤为重要。下一步，苏州市产业集群发展的重点是如何提高规模和技术水平、增强竞争力。应着力做好以下工作：一是加强对产业集群发展的规划引导。科学制定产业集群发展方向，规范入区企业和项目标准，增强产业链发展的合力和张力。二是研究扶持产业集群发展的政策措施，积极研究制定促进产业集群发展的法规、金融、财政、人力资源、可持续发展等政策措施。三是强化产业集群发展的环境建设，通过加强对集群载体的交通、水电、信息等基础设施的规划建设和整合，实现集群内公共资源的低成本共享，健全生产协作与服务体系，提高产业集群的专业化协作和社会化服务水平。四是改善和加强政府的组织领导，采取优惠措施，积极推动产业集群内部的中介服务体系、科技服务体系和教育培训机构的建设发展。加快构建公用技术开发平台和企业间技术转让的交易平台，实现技术创新在产业集群内的整体效应，提升产业技术水平。

2. 苏州市电子信息产业集群发展概况[13]

近几年，苏州市政府非常注重电子信息产业的推进，苏州市的现代工业化以大力发展电子信息产业、加快落实信息化来带动产业结构升级、高经济增长质量为必然选择。

苏州市电子信息产业发展特点如下。

（1）工业规模具有明显的优势。2008 年，尽管国际经济形势艰难复杂，苏州市电子信息产业整体继续保持高速增长。全市规模以上电子信息产业实现工业总产值 7215.2 亿元，同比增长 21.01%。从苏州市 IT 产业总规模来看，2008 年苏州市 IT 产业总量继续位居全省第一，占全省 IT 产业的 55%，约占全国 IT 产业的 1/10。

（2）该行业的国际化程度很高。2008 年，苏州市电子信息产品出口交货值 5187.3 亿元，同比增长 22.17%，占行业销售收入的 70%左右。电子信息产业具有高度的外部性。

（3）配套服务能力强，产业链不断地完善。随着电子信息产品制造业的快速发展，苏州市引进了各类大型项目及多种外资企业。目前，计算机、彩色显示器、大屏幕彩电等相关组件的国产化率已超过 80%，注塑产品的国产化率接近 100%。该市已初步形成了电子元件、电子特殊材料和塑料的完整配套产品群。

（4）产业集聚程度高，区域特征明显。目前，以十大笔记本电脑厂商为代表的众多跨国公司先后落户，为苏州市电子信息高科技产业集群的快速崛起奠定了良好的基础。

截至 2012 年，苏州市共有六个省级电子信息产业基地，分别是苏州工业园区、苏州高新区、昆山开发区、吴江开发区、吴中开发区和常熟东南开发区。各工业基地抓住机会，大力推进产业集聚，交叉发展，形成工业园区的集成电路，吴江开发区的光电子，昆山开发区、常熟东南开发区的计算机和笔记本电脑，吴中开发区的电路板，苏州高新区的基础部件、消费电子产品和计算机外围设备，以及具有突出产业链支持的其他产业集群。这些开发区集中了全市 90%以上的电子信息产品制造业。

苏州市电子信息产业认真落实国家和省级政策，促进增长，扩大内需，促进发展。整个行业呈现出复苏增长趋势。苏州市电子信息产业的运行呈稳步上升趋势。2009 年 1～9 月，苏州市规模以上电子信息产业产值 5815.95 亿元，同比增长 11.41%；出口交货值达到 4481.8 亿元，同比增长 11.57%。到 2011 年，苏州市电子信息产业实现销售收入 10000 亿元，年均增长 12%，并继续保持苏州市第一支柱产业地位，保持外贸出口稳定。技术创新体系日趋完善，自主创新能力得到显著提升。微电子技术、数字技术、软件技术、网络技术等关键技术和大规模生产技术的整体水平得到显著提高。苏州市电子信息产业进一步推动行业内部重组，重点提升软件行业和信息服务行业在信息产业总量中的比重，培育和形成一批具有国际竞争力的本土电子信息企业集团，苏州市电子信息产业基地将初步建成为重要的全球信息技术研发基地、信息产品制造和出口基地。

3. 苏州市政府在集群发展中的地位和作用

目前中国大部分产业集群发展处于低水平发展阶段，低成本是竞争优势。以创新能力、区域品牌和网络合作为核心的竞争优势尚未形成。在激烈的全球竞争中，地方政府应着力提高产业集群的共生环境，促进产业集群的不断升级发展，防止产业集群的衰落。苏州市政府在苏州市的电子信息集群产业发展中，扮演着指挥棒、纠错机及推动器的角色。在过去十年的发展中，苏州市政府的积极引导对苏州市的电子信息集群产业发展起到了关键性的作用。

基础设施是经济发展的重要影响因素，对于集群产业来说，基础设施建设直接影响其发展速度和产业结构的升级。电子信息产业离不开通信，苏州电信、网通、联通、铁通等网络运营商在全市建立了高速宽带网络，其中苏州电信已建成了符合国家规范的二级结构本地电话网，本地电话交换机总容量已达 325 万门，长途电话交换机总容量为 7.8 万路端；建成覆盖全区、联通全国的宽带城域网，传输骨干网带宽达到 400Gbit/s，城域网出口带宽超过 15Gbit/s，各类数据通信设备总容量达到 21.7 万端口，灵活而又快捷的通信方式是电子信息产业集群发展强有力的保障。此外，苏州市的内外快速交通建设得到加强，在 2008 年年底，建成了东西南北四条快速通道，实现了老城区和园区、新区、相城区和吴中区之间的无缝连接。高铁的开通、新火车站的建成及轨道交通 1 号、2 号线，使城市及周边区域的出行便利性都有了很大提高。同时，城市公用事业也取得了良好的发展，城市现代化水平不断提高，集群内公共资源的低成本共享已经实现，为苏州市可持续发展供了充分、稳定的保障基础。另外，政府加大力度进行了环境综合整治，金鸡湖环境治理工程顺利完工，形成融现代理念与自然风貌于一体的城市新景观；同时沙湖生态公园、白塘生态植物园、区级公园及苏胜路、星华街等一批道路和居住区的绿化建设，美化了集群区域的环境，吸引了外商的投资，创造了集群发展的和谐人文生活环境。

虽然国际金融危机给各地的产业集群带来了巨大压力，但是苏州市电子信息产业集群在政府一系列宏观调控和产业振兴政策的综合作用下，加大自主创新力度，努力提高经济发展质量，逐渐向电子信息强市转变，不断通过强化自主创新，提升产业竞争力。然而，产业集群中企业的技术发展具有很强的路径依赖性，生产相同或类似产品的专业化集群很容易沿着相同路径产生技术趋同现象而导致集群竞争力的降级。作为典型外向型经济的苏州市，外商投资是电子信息产业集群的中坚力量，本地企业在竞争中引进吸收国际知名企业带来的先进技术与管理理念后迅速发展。然而，引进的先进技术若不能加以消化、改进，往往会使企业过度依赖发达国家的技术从而丧失自主创新能力。电子信息又是高新技术集结的行业，因此，强化集群的技术创新能力，突出高新技术产品开发是十分必要的。

　　苏州高新区是全国首批唯一开展科技保险试点的国家高新区。自 2007 年 7 月以来，苏州高新区积极尝试科技与保险相结合的新型方案，在各个渠道推广科技保险工作，使科技保险被众多科技型企业广泛认同和支持，具有政府信用联合商业信用的创新特点。在"十一五"规划期间，苏州市科技创新工作发展使苏州市的高新技术产业飞速发展，在这五年中，苏州国家高新技术研究开发机构、国家级公共技术服务平台、国家级大学科技园区、国家级工程实验室实现零突破，形成苏州工业园区科教创新科区、苏州国家高新区科技城等创新高地；苏州国家高新技术企业、技术先进型服务企业、民营科技企业均在江苏省排名第一，专利申请量和授权量分别居全国第一、第二；高新技术产业产值从 3085 亿元增加到 9022 亿元，占全市规模以上工业总产值的 36.7%。在过去的发展历程里，苏州市政府鼓励和支持各方技术企业建立研发团队与研发中心，完善公共技术，切实增强了产业的自主创新能力，同时更加重视电子信息产品和服务的产权保护；此外，对全市电子信息产业有较强的规划和指导，并加大了对自主知识产权技术产品产业化的支持力度。

　　2005 年 4 月，苏州国家高新技术产业开发区党政办公室发布《关于鼓励科技研发机构、科技创新型企业进驻苏州科技中心的实施办法（试行）》，切实鼓励科技研发机构、科技创新企业进驻科技中心，2009 年 6 月 17 日，苏州市政府为了保证电子信息产业稳定发展，加快结构调整，推动产业升级，根据国务院印发的《电子信息产业调整和振兴规划》及江苏省人民政府《江苏省电子信息产业调整和振兴规划纲要》结合苏州市实际情况，发布了苏州市电子信息产业调整振兴计划。园区在发展初期时，依靠新加坡相关招商机构在全球各地的独特优势，获得了许多有价值的信息，用许多政策上的优惠将其他相关企业吸引过来。政策优惠招商为园区经济的起步及飞速发展奠定了坚实基础，但在产业升级的趋势下，招商方式也要与时俱进，进行相应的调整。2009 年苏州市政府确认苏州工业园区正在从最初的优惠招商，向产业集群招商转型。

3.3.2　产业集群的 DEA 模型实例分析——以苏州市（吴江区[①]）电子信息产业集群为例

　　根据 DEA 模型，建立基于 DEA 方法（C^2R）的吴江区政府协助下电子信息产

[①] 2012 年 10 月 29 日，吴江撤市设区，为苏州市吴江区。

业集群和丝绸纺织产业集群相对有效性的综合模型，通过该模型我们可以分析吴江区政府在不同年份在其区域内协助产业集群的发展所投入经济指数是否与产业集群在考察年份所带来的经济收益满足相对有效性。在建模过程中，我们选取吴江区政府在协助该地电子信息产业和丝绸纺织产业上政府的固定资产投资、基础建设投资及实际利用外资三项指标作为模型的输入项；同时选取吴江区电子信息产业集群和丝绸纺织产业集群当年的产业生产总值作为输出项。通过 MATLAB 模拟程序求解模型，我们只需通过考察模型结果的 θ 值来评价吴江区政府在协助当地产业集群经济发展中的相对有效性。

　　首先，获取 2003～2007 年上述的三个输入项、两个输出项所对应的数据，如表 3.5 所示。

表 3.5　2003～2007 年吴江区产业集群相关输入输出项原始经济指标数据

决策单元	经济指标	2003 年	2004 年	2005 年	2006 年	2007 年
输入项	实际利用外资/亿美元	5.05	5.54	5.08	5.58	6.96
	固定资产投资/亿元	172.12	189.79	213.16	236.06	265.68
	基础建设投资/亿元	0.96	1.48	3.86	0.79	1.49
输出项	吴江区电子信息产业集群当年产业生产总值/亿元	395.28	522.00	654.98	785.7	876.9
	吴江区丝绸纺织产业集群当年产业生产总值/亿元	306.28	411.99	511.39	384.06	549.5

对表 3.5 中数据无量纲化处理得表 3.6。

表 3.6　2003～2007 年输入输出项无量纲化数据[①]

决策单元	经济指标	2003 年	2004 年	2005 年	2006 年	2007 年
输入项	实际利用外资	0.10	0.36	0.12	0.38	1.10
	固定资产投资	0.10	0.29	0.54	0.78	1.10
	基础建设投资	0.16	0.32	1.10	0.10	0.33
输出项	吴江区电子信息产业集群当年生产总值	0.10	0.36	0.64	0.91	1.10
	吴江区丝绸纺织产业集群当年生产总值	0.10	0.53	0.94	0.42	1.10

　　运用 MATLAB 软件对模型求解得出相对有效值 θ，如表 3.7 所示。

---

① 此处无量纲化处理方法为：$\text{data}_{\text{无量纲化}} = \dfrac{\text{data}_{\text{原始数据}} - \text{data}_{\text{原始数据[MIN]}}}{\text{data}_{\text{原始数据[MAX]}} - \text{data}_{\text{原始数据[MIN]}}} + 0.1$

表 3.7　2003～2007 年政府相对有效性的评价结果表

	2003 年	2004 年	2005 年	2006 年	2007 年
决策变量系数	0.0000	0.0000	0.0000	0.0000	0.0000
	0.1563	1.0000	0.0000	0.0000	0.5352
	0.0549	0.0000	1.0000	0.0000	0.0000
	0.0302	0.0000	0.0000	1.0000	1.1231
	0.0000	0.0000	0.0000	0.0000	0.0000
输入指标的松弛变量	0.4562	0.0000	0.0000	0.0000	0.4128
	0.4423	0.0000	0.0000	0.0000	0.0000
	0.0253	0.0000	0.0000	0.0000	0.0914
输出指标的松弛变量	0.0077	0.0000	0.0000	0.0000	0.0985
	0.0000	0.0000	0.0000	0.0000	0.0000
相对有效值 θ	0.7347	1.0000	1.0000	1.0000	0.9214

由表 3.7 模型的输出结果我们可以清楚地看到，吴江区政府协助当地电子信息产业集群和丝绸纺织产业集群的经济发展在 2004 年、2005 年、2006 年是相对有效的，也就是说这三年吴江区政府正确地制定了符合当地两个产业集群发展的相关政策，在市场为主导的经济体制下恰到好处地体现了政府对该两个产业集群的发展起到了"协"作用。反观 2003 年和 2007 年的政府绩效相对有效值小于 1，则说明政府在协助当地两个产业集群发展上并不是处于一种相对最佳的状态，未有效地体现政府相关职能。从表 3.6 中具体数据来看，2007 年吴江区政府在实际利用外资和基础建设投资上并不是处于一种令人十分满意的状态，在政府的能力范围内还有很大的改进空间，所以政府相关部门在下一年的工作中应该着重考虑外资的实际利用是否到位，集群区域的基础建设是否到位；根据集群和当地的实际情况给出新的符合集群发展的"协"作用政策。

根据苏州市电子信息产业集群的实际情况，苏州市经济和信息化委员会 2006 年为进一步推进苏州市电子信息产业结构调整和技术升级，促进企业技术进步，提高产业的国际竞争力，提出了电子信息产业升级的总体思路。

（1）进一步调整和优化信息产业的产品结构和产业结构，加强核心基础产业，提高产业增长的质量和效益，以适应国民经济和社会信息化建设和应用需求；

（2）支持先进技术，特别是具有自主知识产权的技术和产品，加快生产规模的形成，提高产品附加值；

（3）推动引进国外先进技术，吸收创新，增强自主创新能力，支持改善和完善企业技术开发环境和手段；

（4）培育龙头企业，提升国际竞争力，不断拓展中国电子信息产品国际市场。

3.3.3　苏州市 2010 年电子信息产业集群的 EPCI 实证分析

1. 获取苏州市电子信息产业集群 EPCI 指标体系

根据苏州市 2001～2010 年统计年鉴,获取苏州市电子信息产业集群 EPCI 的指标体系如表 3.8 所示。

表 3.8　指标体系原始数据

指标	2001 年	2002 年	2003 年	2004 年	2005 年	2006 年	2007 年	2008 年	2009 年	2010 年
平均从业人员/人	81787	110020	227726	363981	536173	669006	832203	970197	1052917	1102250
工业用地/km^2	32.74	43.85	44.31	56.32	60.7	60.7	64.61	114.86	209.76	214.36
固定资产原价/万元	1736714	2276738	3984281	6352469	9277132	12153208	15888032	18652664	21480002	23515265
企业家信心指数/%	89.3	132.3	91.6	130.03	131.94	145.89	144.31	87.29	135.71	146.74
企业经营景气指数/%	100.9	98.5	125.6	137.35	133.35	146.11	152.48	105.32	145.93	147.24
市场占有率/%	4.53	6.62	6.56	8.54	7.74	9.81	8.64	10.12	10.05	12.17
出口总额/万美元	103656	134439	203658	342622	604720	770833	882202	1096422	890779	1357240
办科技机构数/个	10	9	18	36	23	39	107	117	159	168
外商及港澳台投资/万元	523657	699154	700589	1165005	1344130	1444557	2040736	2594325	3339656	3762458
R&D 投资/万元	26326	34057	22522.6	78145.1	125069.1	172120	264676	326301	388423	402568
基础建设投资/万元	861899	591399	4400124	2208735	2418424	2319347	2248283	2199483	3563667	3570621
实际利用外资/万美元	995259	481398	680511	50.33	60.05	61.72	73.8	813293	822653	853511
固定资产投入/万元	23364	3586824	6584062	7905805	9524204	10854449	11829381	12842453	14202879	16837771
货币贷款政策/万元	3154454	3544584	4045512	4215165	4445860	4683041	5353798	4446505	6927965	7356824

由于指标的单位不一，为方便计算须将表 3.8 数据无量纲化处理[①]，结果如表 3.9 所示。

表 3.9　无量纲化指标体系数据

指标	2001 年	2002 年	2003 年	2004 年	2005 年	2006 年	2007 年	2008 年	2009 年	2010 年
平均从业人员	0.014	0.019	0.038	0.061	0.09	0.113	0.14	0.163	0.177	0.185
工业用地	0.036	0.049	0.049	0.062	0.067	0.067	0.072	0.127	0.232	0.238
固定资产原价	0.015	0.02	0.035	0.055	0.08	0.105	0.138	0.162	0.186	0.204
企业家信心指数	0.072	0.107	0.074	0.105	0.107	0.118	0.117	0.071	0.11	0.119
企业经营景气指数	0.078	0.076	0.097	0.106	0.103	0.113	0.118	0.081	0.113	0.114
市场占有率	0.053	0.078	0.077	0.101	0.091	0.116	0.102	0.119	0.119	0.144
出口总额	0.016	0.021	0.032	0.054	0.095	0.121	0.138	0.172	0.139	0.213
办科技机构数	0.015	0.013	0.026	0.052	0.034	0.057	0.156	0.171	0.232	0.245
外商及港澳台投资	0.03	0.04	0.04	0.066	0.076	0.082	0.116	0.147	0.19	0.214
R&D 投资	0.014	0.019	0.012	0.042	0.068	0.094	0.144	0.177	0.211	0.219
基础建设投资	0.035	0.024	0.18	0.091	0.099	0.095	0.092	0.09	0.146	0.146
实际利用外资	0.14	0.068	0.096	0.071	0.085	0.087	0.104	0.114	0.116	0.12
固定资产投入	0.0002	0.038	0.07	0.084	0.101	0.115	0.126	0.136	0.151	0.179
货币贷款政策	0.065	0.074	0.084	0.087	0.092	0.097	0.111	0.092	0.144	0.153

2. 计算参数 A、B、C、D 的值

运用 SPSS 软件对表 3.9 中数据进行因子分析；对前 9 项数据转轴后得出数据的总方差解析表（表 3.10）和因子贡献率表（表 3.11）。

表 3.10　总方差解析表

指标	组成							
	1	2	3	4	5	6	7	8
平均从业人员	0.976	−0.092	−0.151	−0.028	0.077	0.028	−0.092	−0.008
工业用地	0.893	−0.223	0.331	0.153	−0.119	0.075	−0.001	0.010
固定资产原价	0.986	−0.122	−0.071	−0.008	0.073	0.019	−0.040	0.017
企业家信心指数	0.505	0.793	−0.270	−0.184	0.097	0.001	−0.005	0.001

[①] 此处无量纲化处理采用方法为：$data_{无量纲化数据} = \dfrac{data_{原始数据}}{data_{原始数据横向算术和}}$

指标	组成							
	1	2	3	4	5	6	7	8
企业经营景气指数	0.655	0.646	−0.217	0.321	−0.059	0.008	0.016	−0.001
市场占有率	0.938	0.066	−0.071	−0.217	−0.242	−0.071	−0.012	0.001
出口总额	0.952	−0.098	−0.194	−0.178	0.054	0.069	0.088	0.005
办科技机构数	0.948	−0.221	0.079	0.124	0.115	−0.131	0.029	0.007
外商及港澳台投资	0.977	−0.178	0.107	0.036	0.016	0.007	0.021	−0.031

注：提取方法为主成分分析；提取了 8 个组成部分。

表 3.11　因子贡献率表

指标	组成	
	1	2
平均从业人员	0.976	−0.092
工业用地	0.893	−0.223
固定资产原价	0.986	−0.122
企业家信心指数	0.505	0.793
企业经营景气指数	0.655	0.646
市场占有率	0.938	0.066
出口总额	0.952	−0.098
办科技机构数	0.948	−0.221
外商及港澳台投资	0.977	−0.178

注：提取方法为主成分分析；提取了 2 个组成部分。

在表 3.10 中，利用主成分分析得出的第一主成分（组成标号为 1 的列）总方差贡献能够反映整个数据的特点，因此我们在分析原始数据时只需考察第一主成分。从表 3.11 我们可以得出取第一主成分时各因素的贡献率为

$$\boldsymbol{\beta} = [\beta_1, \beta_2, \cdots, \beta_9] \tag{3.25}$$
$$= [0.976, 0.893, 0.986, 0.505, 0.655, 0.938, 0.952, 0.948, 0.977]$$

进而可分别计算 A、B、C、D 的值：

$$A = [0.1853686, 0.2375944, 0.2039193] \times [\beta_1, \beta_2, \beta_3]^{\mathrm{T}} \tag{3.26}$$
$$= 0.5941$$

同理可得 $B = 0.1346, C = 0.3370, D = 0.4311$。

3. 计算参数 G 的值

要计算 G 的值首先要通过 DEA 模型计算相对有效值 θ，在苏州市电子信息

产业集群 EPCI 中我们分别以政府对产业集群 R&D 投资、政府对产业集群基础建设投资、政府对产业集群实际利用外资、政府对产业集群固定资产投入、政府对产业集群货币贷款政策作为输入项；以当年地区产业集群生产总值和总利润值作为输出项。根据 DEA 实例方法可得 2010 年苏州市政府关于电子信息产业集群的相对有效值 θ 为 0.907362，则

$$G = f(\theta) = \frac{2\arcsin\theta}{\pi} = 0.7238 \qquad (3.27)$$

4. 计算参数 μ_1、μ_2、μ_3、μ_4 的值

对于参数 μ_1、μ_2、μ_3、μ_4 的求取，我们主要用到层次分析法；通过分析"钻石"模型四要素单体与整体的关系得出四要素的不同权重即 μ_1、μ_2、μ_3、μ_4 的值。在不同的产业集群、不同的部门之间，A、B、C、D 四者间的相互重要性是不同的。本书考察的是苏州市电子信息产业集群，由于苏州市电子信息产业集群具有产业规模优势明显、产业国际化程度高、配套能力强，产业链不断完善和产业集聚化程度高，区域特色明显等特点，根据 2010 年苏州市电子信息产业集群的具体情况我们建立与其相对应的四要素间的相互重要比较矩阵（表 3.12）。

表 3.12　"钻石"模型四要素相互重要比较表

	生产要素 A	企业战略、结构和同业竞争 B	需求条件 C	相关及支持性产业 D
生产要素 A	1	1/2	3/2	1/5
企业战略、结构和同业竞争 B	2	1	2	3/2
需求条件 C	2/3	1/2	1	1/3
相关及支持性产业 D	5	2/3	3	1

利用表 3.12 中数据结合 3.1 节中有关层次分析法的叙述，进行 MATLAB 编程可求出以下内容。

（1）四要素标准化权重向量：$\omega = (\mu_1, \mu_2, \mu_3, \mu_4) = (0.1355, 0.3453, 0.1228, 0.3965)$

（2）最大特征值：$\lambda_{\max} = 4.2184$

（3）一致性比率：$CR = \dfrac{CI}{RI} = \dfrac{0.0728}{0.89} = 0.0818$

显然，此矩阵的一致性可以接受。

5. 计算 EPCI 产业集群综合竞争力

通过前面参数 $(G, \mu_1$、μ_2、μ_3、μ_4、A、B、C、$D)$ 的求取，我们很容易得到反映苏州市电信产业集群的综合竞争力的 EPCI 指数。在计算模型时所要用到的基

础数据取自表 3.10～表 3.12；由于 2010 年全国经济形势良好，国际金融市场开始复苏，故 θ 取一个正的随机数，则

$$
\begin{aligned}
\text{EPCI} &= 5 \cdot G \cdot [\mu_1 A^k + \mu_2 B^k + \mu_3 C^k + \mu_4 D^k]^{\frac{1}{k}} + \varepsilon^+ \\
&= 10 \times 0.7238 \times [0.1355 \times 0.5941^2 + 0.3453 \times 0.1346^2 \\
&\quad + 0.1228 \times 0.3370^2 + 0.3965 \times 0.4311^2]^{\frac{1}{2}} + \varepsilon^+ \\
&= 1.6430
\end{aligned}
\tag{3.28}
$$

根据式（3.28）得出结果，在 EPCI 下苏州市电子信息产业集群的综合竞争力指标值是 1.6430。

依据 EPCI 综合模型分别对江苏省设区市电子信息产业集群进行综合竞争力评价可得图 3.3。

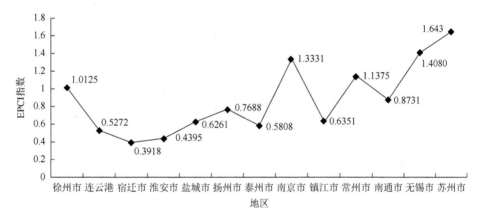

图 3.3　江苏省设区市电子信息产业集群综合竞争力 EPCI 指数折线图

从图 3.3 中我们可以清楚地看到南京市、无锡市、徐州市、常州市、苏州市五市的 EPCI 指数大于 1，其他八市小于 1；这跟江苏省现阶段电子信息产业实际情况较符合。基于 EPCI，本书认为 EPCI 指数大于 1 则表示某地区的相应产业集群具有一定的竞争力，小于 1 则表示竞争力不足。

参 考 文 献

[1] Charnes A，Cooper W W，Lewin A Y，et al. Data Envelopment Analysis：Theory，Methodology，and Applications[M]. Boston：Kluwer Academic Publishers，1994.

[2] 张颖超，陈超，叶小岭，等. 基于 DEA 的政府协助产业集群可持续成长相对有效性的评价——以吴江市为例[J]. 阅江学刊，2010，2（4）：29-33.

[3] 张颖超，黄心一，叶小岭，等. 政府协助下影响产业集群发展因素分析——以苏州市电子信息产业集群为例[J]. 阅江学刊，2011，3（4）：55-60 + 68.

[4]　　Saaty T L. Modern Nonlinear Equations[M]. New York：McGraw-Hill，1967.

[5]　　刘海天. 产业集群竞争力评价体系构建[D]. 郑州：郑州大学，2012.

[6]　　雷宇. 资源型产业集群核心竞争力评价指标体系的设计[J]. 赤峰学院学报（自然科学版），2011，27（6）：100-102.

[7]　　李玲. 中小企业集群竞争力评价研究[D]. 石家庄：石家庄经济学院，2010.

[8]　　邵博. 高技术虚拟产业集群竞争力评价体系研究[D]. 哈尔滨：哈尔滨理工大学，2010.

[9]　　王文锋，徐小立. 区域文化产业竞争力决定要素及指标体系研究[J]. 中国文化产业评论，2014，19（1）：55-65.

[10]　陈险峰. 评价指标体系的设计方法研究——基于产业集群竞争力[J]. 运筹与管理，2014，23（3）：170-175.

[11]　Banker R D，Charnes A，Cooper W W. Some models for estimating technical and scale inefficiencies in data envelopment analysis[J]. Management Science，1984，30（9）：1078-1092.

[12]　Wei Q L. Data envelopment analysis[J]. Chinese Science Bulletin，2001，46（16）：3-14.

[13]　苏州市经济贸易委员会信息产业办公室. 电子信息产业："第一支柱"转型升级[N]. 中国电子报，2009-10-20.

第4章 基于系统动力学的产业集群建模

4.1 系统动力学理论介绍

系统动力学（system dynamics，SD），是由麻省理工学院的福里斯特（Forrester）教授于 1958 年首先提出来的。初期，系统动力学主要运用于工业企业的管理，所以它又被称为工业动力学。之后，其研究对象扩展到社会系统，如环境系统、人口系统、经济管理系统等，所以更名为系统动力学[1-4]。它运用计算机仿真来研究社会系统的动态行为[5]。

1. 系统动力学的基本原理及方法

系统动力学是从系统的微观结构出发，建立结构模型，通过回路来描述系统的结构框架，用流图和因果关系图来描述系统各要素间的逻辑关系，再用方程来描述系统各要素间的数量关系，最后通过专门的仿真软件如 Vensim 进行仿真、分析。这整个过程是从定性、半定性到定量，再确定可以体现各个定量要素间的数学模型，将其转换成计算机语言，运用计算机进行模拟、分析[6]。

因果关系图、流图、方程及仿真平台是系统动力学中常用的基本方法，其中涉及常量（constant）、辅助变量（auxiliary variable）、速率变量（rate variable）、状态变量（level variable）等。因果关系图用来描述系统要素间的逻辑关系。其中，用因果关系链表示变量间相互影响作用的性质，因果关系链中的正、负极性分别表示正、负两种不同的影响作用。流图可以描述系统各要素的性质及整体框架。因果关系图虽然能够描述系统反馈结构的基本方面，但不能反映变量的性质，而不同性质的变量对系统行为的影响完全不同。在流图中，不同的变量用不同的符号表示，并用带箭头的线来连接代表不同变量的符号，这样就形成了可以反映系统结构的流图，进一步揭示各系统变量的区别。方程用来将系统要素之间的局部关系量化。在系统动力学模型中，主要有速率方程、辅助方程、水平方程这 3 种方程，它们分别描述了速率变量、辅助变量和状态变量的变化规律。仿真平台是一种环境，它可以将模型转化成计算机语言进行仿真和调试。通过仿真平台，研究人员可以根据研究目的，设计不同的政策方案，对系统进行仿真。目前，应用比较广泛的是 Vensim，本书的仿真分析都是使用 Vensim 仿真平台。

状态变量是描述系统累积效应的变量，它反映信息、能量、物质等对时间的积累。它的取值是系统性初始时刻到某一特定时刻的信息流动或物质流动积累的结果。

速率变量是描述系统中累积效应变化快慢的变量，即描述状态变量的时间变化，反映系统状态的变化速度，相当于数学里的导数。

辅助变量，描述状态变量与速率变量信息传递和转换过程，表达根据状态变量如何计算速率变量的决策过程。

常量，在研究期间内变化很小或不变的量。它可以通过辅助变量输给速率变量或直接输给速率变量[7]。

2. 系统动力学的特点

基于满足社会经济系统的管理及控制的需要，系统动力学才得以发展。它以现实的世界为前提，而不依据抽象的假设；它寻找可以改善系统行为的方法和机会，但不追求最优解；它通过对系统的实际观测获得信息，然后构建结构模型，最后通过计算机模拟仿真来认识系统未来行为的规律，而不是通过数学逻辑推演来得到答案。

系统动力学具有如下 5 个特点。

（1）系统动力学这门学科用来研究分析高阶次、多重反馈、多变量、多时变的复杂巨系统，如社会经济系统、生态环境系统等。它可以对多部门、多层次的复杂系统从微观和宏观两个层面进行综合研究，且能容纳很多变量。

（2）开放系统是系统动力学的主要研究对象。系统动力学认为系统与环境是相互联系、相互作用的，且系统自身会发展、运动。系统的行为模式主要来自系统内部的动态结构和反馈机制。

（3）系统动力学是一门仿真技术，它将定量与定性的方法相结合，综合分析、推理。它通过结构模型描述系统各要素之间的因果关系，从而掌握系统的结构；利用计算机对数学模型进行仿真实验和计算，来了解系统未来的动态行为。

（4）系统动力学被誉为"战略与策略实验室"。通过模型模拟分析系统，获得更多、更深入的信息，寻找解决问题的方法。在社会和经济等领域中，它可以定性与定量地解析历史、剖析现在和探索未来，从而实现经营管理现代化与决策科学化。

（5）系统动力学的建模过程融合了建模者、决策者及专家学者的智慧，通过计算机模拟人对社会系统的认知、分析、推理，吸收其他学科的精髓，从而为决策者提供更优的决策依据。

总之，系统动力学就是利用符号把社会系统模型化，再用计算机模拟模型，进行战略、策略实验，在实验过程中可以随时修改政策方案，实现各种策略及战略构思的仿真[8, 9]。

3. 系统动力学的建模过程

系统动力学的建模过程，就是对系统从定性分析到定量分析的过程，大致分为以下 3 个步骤，如图 4.1 所示。

1）系统分析

在建模之前，首先要对研究对象进行广泛、深入的调研，明确系统的目标，总结需要解决的问题，收集定性、定量研究所需的相关资料和数据。根据建模的目的及收集到的定性相关的资料，确定系统的边界，且要尽量缩小系统的边界。

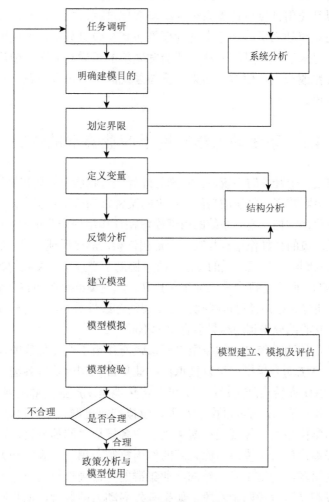

图 4.1　系统动力学的建模过程

2）结构分析

结构分析主要分为两方面，定义状态变量及系统主要的反馈回路分析。首先，分析系统的总体与局部的结构，然后划分系统的层次，定义变量及常数。变量的定义包括确定变量及其类型、分析变量与变量间的关系。通过分析每个子系统变量间的关系，确定各回路间的反馈关系。单个反馈回路构成简单模型，多个反馈回路可以构成复杂模型。

3）模型建立、模拟及评估

根据确定的变量，通过方程来体现这些变量间的关系。系统动力学方程是一阶常微分方程组，包括表函数方程、常数方程、辅助变量方程、速率变量方程和状态变量方程五种基本形式。参数估计的方法应根据实际需要灵活选择。

模型模拟是使用计算机仿真系统的动态演化过程，描述、分析改进系统的运行特征。运用系统动力学的理论来进行模型仿真与政策分析，不仅可以更深层次地分析系统，寻求解决问题的方法，还能发现新的矛盾与问题。最后我们可以根据模拟的情况修改模型，使仿真结果尽量与系统的历史表现一致，且能宏观预测系统未来的变化。

4.2　系统动力学应用于产业集群的优势

产业集群是一个开放的系统，它时刻与外界进行物质、能量和信息的交换。不仅是外部环境会影响产业集群的功能，过去的某种行为或决策也会影响其功能，具有典型的信息反馈结构。集群系统的内部模块循环作用使产业集聚效应越来越大，并使关键变量决策的杠杆作用点与其他变量相连接，形成反馈回路，从而使系统的结构呈现出相互制约、相互联系的特点。政府协助下产业集群发展的各种子模块的变量会相互影响，而不是每个模块都相互独立。产业集群具有动态复杂性，且内外部存在反馈，通过流程路径可以寻找各变量间的非线性关系，这与传统的将研究对象分成相互独立的部分得到的结果会有很大不同[10]。

本书总结出使用系统动力学模型来模拟政府作用下产业集群的发展具有以下优势：第一，系统动力学模型可以模拟出产业集群在初始阶段各因素间的相互作用机制，从定性研究转换到定量研究，可以定量地呈现产业集群发展初期的行为、作用方式和结构。第二，它可以由表及里地模拟产业集群系统的演化和发展趋势，因为系统动力学模型可以体现集群演化过程中各模块之间的演进，这种结构性的仿真可以很好地诠释各个模块内部之间的作用机制。第三，系统动力学适用于长期性或周期性问题。而第 1 章总结的产业集群的生命周期分为萌芽阶段、成长阶段、成熟阶段和衰退阶段四个阶段，如果有外界动力的刺激，如政府适当地扶持或受经济大环境的影响，衰退时集群会升级，周而复始，因此它适用于长期性或周期性问题。第四，系统动力学适用于数据不足的问题研究。我国的产业集群与国外相比起步较晚，且统计数据时的指标分类不一样，这给数据的收集带来一定的困难，而系统动力学通过一定的结构、各要素之间的因果关系及有限的数据仍然可以进行推算分析。第五，系统动力学可以有效地表达产业集群的非线性涨落给系统带来的不确定性。通过结构仿真模型可以对产业集群的兴衰进行中长期的研究[11]。

4.3　政府协助下产业集群的系统动力学建模

1. 确定系统目标

本书的研究目的是确定系统目标，本书的研究内容是政府的协助作用对产业集群演进机制的影响。建立系统动力学模型就是为了能够充分、清晰地反映政府如何作用于产业集群，有助于定量研究，为政府更有效地扶持产业集群提供决策建议。

2. 基本假设

本书基于以下基本假设建立系统动力学模型：①产业集群的发展是一个渐进、连续的行为过程。②排除如战争、暴乱等因素引起的系统状态突变的非正常原因。③用集聚效应的变化趋势来反映政府投入对产业集群演进的影响。

3. 产业集群的子系统介绍

将产业集群系统划分为人才子系统、资本子系统、技术子系统[12]。

1）人才子系统

人才是产业集群形成、发展的最基本的条件，集群内企业需要大量的专业人才，增加了对专业人才的需求，但是专业人才的数量受培训速度的限制。专业人才需求量的增长促进了培训机构数量的增长，高等院校和科研机构也会为集群提供人才，同时政府资源的限制也会影响高等院校和科研机构的数量。同时政府的政策也会吸引人才，如常州市人才引进优惠政策，吸引了很多高校毕业生去常州市工作，为常州市的发展做出贡献。政府对教育资金的投入，可以扩大专业人才的比例，提高集群的技术水平，增强集群的吸引力，促进产业集聚。人才子系统因果关系图如图 4.2 所示。

2）资本子系统

在集群的资本方面，首先，完善的基础设施建设和健全的法律制度形成了良好的投资环境，可以吸引更多的外来企业投资，高额的外来资本可以提高集群的生产力；其次，生产力的提高意味着集群的产量变多，扩大了市场占有率，获得了更多的利润，因而集群的规模壮大。随着集群规模的壮大，知名度变高，就更容

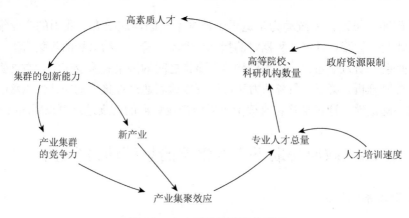

图 4.2　人才子系统因果关系图

易向银行贷到资本，因为银行更愿意把钱贷给盈利多的企业。由于集群内企业为了扩大规模也需要向银行贷款，而贷款利率会影响企业的负债率，遏制企业的发展，政府应该根据经济大环境调整贷款利率，协助集群的发展。集群获得足够的资本，其创新能力就能增强，提高竞争优势，技术溢出。当然，根据索洛模型，集群的生产力是不可能无限制提高的，资本投入的增加引起的生产力水平的提高终将会趋平。资本子系统的因果关系图如图 4.3 所示。

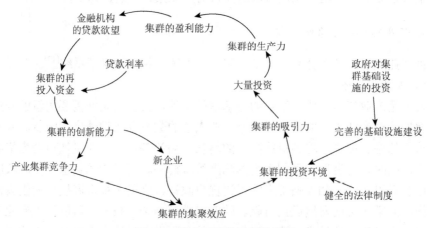

图 4.3　资本子系统因果关系图

3）技术子系统

高等院校、科研机构及培训机构的数量的增加刺激技术溢出。但是技术溢出又受到政府政策的限制。科研单位拥有强大的科研实力，通过产学研的结合，丰富了产业集群的知识资源，提高了集群的技术水平，从而提高了集群的创新能力和竞争力，增加集群的盈利。政府对 R&D 的投入，也会增加集群对科技研究的资本，进一步提高集群的技术水平。如此，就会增强集群的集聚效应。技术子系统因果关系图如图 4.4 所示。

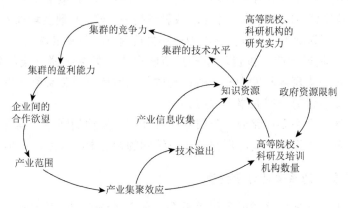

图 4.4　技术子系统因果关系图

4. 形成集聚效应的因果关系图

本章建立系统动力学模型最重要的一步就是确定因果关系图，经过不断地分析、调试才能得到因果关系图[13]。要全面考虑所有因素，并理清各要素之间的因果关系，困难度较高。本章依据对三个子系统的分析，选取了若干相对重要的指标及其他一些影响因素，分析它们之间的相互关系，建立了政府协助作用下产业集聚效应形成的因果关系图，如图 4.5 所示。

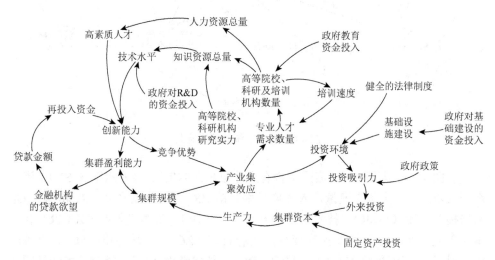

图 4.5　政府协助作用下产业集聚效应形成的因果关系图

由图 4.5 可以看出，产业集群的系统结构主要有三大回路：

（1）产业集聚效应—专业人才需求数量—高等院校、科研及培训机构数量—人力资源总量—高素质人才—创新能力—竞争优势—产业集聚效应。

（2）产业集聚效应—专业人才需求数量—高等院校、科研及培训机构数量—知识资源总量—创新能力—集群盈利能力—集群规模—产业集聚效应。

（3）产业集聚效应—投资环境—投资吸引力—外来投资—集群资本—生产力—集群规模—集群盈利能力—金融机构的贷款欲望—贷款金额—再投入资金—创新能力—竞争优势—产业集聚效应。

除了上述三个主要回路外，集群系统中还存在其他的回路，具有辅助功能，主要存在于各个子系统之间，反映各子系统间的相互影响关系，不再一一列举。

5. 产业集群的系统动力学模型

根据产业集聚效应形成的因果关系图，参考系统流图的基本画法，建立动态系统的结构流图如图 4.6 所示。

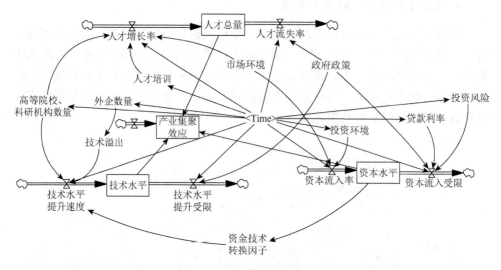

图 4.6　动态系统的结构流图

从图 4.6 可以看到，该流图中含有人才总量（RCL）、技术水平（JSL）、资本水平（ZBL）三个状态变量，人才增长率（RCZR）、人才流失率（RCJR）、技术水平提升速度（JSZR）、技术水平提升受限（JSJR）、资本流入率（ZBZR）和资本流入受限（ZBJR）六个速率变量，政府政策（ZC）、市场环境（SC）、高等院校、科研机构数量（KY）、人才培训（RC）、技术溢出（JS）、资金技术转换因子（ZJ）、外企数量（WZ）、投资环境（TH）、投资风险（TF）、贷款利率（DK）10

个辅助变量。其中，部分变量对产业集聚效应的作用效果具有时滞效应，更有甚者，变量本身会随时间变化，因此引入 Time 这一隐藏变量，来连接人才、技术、资本三个子系统，反映各变量间的反馈机制和相互作用关系。

　　于是我们将上述各个变量之间的关系抽象成一阶时滞微分方程。

　　人才子系统某一时刻的人才总量为

$$\mathrm{RCL}_t = \mathrm{RCL}_{t-1}(1 + \mathrm{RCZR} - \mathrm{RCJR}) \tag{4.1}$$

其中：

$$\mathrm{RCZR} = D_t(\mathrm{KY}, \mathrm{RC}, \mathrm{SC}) \tag{4.2}$$

$$\mathrm{RCJR} = D_t(\mathrm{ZC}, \mathrm{Time}) \tag{4.3}$$

将式（4.2）和式（4.3）代入式（4.1）得到：

$$\mathrm{RCL}_t = \mathrm{RCL}_{t-1}[1 + D_t(\mathrm{KY}, \mathrm{RC}, \mathrm{SC}) - D_t(\mathrm{ZC}, \mathrm{Time})] \tag{4.4}$$

　　技术子系统中技术水平为

$$\mathrm{JSL}_t = \mathrm{JSL}_{t-1}(1 + \mathrm{JSZR} - \mathrm{JSJR}) \tag{4.5}$$

其中：

$$\mathrm{JSZR} = D_t(\mathrm{JS}, \mathrm{WZ}, \mathrm{ZJ}) \tag{4.6}$$

$$\mathrm{JSJR} = D_t(\mathrm{ZC}, \mathrm{Time}) \tag{4.7}$$

将式（4.6）和式（4.7）代入式（4.5）得到：

$$\mathrm{JSL}_t = \mathrm{JSL}_{t-1}[1 + D_t(\mathrm{JS}, \mathrm{WZ}, \mathrm{ZJ}) - D_t(\mathrm{ZC}, \mathrm{Time})] \tag{4.8}$$

　　资本子系统中资本水平为

$$\mathrm{ZBL}_t = \mathrm{ZBL}_{t-1}(1 + \mathrm{ZBZR} - \mathrm{ZBJR}) \tag{4.9}$$

其中：

$$\mathrm{ZBZR} = D_t(\mathrm{TH}, \mathrm{SC}) \tag{4.10}$$

$$\mathrm{ZBJR} = D_t(\mathrm{DK}, \mathrm{TF}, \mathrm{ZC}) \tag{4.11}$$

将式（4.10）和式（4.11）代入式（4.9）得到：

$$\mathrm{ZBL}_t = \mathrm{ZBL}_{t-1}[1 + D_t(\mathrm{TH}, \mathrm{SC}) - D_t(\mathrm{DK}, \mathrm{TF}, \mathrm{ZC})] \tag{4.12}$$

　　上述一阶时滞微分方程即为产业集聚的系统动力学模型，可以使用 Vensim 对其进行仿真。

　　6. 确定各个变量的初始值

　　根据科布-道格拉斯生产函数（C-D 生产函数），如式（4.13）：

$$Y = AK^{\alpha}L^{\beta} \tag{4.13}$$

式中，Y 表示总产出；K 表示投入的资本；L 表示投入的劳动力；α 表示资本的投入对产出的弹性，即其他条件不变时每增加 1%的资本投入对产出的影响；β 表示劳动力的投入对产出的弹性；A 表示技术水平，$\alpha + \beta \geq 1$ 表示规模报酬递增。

因为产业集聚效应也受技术、资本、劳动力的影响，因此我们改变 C-D 生产函数，将其运用到产业集群的研究中，通过集群的总产值来反映集群效应。在 C-D 生产函数中添加一个产业集聚效应转换因子 η，得到式（4.14）：

$$Y(t) = \eta A(t) K(t)^{\alpha} L(t)^{\beta} \qquad (4.14)$$

式中，$A(t)$ 表示到时刻 t 技术水平的累积；η 表示集聚效应转换因子。式（4.14）体现了 η 对地区整体产出效率的影响。

集群经济系统的初始状态通过集群系统变量的初始值来体现，通过变化初始值来反映产业集聚效应的变化。

参考吕晓英推导的经济模型，本书将产业集群系统的动力学模型参数的初始值设为 $\eta = 1, \alpha = 0.6, \beta = 0.7$，$\alpha + \beta \geq 1$，体现了规模报酬递增，表明集聚经济提升了区域生产效率[14]。

对于资本、技术和人才这三个子系统，量纲上的区别导致计算过程复杂。所以本书用相对值来表示模型的最终输出变量的大小。设技术水平的初始值为 1，人才总量和资本总量的初始值为 100，这些值越大，就表明人员越多，资本越足或技术水平越强。对于人才增长率、人才流失率、技术水平提升速度、技术水平提升受限、资本流入率和资本流入受限六个速率变量，把它们设定在 0~1。一些难以量化的辅助变量如政府政策、投资环境等，为了更直观地体现与速度变量之间的关系，其范围也设定在 0~1。

7. 各个变量的输入方程

结合之前的系统动力学模型，使用 Vensim 软件进行仿真，其中各个变量的输入方程如下：

（01） FINAL TIME=100

　　　　Units:Month

　　　　The final time for the simulation.

（02） INITIAL TIME=0

　　　　Units:Month

　　　　The initial time for the simulation.

（03） SAVEPER=TIME STEP

　　　　Units:Month[0,?]

　　　　The frequency with which output is stored.

（04） TIME STEP=1

```
       Units:Month[0,?]
       The time step for the simulation.
(05)   CYJJ=INTEG(RCL*JSL*ZBL,1)
       Units:**undefined**
(06)   RC=DELAY3(Time,0.03)
       Units:**undefined**
(07)   RCZR=DELAY1I(RC*SC*KY,Time,0.25)
       Units:**undefined**
(08)   RCL=INTEG(RCL*(1+RCZR-RCJR),1)
       Units:**undefined**
(09)   RCJR=DELAY1I(ZC,Time,0.15)
       Units:**undefined**
(10)   WZ=DELAY3(Time,0.07)
       Units:**undefined**
(11)   SC=0.03
       Units:**undefined**
(12)   JSL=INTEG(JSL*(1+JSZR-JSJR),1)
       Units:**undefined**
(13)   JSJR=DELAY1I(ZC,Time,0.06)
       Units:**undefined**
(14)   JSZR=DELAY1I(JS*ZJ*KY,Time,0.1)
       Units:**undefined**
(15)   JS=DELAY3(WZ,0.01)
       Units:**undefined**
(16)   TH=DELAY3(Time,0.15)
       Units:**undefined**
(17)   TF=DELAY3(Time,0.2)
       Units:**undefined**
(18)   ZC=0.04
       Units:**undefined**
(19)   DK=DELAY3(ZC,Time,0.06)
       Units:**undefined**
(20)   ZBL=INTEG(ZBL*(1+ZBZR-ZBJR),1)
       Units:**undefined**
(21)   ZBJR=DELAY1I(TF*ZC*DK,Time,0.15)
```

```
        Units:**undefined**
（22） ZBZR=DELAY1I(SC*TH,Time,0.2)
        Units:**undefined**
（23） ZJ=ZBL*0.05
        Units:**undefined**
（24） KY=DELAY3(ZC,Time,0.02)
        Units:**undefined**
```

8. 模型的有效性检验

要先对系统动力学模型进行有效性检验，然后才能进行仿真计算。有效性检验一般有历史检验和理论检验两种方法。历史检验就是将历史数据与模拟结果对比，验证客观事实与模型的拟合度，判断客观事实能否用模型来反映。理论检验就是检验模型的边界是否合理、模型变量的量纲是否一致及它们之间的关系是否真实等。

基于 Vensim 软件，运用变量的初始值及输入方程，得到如下仿真图形，如图 4.7～图 4.10 所示。

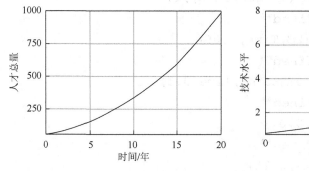

图 4.7　人才总量变化趋势图

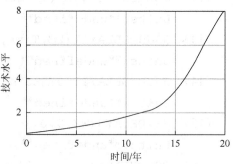

图 4.8　技术水平变化趋势图

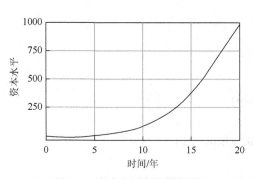

图 4.9　资本水平变化趋势图

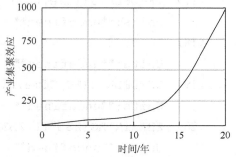

图 4.10　产业集聚效应变化趋势图

　　图 4.7～图 4.10 中，横轴表示时间，跨度为 20 年，纵轴表示人才、技术等变量的水平，是各变量的相对量度，无实际意义。从图 4.7 和图 4.8 可以看出人才总量和技术水平呈现稳步上升的趋势，技术水平提高的速度总体上低于人才集聚的速度，集群初期技术水平的增长率较低，积累了一段时间后技术水平的增长率才比较高。从图 4.9 可知，在集群演化的初始阶段，资金的累积相对而言比较慢，这是由于政府政策的优势还没能够完全发挥，随着政策的调整和市场环境的优化，集群的吸引力增大，产业集群中注入大量的资金。到了集群的中后期，产业集群的吸引力慢慢降低，外来投资变少，资金增长趋于平缓。从图 4.10 中可以看到，产业集群的初始阶段，产业集聚效应水平比较低，集聚效应增长十分缓慢。到了成长阶段后，集群的人才总量、资本水平及技术水平改善，集聚效应增长开始加快，集群发展步入正轨。

　　将图 4.10 产业集聚效应的变化趋势图来比对江苏省电子信息产业 1992～2011 年 20 年来的发展。1992～2001 年，江苏省电子信息产业处于努力实现产业总产值超过千亿元的发展阶段。1992～1997 年，电子信息产业起步不久，投资环境比较差，投资吸引力较低，集群资金比较少，而且集群的交通不是很好，通信网络比较落后，基础设施跟不上，集群内的产业比较少，产品比较单一，市场占有率很低。娱乐、文化设施等基础设施极少，对人才的吸引力也很小，高素质专业人才不多，且资金水平比较低，导致集群的技术水平不高，创新能力极低，集群的竞争力不强，大企业不愿意进驻产业集群，产业集聚效应很低。经过五年的发展，集群的资金、技术经过积累，水平有一定程度的提高。但是到 1997 年，亚洲金融危机使集群陷入融资困难的窘境，科技投入减少，技术水平提升变缓，集群内企业面临寒冬。政府为了刺激经济发展，扩大内需，加大了对基础设施的投入，全社会固定资产的增长幅度从 10%调整到 15%，增加了 5 个百分点，加快公路、铁路、通信、环保等基础设施的建设。政府通过减少税收和扩大基础设施建设的手段，给企业和个人多留一些可支配的资金，刺激消费，提高企业的生产能力，使电子信息产业集群得以生存。虽然电子信息产业的集聚效应降低，但由于政府政策的扶持，集聚效应只是轻微的变化。金融危机之后，由于基础设施得以完善，集群的吸引力有所提高，竞争力也慢慢提高，电子信息进入成长期。2002～2007 年，江苏省电子信息产业年平均增长速度达 48.5%，其总销售额突破 1 万亿元，是 2002 年江苏省电子信息销售额的 7 倍。电子产业的集聚效应加快，开始进入成熟阶段，2008 年的总销售额达到 2 万亿元，虽然 2008 年爆发了全球性的金融危机，但是此时的集群，已经拥有雄厚的资本，大量的专业人才，技术水平较高，创新能力很强，集群能够承受金融风暴的冲击力，对电子信息产业的集聚效应并未产生多大影响。

　　经过模型的有效性分析，本书的系统动力学模型基本符合实际存在的产业集群演化各个阶段的特征，能够识别产业集群演化各个时期集聚效应的变化，具有较强的表达能力。

9. 模型的应用

本书产业集群的系统动力学模型的应用主要体现在：轻微调整各变量的大小，模拟某个变量对产业集聚效应的影响，即分析产业集聚效应形成的过程中对各变量的敏感性。根据模拟效果，可以为政府政策提供建议。如图 4.11 所示，实线表示原始的模拟值，虚线表示政府政策对经济的限制降低后的模拟值，点划线表示在政府放松经济政策的基础上改进市场环境得到的模拟值。

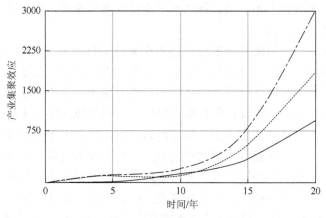

图 4.11　产业集聚效应

由图 4.11 可以看出，在集群的初始阶段，政府对经济的政策放松，大量资金引入集群，集群有更多的资金用于科技研究，集群的创新能力增强，技术水平提高，促进了集群的集聚效应。但是在集群的形成初期，市场环境的改善并没有对集群的集聚效应产生明显的影响，这是由于在集群的初始阶段，集群的产品较为单一，市场占有率不高，集群需要提升创新能力，提升产品质量才能扩大市场份额，所以市场环境的优化在集群初期对集群的集聚效应作用不大。到了成长阶段，市场环境的作用开始显现，因为集群的创新能力和生产能力提高，产品多元化，产品的质量和创新性变高，具有竞争力，而良好的市场环境可以使产品之间公平竞争，提高了产品的市场占有率，从而提高集群的知名度与吸引力，集群的集聚效应加快。

4.4　系统动力学模型实证分析

1. 数据来源和参数确定

本书的相关数据来自《中国统计年鉴 2012》和《江苏统计年鉴 2012》。

1）劳动力投入的来源

本书从《江苏统计年鉴 2012》上收集到的各年的电子信息产业从业人数即为劳动力投入。

2）资本投入的计算

《中国统计年鉴 2012》中的固定资本投入属于流量，即只反映了当年投入使用的固定资产，但是发挥作用的不仅是当年的资本投入，而是历年资本投入的累积，为存量。设 K_t 为第 t 年的资本存量，K_{t-1} 为第 $t-1$ 年的资本存量，δ 为折旧率，I_t 为第 t 年的资本增加额，d_t 为价格指数，则有

$$K_t = K_{t-1} \times (1-\delta) + I_t/d_t \qquad (4.15)$$

3）集群总产值的计算

我们从江苏省统计局获取的生产总值是按照市场价格计算的江苏省所有电子信息相关的产业在某一年内的最终生产活动成果。但是我国统计数据都是采用不变价格来计算经济增长率的，所以本书的集群总产值也要去除价格因素的影响，采用不变价格来计算。本书选取 1978 年为基年，其价格指数为 100，Y_0 为 1978 年江苏省的生产总值，c_t 为第 t 年的价格指数，则第 t 年江苏省不变价格生产总值为

$$Y_t = \frac{Y_0 \times c_t}{100} \qquad (4.16)$$

2. 江苏省电子信息产业集聚效应预测

从《江苏统计年鉴 2012》上获得 1992～2011 年的江苏省电子信息产业的相关数据，通过处理后，根据产业集群的系统流图，得到基于系统动力学模型的江苏省电子信息产业集聚效应趋势图，并以模拟得到的 2011 年的数据作为初始值，对江苏省电子信息产业集群未来几年的集聚效应进行预测，如图 4.12 所示。

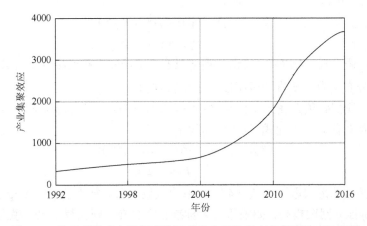

图 4.12　基于系统动力学模型的江苏省电子信息产业集聚效应趋势图

　　从图 4.12 可以看出，江苏省电子信息产业集群的演化是一个"S"形过程，这与 Logistic 模型的结论一致。1992～1998 年江苏省电子信息产业集群的集聚效应逐步提高，亚洲金融危机后，集聚效应的增长速度变缓，2004 年之后江苏省电子产业的集聚效应快速稳定地提高，但是从 2014 年开始，增长速度将会有所放缓，到 2016 年增长速度趋近于 0，说明江苏省电子信息产业的规模到 2016 年左右趋于最大，接近集群容量的上限。由于政府的作用可以扩大产业集群的容量，因此该阶段应该充分发挥政府职能，协助集群继续成长或转型升级。例如，政府可以通过加大科技投入提高集群的创新能力，通过扩大基础设施建设、优化集群环境，降低存款利息等财政政策刺激消费等措施协助集群健康地发展。

4.5　Logistic 回归模型

4.5.1　基本 Logistic 回归模型介绍

　　Logistic 回归模型在很多领域均有应用，本章将该模型用于二分类因变量的分析作为切入点来解读 Logistic 回归模型[15-17]。

　　假设存在理论上连续的反应变量 y_i^*，其表示事件发生的概率，具有负无穷大到正无穷大的范围。当变量的值越过临界点 c（如 $c=0$）时，它会导致事件发生，当 $y_i^* > 0$ 时，$y_i = 1$；在其他情况下，$y_i = 0$。其中 y_i 是实际观察到的反应变量。$y_i = 1$ 表示发生事件，$y_i = 0$ 表示事件未发生。如果假设反应变量 y_i^* 和自变量 x_i 之间存在线性关系，即

$$y_i^* = \alpha + \beta x_i + \varepsilon_i \qquad (4.17)$$

由式（4.17）可得

$$\begin{aligned} P(y_i = 1 \mid x_i) &= P[(\alpha + \beta x_i + \varepsilon_i) > 0] \\ &= P[\varepsilon_i > (-\alpha - \beta x_i)] \end{aligned} \qquad (4.18)$$

　　通常，假设式（4.17）中的误差项 ε_i 具有 Logistic 分布或标准正态分布。为了获得累积分布函数，变量的概率需要小于特定值。

　　因此，我们必须改变式（4.18）中不等式的方向。由于 Logistic 分布与标准正态分布都是对称的，因此式（4.18）可以改写为

$$\begin{aligned} P(y_i = 1 \mid x_i) &= P[\varepsilon_i < (\alpha + \beta x_i)] \\ &= F(\alpha + \beta x_i) \end{aligned} \qquad (4.19)$$

　　分布函数的形式取决于式（4.17）中的假设分布。如果假设为 Logistic 分布，则获得 Logistic 回归模型；如果假设为标准正态分布，则获得 Probit 模型[9]。由于无法直接观察，因此无法通过 Logistic 回归模型或 Probit 模型确定其度量。在 Probit

模型中,误差项的方差为 1。而在 Logistic 回归模型中,误差项的方差为 $\pi^2/3 \approx 3.29$。Logistic 分布的平均值等于 0,方差为 $\pi^2/3 \approx 3.29$,这样它可以使累积分布函数取得一个较简单的公式:

$$P(y_i = 1 \mid x_i) = P[\varepsilon_i < (\alpha + \beta x_i)]$$

$$= \frac{1}{1 + e^{-\varepsilon_i}} \qquad (4.20)$$

这一函数称为 Logistic 函数,它具有 "S" 形的分布,如图 4.13 所示。

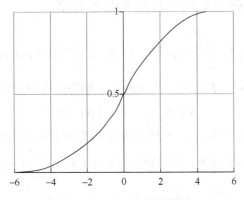

图 4.13　Logistic 函数简图

4.5.2　Logistic 回归模型的解析解

Logistic 回归模型存在解析解,求出其解析解在参数估计、数据拟合等方面有非常重要的意义,其中一种求解方法的求解步骤如下所述。

对方程 $\dfrac{dN}{dt} = rN\left(1 - \dfrac{N}{K}\right)$ 用分离变量法得

$$\frac{dN}{N(1 - N/K)} = r\,dt \qquad (4.21)$$

从 0 到 t 对式(4.21)两边分别求积分得

$$\int_{N_0}^{N(t)} \frac{dN}{N(1 - N/K)} = \int_0^t r\,dt = rt \qquad (4.22)$$

式(4.22)左边积分有

$$\int_{N_0}^{N(t)} \left(\frac{1}{N} + \frac{1/K}{1 - N/K}\right) dN = [\ln(N) - \ln(1 - N/K)]\Big|_{N_0}^{N(t)}$$

$$= \ln[N(t)] - \ln[1 - N(t)/K]$$

$$- \ln(N_0) + \ln(1 - N_0/K) \qquad (4.23)$$

结合式（4.22）和式（4.23），有

$$\ln[N(t)] - \ln[1 - N(t)/K] - \ln(N_0) + \ln(1 - N_0/K) = rt \tag{4.24}$$

对式（4.24）两边取指数函数并关于 $N(t)$ 求解，得

$$N(t) = \frac{N_0 e^{rt}}{1 + N_0(e^{rt} - 1)/K} = \frac{K}{1 - (1 - K/N_0)e^{-rt}} \tag{4.25}$$

由此得到的式（4.25）即为 Logistic 回归模型的解析解。

4.5.3　Logistic 回归模型的平衡态稳定性分析

令方程 $\dfrac{\mathrm{d}N}{\mathrm{d}t} = rN\left(1 - \dfrac{N}{K}\right)$ 的右端等于 0，可以得到 Logistic 回归模型有两个非负平衡态 $N_0^* = 0$ 和 $N_1^* = K$，讨论系统解在平衡态附近的稳定性，假设

$$N = N^* + N(t), \quad |N(t)| \ll 1 \tag{4.26}$$

式中，N^* 表示系统的平衡态，把研究模型在平衡态附近的稳定状态转化为讨论 $N(t)$ 在零解附近的动态行为，为此将式（4.26）代入 $\dfrac{\mathrm{d}N}{\mathrm{d}t} = rN\left(1 - \dfrac{N}{K}\right)$，可变换为

$$\frac{\mathrm{d}N}{\mathrm{d}t} = rN\left(1 - \frac{N}{K}\right) = f(N) = f(N^* + N) \tag{4.27}$$

将函数 $f(N^* + N)$ 在 N^* 处按泰勒级数展开得

$$f(N^* + N) \approx f(N^*) + N\frac{\mathrm{d}f}{\mathrm{d}N}\Big|_{N=N^*} = N\frac{\mathrm{d}f}{\mathrm{d}N}\Big|_{N=N^*} \tag{4.28}$$

而且

$$\frac{\mathrm{d}f}{\mathrm{d}N} = r - 2rN/K \tag{4.29}$$

当 $N^* = N_0^* = 0$ 时，有

$$\frac{\mathrm{d}N}{\mathrm{d}t} \approx N(r - 2rN/K)\big|_{N=0} = rN \tag{4.30}$$

式（4.30）两边取定积分，得

$$N(t) = N(0)e^{rt} \tag{4.31}$$

式（4.31）说明，当 $t \to \infty$ 时，$N(t) \to \infty$；相应地，$N(t)$ 逐渐偏离平衡态 $N^* = N_0^* = 0$，因此正平衡态 $N_0^* = 0$ 是不稳定的。

当 $N^* = N_1^* = K$ 时，有

$$\frac{\mathrm{d}N}{\mathrm{d}t} \approx N(r - 2rN/K)\big|_{N=K} = -rN \tag{4.32}$$

对式（4.32）两边取定积分，得

$$N(t) = N(0)\mathrm{e}^{-rt} \tag{4.33}$$

同理，当 $t \to \infty$ 时，$N(t) \to 0$；$N(t)$ 无限接近平衡态 $N^* = N_1^* = K$，即正平衡态 $N_1^* = K$ 是渐近稳定的。

另外，用图解法也可以很清楚地观察出方程 $\dfrac{\mathrm{d}N}{\mathrm{d}t} = rN\left(1 - \dfrac{N}{K}\right)$ 两个非负平衡态的稳定性，图 4.14 表示种群变化率 $\mathrm{d}N/\mathrm{d}t$ 与种群密度 N 之间的曲线关系，图 4.14 不仅显示了系统的平衡态，而且可以看出特定种群密度下种群的变化情况（增加或减少，以及速率如何），进而可以确定平衡态的稳定性。图 4.14 中，当 $0 < N < K$ 时，$\mathrm{d}N/\mathrm{d}t > 0$，种群数量单调递增直至 $N = K$；相应地，当 $N > K$，$\mathrm{d}N/\mathrm{d}t < 0$，种群数量单调递减直至 $N = K$，因此平衡态 $N_1^* = K$ 是全局稳定的，而 $N_0^* = 0$ 是不稳定的，对于任意大于 0 的初始出发的解都将渐近趋向于 K（由箭头方向可以看出）。图解法直接明了，是讨论动力学模型动态行为的重要方法之一，由图形的趋势可以快速清楚地知道系统解的动态行为。

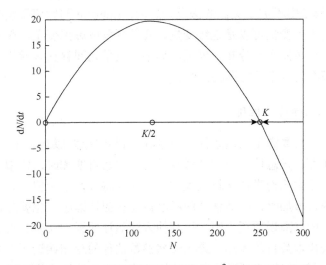

图 4.14　Logistic 回归模型在正平衡态 N^* 处的稳定性关系

4.5.4　Logistic 回归模型估计

1. 最大似然估计

在线性回归中估计未知总体参数主要基于最小二乘法，该方法的原理是根据线性回归模型选择参数估计值，使因变量的观测值与模型估计值之间的差平方值最小。最大似然估计（maximum likelihood estimate，MLE）是统计分析中另一种常见的模型参数估计方法。在线性回归分析中，最大似然估计可以获得与最小二乘法相同的结果。与最小二乘法相比，最大似然估计既可用于线性模型参数估计，也可用于更复杂的非线性模型参数估计。由于 Logistic 回归模型是一个非线性模型，因此最大似然估计是最常用的模型估计方法[18]。

2. Logistic 回归模型估计的假设条件

Logistic 回归模型估计的一些假设条件与普通最小二乘法（ordinary least square，OLS）回归中的十分相似。首先，数据必须来自随机样本。其次，因变量 y_i 被假设为 K 个自变量 $x_{ki}(k=1, 2, \cdots, K)$ 的函数。最后，与 OLS 回归一样，Logistic 回归模型对多元共线性也很敏感。自变量之间的多元共线性导致标准误差的扩大。

Logistic 回归模型也有一些与 OLS 回归不同的假设。首先，Logistic 回归模型的因变量 y_i 是一个二分变量，它只能取 0 或 1。研究的关键点在于事件发生的条件概率，即 $P(y_i=1|x_{ki})$。其次，Logistic 回归模型中因变量和各自变量之间的关系是非线性的。再次，在 OLS 回归中，假设相同的分布或方差是不变的，并且在 Logistic 回归模型中不需要类似的假设。最后，Logistic 回归模型没有关于自变量分布的假设。单个变量可以是连续变量、离散变量或虚拟变量。而且，不需要假设它们之间存在多元正态分布。但是，如果自变量之间存在多元正态分布关系，则可以提高模型的效率并提高稳定性。

3. 最大似然估计的性质

显而易见，只要满足上述条件，Logistic 回归的最大似然估计就具有一致性、渐近有效性和渐近正态性。一致性意味着当样本数目增加时，模型参数估计逐渐收敛到真值。这意味着当样本量很大时，估计值将近似于无偏差。渐近有效性意味着当样本数目增加时，参数估计的标准误差相应地缩小。也就是说，当样本量较大时，估计的标准误差至少不大于其他方法估计的标准误差。最后，渐近正态性意味着随着样本数目的增加，最大似然参数估计的分布接近正态分布，这意味着我们可以使用此属性进行假设显著性检验并计算参数的置信区间。

4.5.5　Logistic 回归模型评价

1. 皮尔逊 χ^2

在开始讨论具体拟合优度统计指标之前，存在着协变类型的概念。协变类型描述了模型中协变量的不同值的特定组合。对于具有分类自变量的模型，协变量数据中的类型由每个分类自变量的情况确定。在固定样本数目 n 的情况下，协变类型越多，每种类型的案例数 n_j 越少。在每个协变类型中，预测的事件发生频数表示为 $n_j \times \hat{p}_j$，其中 $\hat{p}_j$ 是第 j 种协变类型中事件发生的模型预测概率。类似地，我们还可以计算每种协变类型中没有发生事件的频数。皮尔逊 χ^2 可以用来比较模型预测的和观测的事件发生和不发生的频数来检验模型成立的假设。

2. 偏差

观测值与预测值的比较还可以通过对数似然函数表示。所谓的"似然"是在某些特定参数估计条件下得到该观测结果的概率。以 $\hat{L}_s$ 作为设定模型所估计的最大似然值，它概括了该模型拟合样本数据的程度。然而，由于该统计量不能独立于样本，因此不可能仅基于其值来估计模型的拟合优度。对于同一集数据，我们还必须将基线模型作为比较模型拟合优度的标准。一种基准模型是饱和模型，它可以完美地预测观测值。饱和模型的最大似然值被标注为 $\hat{L}_f$。饱和模型并不能提供比实际观测更多的概要统计，然而，通过比较 $\hat{L}_s$ 与 $\hat{L}_f$，可以估计模型表示数据的充分程度。

在似然函数的基础上，比较 $\hat{L}_s$ 与 $\hat{L}_f$ 实际上就是在比较预测值和观测值。D 统计量通常是将设定模型和饱和模型之间最大似然值之比的对数乘上 -2：

$$D = -2\ln\left(\frac{\hat{L}_s}{\hat{L}_f}\right)$$

$$= -2(\ln\hat{L}_s - \ln\hat{L}_f) \qquad (4.34)$$

式（4.34）括号中的数量就是似然比。-2 乘以似然比 LR 的自然对数形成一个统计数据，当样本数目足够大时，它遵循 χ^2 分布，并且其自由度等于模型中协变类型数量减去系数个数所得的差值。D 统计量称为偏差，通过似然函数测量所设模型与饱和模型之间的差异程度。当 χ^2 值相对于 $\hat{L}_f$ 值较小时，就会存在较大的 D 值，表示该模型拟合较差。与此相反，当 $\hat{L}_s$ 近似于 $\hat{L}_f$ 值时，D 值就会很小，表示该模型拟合很好。由于饱和模型的似然函数代表了完美拟合，而 D 统计量，即设定模型与饱和模型之差，就可以视为类似于线性回归中的残差平方和或误差平方和。

3. Logistic 回归模型的预测准确性

除了拟合优度之外，应用回归分析的研究人员往往会对拟合系数（R^2）的值深入分析。

线性回归中的 R^2 有一种解释特性，它可以描述模型的自变量在因变量的变动中所占据的比重。存在的问题是在 Logistic 回归分析模型中没有相应的统计指标，但却可以在模型似然值对数的基础之上，引入似然比指数的概念，这一指标便类似于 Logistic 回归模型中的 R^2。

在以往对线性回归研究的基础上，将 $-2L\hat{L}_0$（其中 $-2L\hat{L}_0$ 为零模型的最大似然值对数）看成线性回归中的总平方和，另外还可将 $-2L\hat{L}_s$ 看成误差平方和，根据线性回归拟合模型的残差平方和与对应模型的似然值对数成比例，可对似然比指数（LRI）的概念进行公式化的描述，该指标具体描述为

$$LRI = \frac{-2L\hat{L}_0 - (-2L\hat{L}_s)}{-2L\hat{L}_0} \qquad (4.35)$$

LRI 的值域为 0~1，当自变量与因变量完全不相关时，LRI 等于 0，LRI 的值也随着模型拟合程度的增强而增加，越接近完全拟合时，LRI 值越接近 1，这一点与 R^2 类似。只有当模型完全拟合数据时，LRI 值达到 1。在实际应用中，LRI 值可能非常接近 1，但不会等于 1。

4.5.6　Logistic 回归系数的统计推断

1. Logistic 回归系数的显著性检验——似然比检验

Logistic 回归系数的最大似然估计是总体参数的渐近无偏和有效的点估计。为系数的标准误差估计提供了不同样本下估计系数的可能变化范围。Logistic 回归系数的最大似然估计近似服从正态分布，所以我们可以直接对回归系数进行显著性统计检验。

已经被证明的结果是，若样本数据量足够多，而且两个模型之间有嵌套关系，那么两个模型之间的对数似然值乘以 -2 的结果之差就近似服从 χ^2 分布，我们把这个统计量叫作似然比。所谓的嵌套可这样来解释，模型 M_1 除了包含模型 M_2 中所有的变量之外，还拥有模型 M_2 中不包含的自变量 x_k，就可以说 M_2 嵌套或包含于 M_1，即 M_1 包含 M_2。对其进行 LR 检验，即两个模型的 $-2LL_m$ 之间的差为

$$\begin{aligned} LR &= (-2L\hat{L}_{m_2}) - (-2L\hat{L}_{m_1}) \\ &= -2\ln\left(\frac{\hat{L}_{m_2}}{\hat{L}_{m_1}}\right) \end{aligned} \qquad (4.36)$$

式中，$L\hat{L}_{m_1}$ 代表模型 M_1 的最大似然函数的对数；同理，$L\hat{L}_{m_2}$ 代表模型 M_2 的最大似然函数的对数。二者乘以 -2 的结果之差近似服从 χ^2 分布，所省略的自变量的数目就等于该结果的自由度，这就是似然比检验。

2. Logistic 回归参数的置信区间

在控制一定概率的条件下确定参数真值处于一定范围置信区间完全是可能的，这一概率称为置信度或置信概率，通常用 $(1-a)$ 表示。在估计工作中，a 表示一种决策错误的概率，于是 $(1-a)$ 或 $(1-a) \times 100\%$ 是对正确估计的置信程度的测量。

对于所选的 a，参数 β_k（真实参数值）的 $(1-a) \times 100\%$ 的置信区间为

$$\hat{\beta}_k \pm Z_{a/2} \times \mathrm{SE}_{\hat{\beta}_k} \tag{4.37}$$

式中，$\pm Z_{a/2}$ 表示与正态曲线中心部分 $(1-a) \times 100\%$ 概率相连的临界 Z 值；$\mathrm{SE}_{\hat{\beta}_k}$ 表示系数估计 $\hat{\beta}_k$ 的标准误差；$\hat{\beta}_k - Z_{a/2} \times \mathrm{SE}_{\hat{\beta}_k}$ 和 $\hat{\beta}_k + Z_{a/2} \times \mathrm{SE}_{\hat{\beta}_k}$ 分别表示置信区间 CI 的下限和上限。

当样本较大时，$a = 0.05$ 水平的系数 β_k 的 95%置信区间为

$$\hat{\beta}_k \pm 1.96 \times \mathrm{SE}_{\hat{\beta}_k} \tag{4.38}$$

式中，± 1.96 表示与正态曲线中心部分 95%相连的临界 Z 值。于是，我们有 95% 的置信度相信总体参数值处于 $\hat{\beta}_k - 1.96 \times \mathrm{SE}_{\hat{\beta}_k}$ 至 $\hat{\beta}_k + 1.96 \times \mathrm{SE}_{\hat{\beta}_k}$ 的区间内。所说的 95%的置信度是指，如果我们在同一总体中随机抽取 100 次相同规模的大样本，按照上述同样的程序建立置信区间，期望 100 次中有 95 次使置信区间将总体参数包括在内，总体参数值可能会有 5 次处于置信区间之外。

4.5.7　Logistic 改进模型

之前阐述了经典 Logistic 回归模型的由来及其属性，从中我们得出经典 Logistic 回归模型的曲线形状主要由以下两个参数决定：环境容纳量 K 和种群内禀增长率 r。其中，种群内禀增长率 r 决定了种群增长的原始速率，环境容纳量 K 决定了长期种群数量的均衡水平，而其“S”形曲线的拐点固定在环境容纳量的一半处，这使得曲线的形状有着不可改变的局限性，因此限制了模型的一般性，这在对一些实证数据的拟合中会出现较大的偏差。为消除 Logistic 回归模型的拐点在特定点这一约束，很多学者开始尝试为 Logistic 回归模型添加一些附加参数，使得模型更加一般化。

1. Richards 模型

Richards 模型是众多改进模型中的一种，它是理查德（Richard）等在 1959 年研究植物生长的规律时提出的[19]。Richards 模型的方程如下：

$$\frac{\mathrm{d}N}{\mathrm{d}t} = rN\left[1 - \left(\frac{N}{K}\right)^{\beta}\right] \tag{4.39}$$

β 为一个正实数，当 $\beta = 1$ 时，Richards 模型即可简化为经典 Logistic 模型。Richards 模型一经提出便受到了国内外学者的广泛关注，其原因有以下几点。首先，Richards 模型引入了一个形状参数 β，使得该模型能随意转换为经典 Logistic 模型或其他著名的模型如 Gompertz 模型、von Bertalanffy 模型等。其次，改变形状参数的值，可以使曲线的拐点在 0 到 K 之间任意取值，使曲线在与数据的拟合过程中更加灵活。另外，众学者使用 Richards 模型的另一个重要原因是 Richards 模型是大多数统计软件提供的标准方程之一，在进行曲线拟合时相当方便，且在以往的众多实例中 Richards 模型往往表现出良好的拟合优度。

Richards 模型满足初始条件 $t = t_0 = 0, N = N_0$ （图 4.15）的解析解为

$$N(t) = K\left\{1 - \mathrm{e}^{-\beta rt}\left[1 - \left(\frac{N_0}{K}\right)^{-\beta}\right]\right\}^{-\frac{1}{\beta}} \tag{4.40}$$

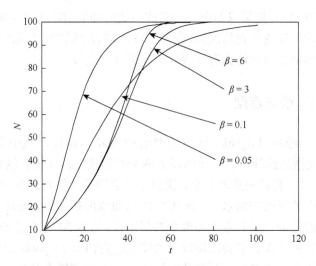

图 4.15　Richards 模型在不同 β 取值下种群规模与时间的关系，$K = 100$

Richards 模型的最主要的两个属性如下：

（1）生长曲线是"S"形的，且 $\lim_{t \to \infty} N(t) = K$，即 Richards 模型同经典 Logistic 模型一样，随着时间的增长，最终种群数量会趋向于环境容纳量 K。

（2）曲线的拐点发生在 $N_{\text{inf}} = \left(\dfrac{1}{1+\beta}\right)^{\frac{1}{\beta}} K$。当 $\beta = 1$ 时，即为经典 Logistic 模型，当 $\beta \to 0$ 和 $\beta \to \infty$ 时，存在以下两种极限情况（图 4.16）：

$$\lim_{\beta \to 0} N_{\text{inf}} = K\mathrm{e}^{-1} \tag{4.41}$$

$$\lim_{\beta \to \infty} N_{\text{inf}} = K \tag{4.42}$$

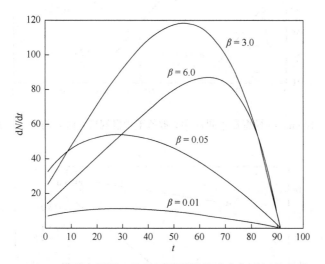

图 4.16 Richards 模型在不同 β 取值下种群增长速率与时间的关系，$K = 100$

2. Blumberg 模型

1968 年 Blumberg 在研究种群动态和组织演化时提出了另一种基于经典 Logistic 模型的改进模型[20]。Blumberg 指出，Logistic 曲线的最大限制是其拐点的取值不自由。起初，他尝试将种群内禀增长率 r 从常数改为一个受时间 t 影响的多项式来改变这一不足，但这会影响到未来种群数量的最大值。因此，Blumberg 提出了以下超 Logistic 模型：

$$\frac{\mathrm{d}N}{\mathrm{d}t} = rN^{\alpha}\left(1 - \frac{N}{K}\right)^{\gamma} \tag{4.43}$$

式（4.43）可转化为以下积分形式：

$$\int_{\frac{N_0}{K}}^{\frac{N(t)}{K}} x^{-\alpha}(1-x)^{-\gamma}\,\mathrm{d}x = rK^{\alpha-1}t \tag{4.44}$$

由于式（4.43）没有固定的解析解，因此 Blumberg 总结了增长函数 $N(t)$ 与增长速率 $\mathrm{d}N/\mathrm{d}t$ 的解析表达式在 α 和 γ 各种取值下的曲线图（图 4.17 和图 4.18）。

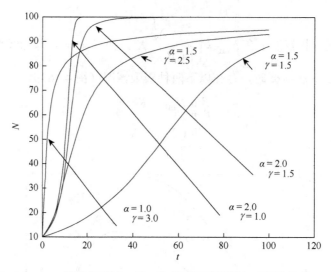

图 4.17　Blumberg 模型在不同 α 和 γ 取值下种群规模与时间的关系，$K=100$

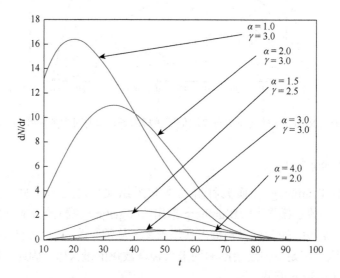

图 4.18　Blumberg 模型在不同 α 和 γ 取值下种群增长速率与时间的关系，$K=100$

种群在拐点 N_{inf} 处的数量可以表示为

$$N_{\text{inf}} = \frac{\alpha}{\alpha + \gamma} K \tag{4.45}$$

当 $\alpha = \gamma$ 时，Blumberg 模型的拐点与 Logistic 模型相同，当 $\alpha \gg \gamma$ 时，拐点无限接近环境容纳量 K，反之，当 $\alpha \ll \gamma$ 时，拐点无限接近 0（仅当 $N_0 < N_{\text{inf}}$）。

3. T-Generic 模型

为解出 Blumberg 模型的解析解，Turner 和 Tajfel 在 Blumberg 模型中加入了参数 β [21]，并对参数 α 进行了改进和限制，并将新模型与 Richards 模型结合，得出了一种更普适的模型，为和广义 Logistic 模型区分，本章暂时称它为 T-Generic 模型，其具有如下形式（图 4.19）：

$$\frac{dN}{dt} = rN^{1+\beta(1-\gamma)}\left[1-\left(\frac{N}{K}\right)^{\beta}\right]^{\gamma} \tag{4.46}$$

式中，β、γ 为正实数，且 $\gamma < 1+1/\beta$ 保证了 Blumberg 模型中参数 $\alpha > 0$，式（4.46）具有以下形式的解析解（图 4.20）：

$$N(t) = \frac{K}{\left(1+\left\{(\gamma-1)\beta rK^{\beta(1-\gamma)}t\left[1-\left(\frac{N_0}{K}\right)^{-\beta}\right]^{1-\gamma}\right\}^{\frac{1}{1-\gamma}}\right)^{\frac{1}{\beta}}} \tag{4.47}$$

其拐点由式（4.48）决定：

$$N_{\text{inf}} = \left(1-\frac{\beta\gamma}{1+\beta}\right)^{\frac{1}{\beta}}K \tag{4.48}$$

当 $\gamma=1$ 时，式（4.47）即为 Richards 模型，而 $\beta=\gamma=1$ 时，就回到了经典 Logistic 模型。$\gamma<1+1/\beta$ 的设定也使得拐点发生在 $N_{\text{inf}}>0$ 处。令 β、γ 取极限值，有以下结论：

$$\lim_{\beta\to0}N_{\text{inf}} = Ke^{-\gamma}, \quad 0<\gamma<\infty \tag{4.49}$$

$$\lim_{\beta\to\infty}N_{\text{inf}} = K, \quad\quad 0<\gamma<1 \tag{4.50}$$

$$\lim_{\gamma\to\infty}N_{\text{inf}} = K, \quad\quad 0<\beta<\infty \tag{4.51}$$

$$\lim_{\gamma\to0}N_{\text{inf}} = 0, \quad\quad\quad \beta\to0 \tag{4.52}$$

4. 广义 Logistic 模型

虽然 T-Generic 模型的拐点理论上可以取任意值，然而其参数 β 和 γ 之间仍然存在着一定的限制。综合上述所有模型，我们得出一个最普适的 Logistic 模型，我们将其称为真正意义上的广义 Logistic 模型，它具有如式（4.53）形式的方程（图 4.21）：

$$\frac{dN}{dt} = rN^{\alpha}\left[1-\left(\frac{N}{K}\right)^{\beta}\right]^{\gamma} \tag{4.53}$$

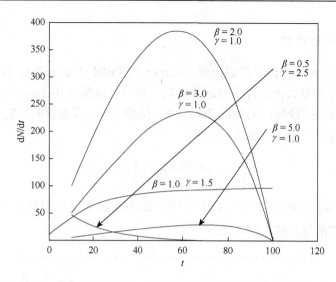

图 4.19　T-Generic 模型在不同 β 和 γ 取值下种群增长速率与时间的关系，$K = 100$

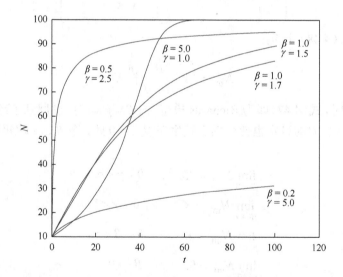

图 4.20　T-Generic 模型在不同 β 和 γ 取值下种群规模与时间的关系，$K = 100$

式中，α、β 和 γ 都是正实数。Tsoularis[22]证明了只有当这些参数均为正时，才能如 Lotka 推导经典 Logistic 模型那样将 $f(N)$ 在 $N = 0$ 附近按泰勒级数展开，一个幂级数按泰勒级数展开的前 α 项可以表示为 $f(0) = f'(0) = f''(0) = \cdots = f^{(\alpha-1)}(0) = 0$，对式（4.37）进行展开，并令二阶导数项等于 0，得到了广义 Logistic 模型在拐点处关于各参数的表达式（图 4.22）：

$$N_{\text{inf}} = \left(1 + \frac{\beta\gamma}{\alpha}\right)^{-\frac{1}{\beta}} K \tag{4.54}$$

若种群初始规模为 N_0，则有 $N_{\text{inf}} > N_0$，即拐点不会发生在种群数量小于初始规模处。T-Generic 模型可以看作式（4.55）的一个特例。例如，当 $\alpha = 1 + \beta(1-\gamma)$，广义 Logistic 模型可以转化为 T-Generic 模型。

式（4.55）同 Blumberg 方程一样没有封闭的解析解形式，因此很多学者对其解的形式进行了讨论。Tsoularis[22]通过引入自变量 $x = (N/K)^\beta$ 将式（4.54）转化为以下形式：

$$\frac{\mathrm{d}x}{\mathrm{d}t} = \beta r K^{\alpha-1} x^{\frac{\alpha-1}{\beta}-1} (1-x)^\gamma \tag{4.55}$$

将式（4.55）两端变量分离并在区间 0 到 t 上作定积分得到

$$\int_{\left(\frac{N_0}{K}\right)^\beta}^{\left[\frac{N(t)}{K}\right]^\beta} x^{\frac{1-\alpha}{\beta}-1} (1-x)^{-\gamma} \mathrm{d}x = \beta r K^{\alpha-1} t \tag{4.56}$$

在特定的参数取值下，式（4.56）是一个不完全 β 函数[23]。具体来说，当所有参数均大于 0 时，有 $0 < \alpha < 1$，$\beta > 0$，$0 < \gamma < 1$。将式（4.56）中的 $(1-x)^{-\gamma}$ 项进行二项式展开和整合，为方便符号上的表示，令 $\theta = \frac{1-\alpha}{\beta} - 1$，则有

$$\left[\frac{x^\theta}{(\gamma-1)!} \sum_{i=1}^{\infty} \frac{(\gamma+i-2)! x^i}{(i-1)!(\theta+i)}\right]_{x=\left(\frac{N_0}{K}\right)^\beta}^{x=\left(\frac{N(t)}{K}\right)^\beta} = \beta r K^{\alpha-1} t \tag{4.57}$$

式（4.57）为当 $x = (N/K)^\beta$ 的情况下关于 t 的解析解形式。关于广义 Logistic 模型拐点的取值和分析，Tsoularis[22]做了非常详尽的大篇幅介绍，由于篇幅限制，本书不在此一一列举，但其主要说明了广义 Logistic 模型中三个自由取值的参数 α、β、γ，当其中一个参数的值固定，其他两个的值可以变动时，种群数量达到一个给定拐点值所需的时间不是唯一的（或者说不是相等的），这两个可变参数的取值不是唯一的，也就是说，同一个拐点 N_{inf} 可以有不同取值的参数组合达到。这体现了模型的复杂性。

5. Logistic-r 模型

上述各 Logistic 模型的改进模型中，方程的右端均不显含时间 t，因此均属于自治系统（autonomous system）[24]。而乔晓军等认为，Logistic 模型及其改进模型仅

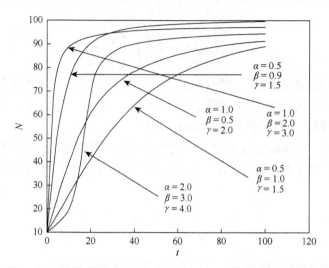

图 4.21　广义 Logistic 模型在不同 α、β 和 γ 取值下种群规模与时间的关系，$K = 100$

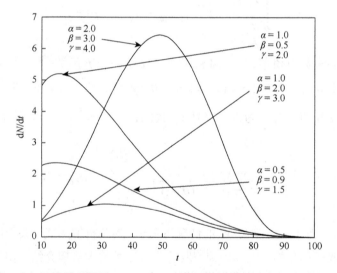

图 4.22　广义 Logistic 模型在不同 α、β 和 γ 取值下种群增长速率与时间的关系，$K = 100$

修正了 Malthus 模型中"资源是无限的"这一假设，并引入了环境容纳量 K 来表示种群实际环境中资源和环境的最大承载能力，体现了"有限资源和空间"的概念，然而，环境对种群的出生率、死亡率、迁入迁出率的影响并未体现，因而不能很好地体现出种群衰减的问题[25]。因此，乔晓军等试图往 Logistic 方程中引入一个随时间变动的因素 $q(t)$ 来弥补经典 Logistic 模型的这一缺陷，并将其命名为 Logistic-r 模型，它是一个非自治系统（nonautonomous system），即方程中显含时间 t，于是有

$$\frac{dN}{dt} = q(t)rN\left(1 - \frac{N}{K}\right) \tag{4.58}$$

引入 $q(t)$ 后的 Logistic-r 模型其等号右边的意义在于：把经典 Logistic 模型中"环境条件不变化的有限资源和空间中的有效增长率"，修正为"环境条件变化的有限资源和空间中的有效增长率"。其初值问题 $N(t_0) = N_0$ 的解析解（图 4.23）为

$$N = \frac{K}{1 + ce^{r[p(t_0) - p(t)]}} \tag{4.59}$$

其中

$$c = \frac{K - N_0}{N_0} \tag{4.60}$$

$$p(t) = \int q(t)dt \tag{4.61}$$

$$p(t_0) = \int q(t_0)dt \tag{4.62}$$

与经典 Logistic 模型相比，Logistic-r 模型［式（4.58）］增加了一个外部环境变化所引起的种群增长速率变化修正项 $q(t)$，它代表了外部环境变化所引起的种群增长速度或空间的变化。$q(t)$ 可以取常数，或关于 t 的一次函数、二次函数、幂指数等，表现了不同复杂程度的环境变化规律，下面列出了 $q(t)$ 的不同取值在模型中的生态意义。

$q(t) > 1$，表示随着时间的发展，种群增长的速度也随着环境条件的改善而加快；

$0 < q(t) < 1$，表示随着时间的发展，种群增长的速度也随着环境条件的恶化而减慢；

$q(t) = 0$，表示种群停止增长且不用考虑是否达到环境容纳量 K；

$q(t) < 0$，表示随着时间的发展，环境条件极度恶化，种群的数量将减少，开始出现负增长现象；

$q(t) = 1$，表示 Logistic-r 模型化为经典 Logistic 模型。简单地说，经典 Logistic 模型是 Logistic-r 模型的一个特例，它们两个都描述了在有限环境下种群数量增长的"S"形曲线，但 Logistic-r 模型比经典 Logistic 模型多了一个修正项 $q(t)$，因此在曲线的表现形式上，Logistic-r 模型会更为灵活，更具一般性。

Malthus 模型描述的是在无限的环境中，种群的增长不受任何条件的限制，如食物、空间等充分且不会消耗殆尽，种群的数量呈指数增长，也称为"J"形增长。然而，在实际环境中，种群生长的空间有限，随着种群数量的上升，受资源、环境的限制，种内竞争加剧，导致种群增长速度降低，通常表现出"S"形增长的特点。经典 Logistic 模型是各种实体之间复杂关系的一种简化，是一种近似的表

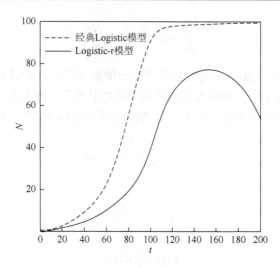

图4.23 $r = 0.1, N_0 = 0.3, N = 100$ 时，经典 Logistic 模型与 Logistic-r 模型
$[q(t) = 1 - 0.007t]$ 的对比

达，其基本假设 $dN / (Ndt) = f(N)$，其中 $f(N)$ 是个线性函数，它反映的是种群增殖与营养物质（包括空间）呈一种简单的线性关系，它可以作为一个数理模型来用，也可以作为一个经验方程来用，因为它表现出的"S"形曲线能够适用于自然界和社会中大部分具有"S"形变化规律的现象，对其进行曲线拟合往往能得出令人满意的结果[9]。

然而，经典 Logistic 模型并不是一个通用的模型，它存在两个缺陷：一是其拐点固定在环境容纳量的一半处，这使得曲线的形状有着不可改变的局限性，因此限制了模型的一般性，这在对一些实证数据的拟合中会出现较大的偏差。二是经典 Logistic 模型仅修正了 Malthus 模型中"资源是无限的"这一假设，没有涉及环境条件变化对种群增长率的影响，因而不能体现种群的衰败现象。

因此，众学者正不断地尝试着将经典 Logistic 模型进行改进，多数都是针对第一条缺陷的弥补，尝试让其拐点的取值自由化的同时，致力求出解析解。其中，Richards 模型是较为经典的一种，Richards 在引入形状参数 β 后，使得模型有封闭解析解的同时，拐点可以在 (Ke^{-1}, K) 区间取值，虽然并不是最完美的，但在适用性上已超越经典 Logistic 模型，能在更多种群生长现象的拟合中表现出优良的精度，并被广泛应用于各类统计软件的标准函数中；Blumberg 在其基础上又引入了另一个形状参数 α，使得其模型的拐点可以根据 α 和 γ（即 Richards 模型中的 β）的不同取值在 $(0, K)$ 区间变化，实现了拐点取值最大程度的自由化，然而其最大的缺点是没有固定的解析解；因此，Turner 和 Tajfel 在 Blumberg 模型的基础上又做了进一步优化，他们在 Blumberg 模型中引入了参数 β（此 β 不同于 Richards

模型中的 β)，并对参数 α 进行了改进和限制，使得模型拐点不但能在 $(0,K)$ 之间变化，而且可以求出固定的解析解，因此 Turner 和 Tajfel 的模型最具有一般性，称其为 T-Generic 模型。

针对第二条缺陷的改进模型并不多见，原因是改进的模型会将原先的自治方程变为显含时间的非自治方程，这将引来很多麻烦。乔晓军等在其 Logistic-r 模型中引入一个随时间变动的因素 $q(t)$，反映了环境的变化对种群增长率的影响，体现了当 $q(t) < 0$ 时环境的退化引致种群的衰败现象[25]。然而 Logistic-r 模型虽较经典 Logistic 模型有一定的开拓，但其也只是简单地引入了一个外部环境变化所引起的种群增长率变化修正项 $q(t)$，而没有涉及如温度、湿度、寄主、天敌等[26]。

另外，还有许多学者提出了其他各种改进模型，比较著名的还有 Gompertz 模型、von Bertalanffy 模型等，它们都是广义 Logistic 模型的各种形式的特例，而经典 Logistic 模型又是这些改进模型的特例。由于这些改进模型的思路与本书的关系不是很密切，且由于篇幅的限制，在此就不一一详细论述了，第 4 章以这些理论为基础，建立一个具有政府对产业集群作用意义的协聚集 Logistic 模型。图 4.24 为本章总结的 Malthus 模型、经典 Logistic 模型与部分改进模型之间的关系。

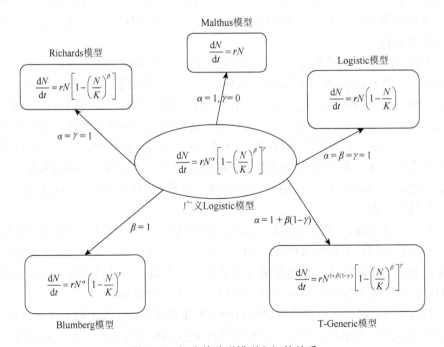

图 4.24　部分单种群模型之间的关系

4.6　基于协聚集的产业集群演化 Logistic 模型

1. 模型建立思路

钱学森等在《一个科学新领域——开放的复杂巨系统及其方法论》中指出，由于现代科学的理论知识还不能完全解决复杂社会系统问题，面对复杂系统问题时，专家需要不断地修改模型并调整参数，让最终的结果更加地接近专家自己的推论。这就意味着从定性到定量的这一实际操作过程中，不仅是简单的理论推算，而且加入了经验的成分。而以往人们在处理复杂社会系统问题的时候，都会最先注重对数学模型的逻辑处理，在看起来理论和结果都很理想的情况下再付诸实际研究，最后的情况往往大都不理想，倒不如在一开始进行理论建模的时候就开始结合实际，将定性和定量结合起来进行研究判断。对于以上的表述，钱学森等也曾提到过类似的建模思想[27]。

根据钱学森等论述过的建模思想，我们在前期对产业集群的概念、分类及演变史做的详细调研和分析的基础上（详见第 1 章），结合 2.3 节的分析，思考怎样才能建立政府协聚集的产业集群模型。了解到产业集群的驱动因素可分为内部动力、外部动力和逐渐变化的环境动力这三个大方面，地方政府可结合中央的集群政策分别在这三个驱动因素上施加集聚力或分散力，进而影响产业集群系统的演化。

根据 4.5 节对产业集群与生态系统的分析，产业集群与生态系统存在着高度的相似性。由于 Logistic 方程就是用来研究个体与个体成长环境的容纳量的机制，对于研究生物种群来说，尤其是相同的生物个体构成的种群，可以借鉴延续这个思路，分析产业集群的演化过程，并研究由企业组成的种群是怎样在政府的协助下形成自己的成长机理和制约机制的。所谓经典 Logistic 模型，即假设组成种群的企业数量为 N，在种群生长即企业发展的过程中，会受到资源环境的限制，此时企业的增长率 $dN/Ndt = f(t)$ 便可以看成企业数量 N 的减函数，且这里的 $f(t)$ 为一次线性函数。

依据上述描述，当使用经典 Logistic 模型描述产业集群时，产业不受任何资源环境制约的固有增长率可用式（4.21）中的 r 来表示，$(1-N/K)$ 代表的是已经存在的企业数量对企业的发展即增长造成影响的参数，而种群中的企业停止增长的现象会在企业数量 N 达到最大环境容纳量 K 的时候出现。

显而易见，剩余环境容纳量影响着企业的集聚效果。而关于剩余环境容纳量，政府可以通过开拓市场、增加基础设施建设等措施来进行调控，在一定程度上，某些有力的措施甚至可以直接控制剩余环境容纳量，从而增强企业的集聚力，这也是 2.3 节所讲述的外部动力。内部动力就是企业的创新能力，这也是产业增长保持的持续动力，它与剩余环境容纳量没有必然的联系，也就是说，在企业创新能力比较强的情况下，即使剩余环境容纳量不多，但企业依旧可以保持很好的增长趋势，这也提示了政府和企业从增强员工的创新能力入手来使产业继续蓬勃发展（详见 2.3 节）。另外，考虑到剩余环境容纳量与企业种群之间存在的非线性复杂关系，政府可以通过采取某些措施来增强企业的增长率。关于二者之间存在的非线性关系，我们从 Richards 模型引进的形状系数 β 来表示自然资源与种群数量之间的非线性关系这一点出发，也设定一个形状系数 β。$\beta > 1$，代表产业集群受益于政府的调控措施和科学管理，对环境的利用率也得到提高；$0 < \beta < 1$，代表政府管理不合格导致资源的浪费；$\beta = 1$，代表政府没有作为，无功无过。

基于以上假设，构造一个类似于 Richards 模型的概念。然而，根据 1.4.2 节中产业集群生命周期的划分，Richards 模型和经典 Logistic 模型一样，当 $t \to \infty$ 时，$N \to K$，也就是说，以往的所有呈 "S" 形增长的模型能够反映的只是产业集群从萌芽到成熟这一个过程，没有解释产业集群出现衰退的现象及原因。对此，参考 4.5.7 节中 Logistic-r 模型，我们通过引入环境因子 $f(t)$ 这一因素来表现环境的持续恶化或改善对集群的增长率的影响时发现，当 $f(t) < 0$ 时，产业集群会出现衰退现象。

综上所述，得出有政府协助下产业集群生长的 Logistic 模型：

$$\frac{\mathrm{d}N}{\mathrm{d}t} = rN \left[1 - \left(\frac{N}{K} \right)^{\beta} \right] \cdot f(t) \tag{4.63}$$

2. 模型的解析解

本书对式（4.63）的详细求解过程如下：

$$\frac{\mathrm{d}N}{\mathrm{d}t} = rN \left[1 - \left(\frac{N}{K} \right)^{\beta} \right] \cdot f(t) = rNf(t) - rN^{\beta+1}K^{-\beta}f(t)$$

$$\Rightarrow N^{-(\beta+1)} \frac{\mathrm{d}N}{\mathrm{d}t} = rN^{-\beta}f(t) - rK^{-\beta}f(t) \tag{4.64}$$

式（4.64）为一个 Bernoulli 方程，令 $N^{-\beta} = z$，即 $N = z^{-\frac{1}{\beta}}$，得到

$$\frac{\mathrm{d}z}{\mathrm{d}t} = -\beta N^{-(\beta+1)} \frac{\mathrm{d}N}{\mathrm{d}t}$$

$$\Rightarrow \frac{\mathrm{d}N}{\mathrm{d}t} = \frac{1}{-\beta N^{-(\beta+1)}} \cdot \frac{\mathrm{d}z}{\mathrm{d}t} \tag{4.65}$$

将式（4.65）代入式（4.64）得

$$N^{-(\beta+1)} \cdot \frac{1}{-\beta N^{-(\beta+1)}} \cdot \frac{\mathrm{d}z}{\mathrm{d}t} = rzf(t) - rK^{-\beta}f(t)$$

$$\Rightarrow \frac{\mathrm{d}z}{\mathrm{d}t} = -\beta rf(t)(z - K^{-\beta}) \tag{4.66}$$

式（4.66）为非齐次方程，将其分解，先解齐次方程 $\frac{\mathrm{d}z}{\mathrm{d}t} = -\beta rf(t)z$，分离变量得

$$\frac{\mathrm{d}z}{z} = -\beta rf(t)\mathrm{d}t \tag{4.67}$$

两边积分

$$\int \frac{1}{z}\mathrm{d}z = -\beta r \int f(t)\mathrm{d}t \tag{4.68}$$

令 $F(t) = \int f(t)\mathrm{d}t$，则

$$\ln|z| = -\beta r F(t) + \ln C$$

$$\Rightarrow z = Ce^{-\beta rF(t)} \tag{4.69}$$

式中，C 为积分常数。

对于解非齐次方程，此处用常数变异法的思想，令 $C = c(t)$，则

$$z = c(t)e^{-\beta rF(t)} \tag{4.70}$$

将式（4.70）代入非齐次方程式（4.66）得

$$[c(t)e^{-\beta rF(t)}]' = -\beta rf(t)[c(t)e^{-\beta rF(t)} - K^{-\beta}]$$

$$c'(t)e^{-\beta rF(t)} - \beta rf(t)e^{-\beta rF(t)}c(t) = -\beta rf(t)e^{-\beta rF(t)}c(t) + \beta rK^{-\beta}f(t)$$

$$c'(t)e^{-\beta rF(t)} = \beta rK^{-\beta}f(t)$$

$$c'(t) = \beta rK^{-\beta}f(t)e^{\beta rF(t)} \tag{4.71}$$

两边积分得

$$c(t) = \beta rK^{-\beta} \int f(t)e^{\beta rF(t)}\mathrm{d}t$$

$$= \beta rK^{-\beta} \int e^{\beta rF(t)}\mathrm{d}F(t)$$

$$= K^{-\beta}e^{\beta rF(t)} + C \tag{4.72}$$

将式（4.72）代入式（4.70）得

$$z = e^{-\beta rF(t)}[K^{-\beta}e^{\beta rF(t)} + C]$$

$$= K^{-\beta} + Ce^{-\beta rF(t)} \tag{4.73}$$

所以

$$N = z^{-\frac{1}{\beta}} = [K^{-\beta} + Ce^{-\beta rF(t)}]^{-\frac{1}{\beta}} \tag{4.74}$$

若取初值 $t = t_0$，$N = N_0$，则有

$$N_0 = [K^{-\beta} + Ce^{-\beta rF(t_0)}]^{-\frac{1}{\beta}}$$

$$N_0^{-\beta} = K^{-\beta} + Ce^{-\beta rF(t_0)}$$

$$\Rightarrow C = (N_0^{-\beta} - K^{-\beta})e^{\beta rF(t_0)} \qquad (4.75)$$

将式（4.75）代入式（4.74）得

$$
\begin{aligned}
N &= [K^{-\beta} + (N_0^{-\beta} - K^{-\beta})e^{\beta r[F(t_0)-F(t)]}]^{-\frac{1}{\beta}} \\
&= \left\{ K^{-\beta}\left[1 - \left(1 - \left(\frac{N_0}{K}\right)^{-\beta}\right)\right] \cdot e^{\beta r[F(t_0)-F(t)]}\right\}^{-\frac{1}{\beta}} \\
&= K\left\{ 1 - e^{-\beta r[F(t)-F(t_0)]} \cdot \left[1 - \left(\frac{N_0}{K}\right)^{-\beta}\right]\right\}^{-\frac{1}{\beta}} \qquad (4.76)
\end{aligned}
$$

至此，我们得到了式（4.63）在初始条件 $N(t_0) = N_0$ 下的解析解式（4.76）。

3. 模型分析

首先，对模型进行定性分析，依据解析解 [式（4.76）]，在不同参数取值条件下，模拟出 N 关于 t 的曲线，如图 4.25～图 4.27 所示，此处我们假设 $f(t)$ 为线性函数 $f(t) = c_0 t + c_1$，则有

$$\frac{\mathrm{d}N}{\mathrm{d}t} = rN\left[1 - \left(\frac{N}{K}\right)^{\beta}\right] \cdot (c_0 t + c_1) \qquad (4.77)$$

式中，c_0、c_1 为常数，为保证初始条件下种群数量为正，设 $c_1 > 0$。

图 4.25 反映了在 $N_0 = 0.3$，$N = 100$，$f(t) = 1 - 0.007t$ 条件下，r 的取值在 $0.1～0.2$ 时曲线的变化（最下面的曲线为 $r = 0.1$，间隔为 0.01，依次向上增加）。可以看出，在一个逐渐恶化的环境中：

（1）随着 r 值的增加，也就是政府对集群企业科技创新的推动作用，可以使集群在成长阶段有更快的增长速率；

（2）当 r 增大到一定值时，产业集群的成长会受到环境容纳量的限制而停止增长，从而集群内企业数量会保持在 K 值的附近，且 r 值越大，成熟期保持的时间越长，反之当 r 值不够大时，集群内企业数量在达到饱和之前就会提前进入衰退期；

（3）提高 r 值并不能阻止产业集群出现衰退，即一味地依靠科技创新政策是行不通的。

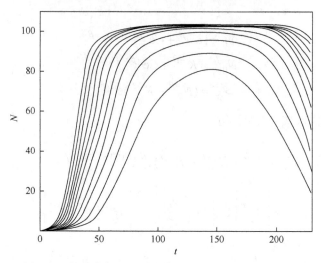

图 4.25　协聚集 Logistic 模型在不同 r 取值下的 N-t 图

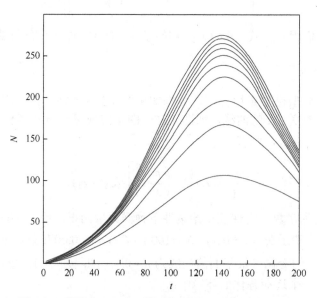

图 4.26　协聚集 Logistic 模型在不同 K 取值下的 N-t 图

图 4.26 反映了在 $N_0 = 0.3$，$r = 0.1$，$f(t) = 1 - 0.007t$ 条件下，K 的取值在 100～1000 时曲线的变化（最下面的曲线为 $K = 100$，间隔为 100，依次向上增加）。可以看出，在一个逐渐恶化的环境中：

（1）r 不足的情况下，随着环境容纳量 K 的增大，产业集群在成长期的增长速度也会有稍许增加，但 K 不论取多大值，集群中企业达到最大数量所需的时间是一样的。

（2）同图 4.25 中的结论一样，当 r 值不够大时，即产业集群的创新能力不足时，即使政府加大对基础设施建设的投入（增加 K 值），也不能使集群达到一个持续稳定的成熟期，更致命的是，此时集群企业数量能达到的最大值是小于环境容纳量的，也就是说，对创新能力不足的产业集群只靠增加基础设施建设的投入是不够的。

（3）同样地，仅仅提高 K 值也不能阻止产业集群出现衰退，即一味地建造基础设施也是行不通的。

图 4.27 反映了在 $N_0 = 0.3$，$r = 0.1$，$K = 100$，$c_1 = 1$ 的条件下，c_0 的取值在 $-0.007 \sim 0.002$ 时曲线的变化（最下面的曲线为 $c_0 = -0.007$，间隔为 0.001，依次向上增加），可以看出环境变化对产业集群的影响有以下几点：

（1）当 $c_0 < 0$ 时，即环境不断恶化时，加强集群的环境治理能提高产业集群的增长速率和产业集群中企业能达到的最大数量。

（2）当 $c_0 \geqslant 0$（虚线为 $c_0 = 0$ 的情况，此时为经典 Logistic 模型）时，即产业集群处在一个良好的甚至不断改善的环境中时，集群总规模仅受到环境容纳量的限制，从而保持在最大值 K 的附近，且不会出现衰退现象。

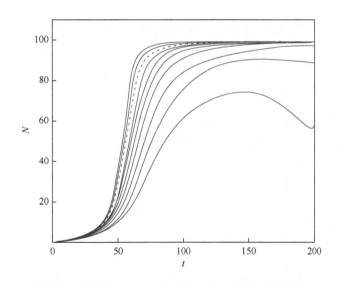

图 4.27　协聚集 Logistic 模型在不同 c_0 取值下的 N-t 图

令式（4.77）右端等于 0，可以得到集群停止增长时的平衡点。

当 $c_0, c_1 > 0$ 时，平衡点同 Logistic 回归模型一样，见 4.5.1 节中所述；

当 $c_0 < 0, c_1 > 0$ 时，除 $N = 0$ 和 $N = K$ 外，还有 $t = -c_1/c_0$，这时可以通过给定初值和解析解［式（4.76）］求出此刻的 N，$t = -c_1/c_0$ 即为所有会产生集群衰退现

象的转折点，当 $0 < t < -c_1/c_0$ 时，$f(t) > 0$，$\mathrm{d}N/\mathrm{d}t > 0$，集群持续增长，反之 $t > -c_1/c_0$ 时，$f(t) < 0$，$\mathrm{d}N/\mathrm{d}t < 0$，集群出现衰退。图 4.28 和图 4.29 分别反映了在持续恶化和持续改善的环境中，产业集群增长速率的变化。

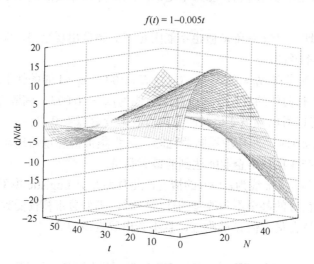

图 4.28　持续恶化环境下增长速率与 t 和 N 的关系

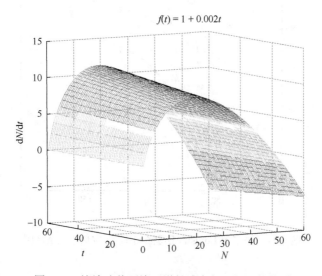

图 4.29　持续改善环境下增长速率与 t 和 N 的关系

从图 4.28 和图 4.29 可以很清楚地看出不同环境下产业集群增长速率与 t 和 N 的关系。其中，在持续改善的环境中，只要初始时刻 $N_0 < K$，则有 $N < K\ (t \to \infty)$，

增长速率 dN/dt 从初始时刻开始不断加快，在 N 达到拐点 N_{inf} 时增长速率开始下降，且在 N_{inf} 的增长速率 dN/dt 随时间 t 的增加而单调递增。而在持续恶化的环境中，N_{inf} 的增长速率 dN/dt 随时间 t 的增加而单调递减，从而出现了在拐点处增长速率 dN/dt 随 t 的增大而由正转负的情况，即出现了集群的衰退。

为研究拐点 N_{inf} 的具体情况，首先需要求出模型的拐点，将式（4.63）展开得

$$\frac{\mathrm{d}N}{\mathrm{d}t} = rNf(t) - \frac{r}{K^{\beta}}N^{\beta+1}f(t) \tag{4.78}$$

对式（4.78）求二阶导数，并令方程等号右端等于 0，得

$$
\begin{aligned}
\frac{\mathrm{d}^2 N}{\mathrm{d}t^2} &= rf(t)\frac{\mathrm{d}N}{\mathrm{d}t} + rNf'(t) - \frac{r(\beta+1)}{K^{\beta}}N^{\beta}f(t)\frac{\mathrm{d}N}{\mathrm{d}t} - \frac{r}{K^{\beta}}N^{\beta+1}f'(t) \\
&= r^2 N[f(t)]^2\left[1-\left(\frac{N}{K}\right)^{\beta}\right]\left[1-(\beta+1)\left(\frac{N}{K}\right)^{\beta}\right] + rNf'(t)\left[1-\left(\frac{N}{K}\right)^{\beta}\right] \\
&= rN\left[1-\left(\frac{N}{K}\right)^{\beta}\right]\left\{r[f(t)]^2\left[1-(\beta+1)\left(\frac{N}{K}\right)^{\beta}\right] + f'(t)\right\} = 0
\end{aligned} \tag{4.79}
$$

除去 $N = 0$ 和 $N = K$ 的情况，得

$$r[f(t)]^2\left[1-(\beta+1)\left(\frac{N}{K}\right)^{\beta}\right] + f'(t) = 0$$

$$r[f(t)]^2[K^{\beta}-(\beta+1)N^{\beta}] + K^{\beta}f'(t) = 0$$

$$(\beta+1)N^{\beta} - K^{\beta} = \frac{f'(t)K^{\beta}}{r[f(t)]^2}$$

$$(\beta+1)N^{\beta} = K^{\beta}\left(\frac{f'(t)}{r[f(t)]^2}+1\right) \tag{4.80}$$

$$N_{inf} = K\left(\frac{1}{\beta+1}\right)^{\frac{1}{\beta}}\left\{\frac{f'(t)K^{\beta}}{r[f(t)]^2}+1\right\}^{\frac{1}{\beta}} \tag{4.81}$$

其中，$f'(t)$ 为 $f(t)$ 的导数，当 $f(t) = c_0 t + c_1$，有

$$N_{inf} = K\left(\frac{1}{\beta+1}\right)^{\frac{1}{\beta}}\left[\frac{c_0}{r(c_0 t + c_1)^2}+1\right]^{\frac{1}{\beta}} \tag{4.82}$$

可以看出，式（4.82）同广义 Logistic 模型一样，在各参数的多种取值组合情况下，都能达到 $0 < N_{inf} \leqslant K$ 的取值范围，为具体分析 N_{inf} 对参数 r、t 和 β 变化

的反应，令 $\dfrac{c_0}{(c_0 t + c_1)^2} = a$ ，且 $a > -r$ ，则有

$$\frac{\partial N}{\partial r} = -\frac{K}{\beta}\frac{a}{r^2}\left(\frac{1}{1+\beta}\right)^{\frac{1}{\beta}}\left(\frac{a}{r}+1\right)^{\frac{1}{\beta}-1} \tag{4.83}$$

式（4.83）的正负取决于 a 的符号，即 c_0 的符号。若 $c_0 > 0$ ，则 $\dfrac{\partial N}{\partial r} < 0$ ，即 $r\uparrow$ ，$N_{\mathrm{inf}}\downarrow$ ；若 $c_0 < 0$ （且 $a > -r$ ），则 $\dfrac{\partial N}{\partial r} > 0$ ，即 $r\uparrow$ ，$N_{\mathrm{inf}}\uparrow$ ；若 $c_0 = 0$ ，则变为 Richards 模型，N_{inf} 的变化与 r 的取值大小无关。

$$\frac{\partial N}{\partial t} = -\frac{2c_0{}^2 K}{r\beta}\left(\frac{1}{1+\beta}\right)^{\frac{1}{\beta}}\left(\frac{a}{r}+1\right)^{\frac{1}{\beta}-1}(c_0 t + c_1)^{-3} \tag{4.84}$$

式（4.84）的正负取决于 $(c_0 t + c_1)$ 的符号。在 $c_0, c_1 > 0$ 的情况下，$\dfrac{\partial N}{\partial t} < 0$ ，即 $t\uparrow$ ，$N_{\mathrm{inf}}\downarrow$ ；另外，在 $c_0 < 0$ 的情况下，当 $t > -\dfrac{c_1}{c_0}$ ，$\dfrac{\partial N}{\partial t} < 0$ ，当 $t < -\dfrac{c_1}{c_0}$ ，$\dfrac{\partial N}{\partial t} > 0$ 。

令 $\dfrac{c_0}{r(c_0 t + c_1)^2} + 1 = b$ ，$b > 0$ ，则有

$$\frac{\partial N}{\partial \beta} = -\frac{K}{\beta}\left(\frac{b}{1+\beta}\right)^{\frac{1}{\beta}}\left[\frac{1}{\beta}\ln\left(\frac{b}{1+\beta}\right) + \frac{1}{1+\beta}\right] \tag{4.85}$$

式（4.85）的符号与中括号内的那一项有关，令其大于 0，则有 $\ln b > \ln\beta - \dfrac{\beta-1}{\beta}$ ，$\dfrac{\partial N}{\partial \beta} > 0$ ，即 $\beta\uparrow$ ，$N_{\mathrm{inf}}\uparrow$ ；特别的是，当 $b = 1$ 时，$\dfrac{\partial N}{\partial \beta} > 0$ ，因此也验证了 Richards 模型的拐点 N_{inf} 会随着 β 的增大而增大的结论。

建立协聚集 Logistic 模型的初衷是为了更好地描述一个产业集群从萌芽到衰亡的演化过程，鉴于以往的各种 Logistic 模型存在的各种缺陷，协聚集 Logistic 模型的优势在于它能够反映出不同的集群生长环境对产业集群的影响（持续恶化的环境和持续改善的环境）。此外，它的拐点可以自由取值，避免了一些经典模型的拐点固定在环境容纳量一半处的缺陷，使得模型更加灵活和具有一般性。然而，加入了环境影响的模型，由原先的自治系统变为了非自治系统，这使得模型变得更加复杂，模型的特征难以分析，给我们的研究带来相当大的困难，也为今后对这类非自治系统研究提出了新的研究目标。

4.7　协聚集 Logistic 模型在产业集群中的运用
——以苏州市电信产业集群为例

4.7.1　基于 VAR 模型的产业集群影响因素分析

1. VAR 模型

在研究苏州市通信设备、计算机和其他电子设备制造业的总产值与地方基础设施建设、技术创新和投资促进政策之间的关系时[28]，能够看出这四个因素并非简单的单向效应，而是复杂的动态互动关系。联立方程等传统的定量方程不方便考察变量之间及变量本身的动态关系。向量自回归模型（VAR 模型）能够将模型中所有内生变量的滞后值进行回归，从而估计出系统中所有内生变量的动态关系，而不仅是基于经济理论。在建模过程中需要考虑所有可能的关系，模型中包含所有相关的变量，并且确定滞后周期 k，使得模型能够反映变量之间的大部分关系。因此，本书将向量自回归模型应用于苏州市的实证检验[29]。具有 n 种内生变量和不具有外生变量的无约束向量自回归模型 VAR(k) 的数学表达式如下：

$$\boldsymbol{y}_t = \boldsymbol{A}_1 \boldsymbol{y}_{t-1} + \cdots + \boldsymbol{A}_k \boldsymbol{y}_{t-k} + \boldsymbol{\varepsilon}_t,\ t = 1, 2, \cdots, T \tag{4.86}$$

式中，$\boldsymbol{y}_t = (y_{1,t}, y_{2,t}, \cdots, y_{n,t})'$ 表示 n 维内生变量向量；k 表示滞后阶数；T 表示样本个数；

$$\boldsymbol{A}_k = \begin{bmatrix} A_{11,k} & A_{12,k} & \cdots & A_{1n,k} \\ A_{21,k} & A_{22,k} & \cdots & A_{2n,k} \\ \vdots & \vdots & & \vdots \\ A_{n1,k} & A_{n2,k} & \cdots & A_{nn,k} \end{bmatrix} \tag{4.87}$$

为需要估计的系数矩阵；$\boldsymbol{\varepsilon}_t = (\varepsilon_{1,t}, \varepsilon_{2,t}, \cdots, \varepsilon_{n,t})'$ 表示 n 维扰动向量。整个模型由 n 个方程组成。

2. 模型检验与分析

在数据选择中，本书使用的数据全部源于苏州统计年鉴，采用的是抽样间隔为 1 年的 1995～2008 年的年度数据，季度分解是在相应的基础上进行的，以补偿样本量不足的缺点。根据当前苏州市的年价格来得出通信设备、计算机和其他电子设备制造业的总产值 y。本书将苏州市公路里程指数视为基础设施的替代变量，符号为 road。将企业用于科技发展的支出表示技术创新的替代变量，符号为 tech。企业使用应支付产品销售税和其他税款 tax 来代表政府吸引投资的指标。

因为实际经济序列的增长趋势通常以指数的形式出现，在取原始序列的对数之后，趋势项被线性化。所以我们记录所有变量转化成对数形式 $\ln y$、$\ln\text{road}$、$\ln\text{tech}$、$\ln\text{tax}$，目的是能够很好地消除异方差。

1）数据稳定性试验

在估计模型的时候，使用单位根检验（ADF 检验）变量，目的是测试序列是否平稳。因此，有必要建立 VAR 模型，对所有序列进行 Granger 因果检验，证明它们都是平稳的或服从同一阶整体的。根据表 4.1 的结果，在 1% 的显著性水平上全部序列无单位根，说明这是一个平稳序列。

表 4.1　变量的平稳性检验结果

变量	检验类型	t 统计量	1%临界值	P 值	结论
$\ln y$	$(c, t, 1)$	−6.012827	−4.148465	0.000036	平稳
$\ln\text{road}$	$(c, t, 1)$	−4.166273	−4.148465	0.0095	平稳
$\ln\text{tax}$	$(c, t, 1)$	−5.447421	−4.148465	0.0002	平稳
$\ln\text{tech}$	$(c, t, 1)$	−4.536223	−4.148465	0.0034	平稳

2）VAR 模型滞后期 k 的确定

对于搭建 VAR 模型而言，选取合适的滞后时间是十分关键的。滞后时间过小，将会严重影响误差项的自相关性，同时造成参数的非均匀估计。适当增加 VAR 模型中的 k 值（增加滞后时间的数量）会消除误差项中可能的自相关性。此外，k 值过大则会造成自由度减小，参数估计的有效性降低。滞后时间的选取方法通常有似然比（LR）统计标准、最终预测误差（FPE）标准、Akaike 信息准则（AIC）、Schwartz 准则（SC）和 Hannan-Quinn（HQ）信息指南等。AIC 和 FPE 的最佳滞后时间为 5，而 LR、SC 和 HQ 的最佳滞后时间为 4，所以能够搭建一个具有 6 个滞后阶段的 VAR 模型。表 4.2 是综合上述标准后构建的 VAR 模型的结论。

表 4.2　VAR 最佳滞后期选择综合判断

滞后时间	$\log L$	LR	FPE	AIC	SC	HQ
0	−45.13853	NA	9.11×10^{-5}	2.047439	2.203372	2.106366
1	348.8260	705.8531	1.32×10^{-11}	−13.70108	−12.92142	−13.40645
2	500.3662	246.2529	4.73×10^{-14}	−19.34859	−17.94519	−18.81825
3	565.9438	95.63400	6.22×10^{-15}	−21.41433	−19.38719	−20.64827

续表

滞后时间	logL	LR	FPE	AIC	SC	HQ
4	598.1728	41.62911*	$3.40×10^{-15}$	−22.09053	−19.43967*	−21.08877*
5	619.3888	23.86795	$3.10×10^{-15*}$	−22.30787*	−19.03326	−21.07039

注：NA 表示无数据；logL 表示最大似然估计值；*表示在 5%置信水平下该准则推荐的最佳滞后时间。

当特征方程$|A-\lambda I|=0$(A 为系数矩阵；λ 为特征根；I 为单位矩阵)的所有根均位于单位圆内，此时 VAR 模型稳定。在校核模型的稳定性的情形时，若$k=4$，16 个特征根中的 2 个在单位圆外，此时不符合稳定性条件。VAR（3）模型是通过将滞后周期向前推一个周期（图 4.30 和表 4.3）而获得的。通过图 4.30 可知，圆外没有特征根，VAR 满足稳定条件。因此，搭建 VAR（3）模型，并选取$k=3$作为最佳值。

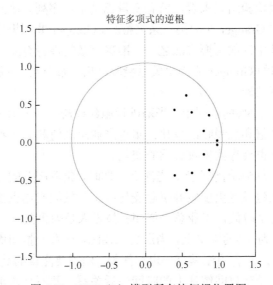

图 4.30　VAR（3）模型所有特征根位置图

表 4.3　VAR（3）模型所有特征根值列表

特征根	系数
0.978168−0.028404i	0.978580
0.978168 + 0.028404i	0.978580
0.869634−0.360171i	0.941268
0.869634 + 0.360171i	0.941268

续表

特征根	系数
0.562747–0.621958i	0.838758
0.562747 + 0.621958i	0.838758
0.796949–0.155287i	0.811937
0.796949 + 0.155287i	0.811937
0.634446–0.398955i	0.749458
0.634446 + 0.398955i	0.749458
0.401084–0.431132i	0.588849
0.401084 + 0.431132i	0.588849

3）Granger 非因果检验

从上述单位根检验结果来看，所有变量都是平稳序列。因此，研究变量之间的因果关系可利用 Granger 非因果关系来检验。Granger 非因果检验是目前研究经济指标前瞻性和外生性的主要方法之一，准确有效的指标有助于预测重要经济指标的趋势。变量间的 Granger 非因果关系检验结果，如表 4.4 所示。观察表中的检验结果可获取如下结论。

（1）在置信度为 5%的水平上，当基础设施建设滞后一段时间后，这种变化会引起集群产业总产值和总税收的变化；集群产业总产值和总税收是相互影响的。而科技投入的变化也会导致税收总额的变化。

（2）在置信度为 5%的水平上，当滞后二期时，集群产业的总产值和总税额的变化将对基础设施建设做出反应并引起变化；总税额的变化也将对科技投入的变化做出反应；在这个时候，工业总产值和科技投入是因果关系。

（3）在置信度为 5%的水平上，当滞后二期时，所有变量间均存在不同程度的因果关系，且它们之间有的还具有一定时间差。但需要注意的是，Granger 非因果检验的因果关系只是变量间统计上的时间先后关系，并不是通常意义上因与果的关系，是否呈因果关系还需要根据理论、经验和模型来判定。

上述结论总结为图 4.31。

表 4.4　各变量间 Granger 非因果检验结果

原假设	滞后阶数	F 统计量	P 值
ln tax 的变化不能引起 ln y 的变化	一	14.5301	0.0004
ln y 的变化不能引起 ln tax 的变化	一	11.1922	0.0016
ln road 的变化不能引起 ln y 的变化	一	25.6471	6×10^{-6}

续表

原假设	滞后阶数	F 统计量	P 值
ln tech 的变化不能引起 ln tax 的变化	一	11.4628	0.0014
ln road 的变化不能引起 ln tax 的变化	一	4.05238	0.0496
ln tech 的变化不能引起 ln y 的变化	二	8.49265	0.0007
ln y 的变化不能引起 ln tech 的变化	二	6.18309	0.0042
ln y 的变化不能引起 ln road 的变化	二	9.18596	0.0004
ln tax 的变化不能引起 ln tech 的变化	二	5.15558	0.0219
ln tax 的变化不能引起 ln road 的变化	二	8.66046	0.0006

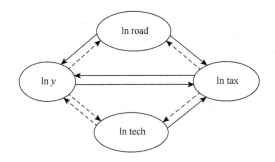

图 4.31　变量间 Granger 非因果关系图

箭头方向表示从因到果；实线表示滞后一期的关系；虚线表示滞后二期的关系

4）脉冲响应函数及方差分解

Granger 非因果检验只可以解释导致变化的变量之间的因果关系，但不能说明变化的强度，并且由于估计量的一致性，很难从经济角度来解释 VAR 模型各个参数的估计值。所以 VAR 模型通常通过观测系统的脉冲响应函数和方差分解来进行分析。脉冲响应函数描述了当给定内生变量方程的随机误差项受到影响时，标准偏差对所有其他内生变量的当前和未来值的影响。方差分解的思想是将预测误差的方差分解为各变量影响的贡献率。因此，脉冲响应函数描述了 VAR 模型中内生变量对其他内生变量的影响，而方差分解则显示了影响变量的每个随机扰动的相对重要性。最终结果如图 4.32 和图 4.33 所示。

根据脉冲响应函数和方差分解的结果，电信设备、计算机和其他电子设备制造业的总产值对公路里程和研发投入的单位标准差正向响应。它们分别于 10 期及 12 期达到峰值，然后逐渐趋向稳定。由此可见，公路里程的增加和研发投入对产业的发展具有积极作用，这种作用是长期的、可持续的。工业总产值对税收总额影响的负向反应也显示出适当实施税收优惠政策对集群发展的积极意义。在影响工业总产值变化的因素中，公路里程除了自身变化外，时间的增加对其影响最大。

经过 10 个时期，超过行业总产值的影响达到 50%左右，其次是纳税总额和研发投入，但影响最大的只有 12.16%和 2.99%，影响并不高。

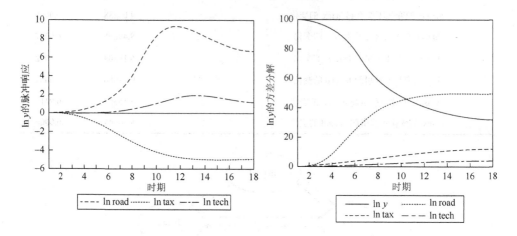

图 4.32　ln y 对 ln road、ln tech、ln tax 的　　图 4.33　ln y 对 ln road、ln tech、ln tax 的
脉冲响应　　　　　　　　　　　　　方差分解

4.7.2　协聚集 Logistic 模型应用于对苏州市电子信息产业集群的模拟分析

本书将 4.5 节提出的协聚集 Logistic 模型应用于苏州市电子信息产业集群的仿真分析。根据 4.7.1 节 VAR 模型的实证分析，得出了苏州市政府在基础设施建设、科技创新和招商引资政策上对苏州市电子信息产业集群的发展起到了举足轻重的作用。本书基于协聚集 Logistic 模型的假设，从协聚集 Logistic 模型的拟合结果出发，发现了苏州市政府对电子信息产业集群成功发展的贡献。

本书选取苏州市 1992～2010 年通信设备、计算机和其他电子设备制造业的年产值（单位：万元）作为实验数据。2010 的数据来源于苏州市统计调查公众网，其他年份的数据都是从苏州年鉴中摘录的。其次，利用 Malthus 模型、经典 Logistic 模型、Richards 模型和协聚集 Logistic 模型对上述数据进行拟合，并进行相应的比较分析。

从图 4.34～图 4.37 中可以看出，后两个模型的拟合优度要比前两个模型好得多，这是因为引入了形状参数 β 后，拐点可以在一定范围内自由取值，使得后两个模型比前两个更加灵活。可以发现，协聚集 Logistic 模型对 Richards 模型的优势不明显，这可能是因为所选取的拟合对象——苏州市电子信息产业集群

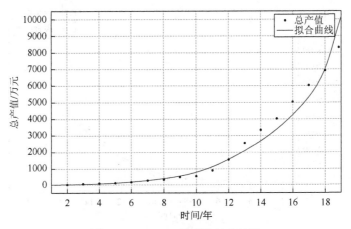

图 4.34 Malthus 模型的拟合结果

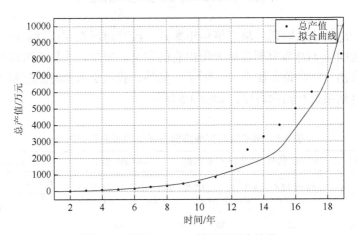

图 4.35 经典 Logistic 模型的拟合结果

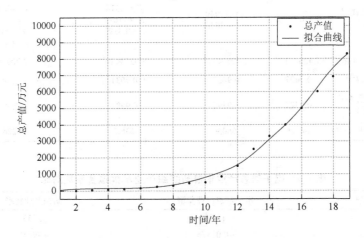

图 4.36 Richards 模型的拟合结果

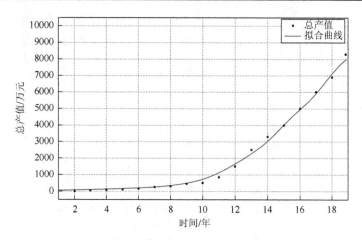

图 4.37　协聚集 Logistic 模型的拟合结果

目前正处于茁壮成长时期，总产值年年攀升，没有出现见顶或衰退的现象，因此引入的环境因子 $f(t)$ 没有明显地表现出它的意义。但是，我们仍可以从拟合系数的数据上看出一些结论，如表 4.5 所示。另外，我们引入同时期苏州市纺织产业集群的拟合结果进行横向对比，如表 4.6 所示。

表 4.5　电子信息产业集群各模型的拟合结果对比

模型名称	Malthus 模型	经典 Logistic 模型	Richards 模型	协聚集 Logistic 模型
解析表达式	$f(x) = 30 \times \exp(r \times x)$	$f(x) = \{1-[1-(K/30)\times\exp(-r\times x)]\}$	$f(x) = K/\{1-[1-(K/30)^{\beta}]\times\exp(-r\times\beta\times x)\}^{(1/\beta)}$	$f(x) = K/\{1-[1-(K/30)^{\beta}]\times\exp[-r\times\beta\times(c_0\times x^2 + c_1\times x)]\}^{(1/\beta)}$
初值/万元	30	30	30	30
系数（95%置信区间）	$r = 0.3033$	$K = 12040$ $r = 0.3033$	$\beta = 1.318$ $K = 11010$ $r = 0.3393$	$\beta = 1.206$ $c_0 = -0.01376$ $c_1 = 7.987$ $K = 11540$ $r = 0.04402$
残差平方和（SSE）	7.425×10^6	7.425×10^6	8.927×10^5	7.209×10^5
拟合系数（R^2）	0.9427	0.9427	0.9931	0.9944
调整后的拟合系数（Adj R^2）	0.9427	0.9394	0.9923	0.9928
均方根误差（RMSE）	642.3	660.9	236.2	226.9

表 4.6　电子信息产业集群与纺织产业集群拟合系数对比

系数	电子信息产业集群	纺织产业集群
β	1.206	2.933
c_0	−0.01376	0.79650

续表

系数	电子信息产业集群	纺织产业集群
c_1	7.987	0.024
K	11540	1701
r	0.04402	0.01001

与传统的苏州市纺织产业集群相比，电子信息产业集群也是一个新的产业集群。但是，苏州市电子信息产业集群的发展速度很快，其总产值已经超过了 2000 年苏州市纺织产业集群，成为苏州市最大的产业集群。从协聚集 Logistic 模型的拟合结果来看，这两个产业集群的 β 分别为1.206 和2.933，这表明两个产业集群的剩余资源利用率较高。可能是由于苏州市政府提前对集群进行了合理规划，减少了不必要的资源浪费，从而提高了资源的利用效率；电子信息产业集群的 $r = 0.04402$，不是一个很突出的成果，这与 4.7 节中 VAR 模型的结论一致，这表明政府在促进科技创新中的作用并不明显。集群依旧是通过廉价资源及反复制造从而获取竞争的优势。此外，纺织产业集群也存在创新不足的问题，需要地方政府予以关注。电子信息产业集群的 $c_0 = -0.01376$，$c_0 < 0$ 说明群集所在的环境正在恶化，虽然这个数值不是很大，但这也足以让政府保持警惕。2007 年的金融危机对产业集群造成很大影响，同时也对政府产生了不利影响。因此，政府应努力从危机中恢复产业集群，营造良好的环境。纺织产业集群整体环境良好，走上了良性发展的道路，政府可以借鉴其经验为电子信息产业集群服务；电子信息产业集群的 $K = 11540$，是适应集群内企业数量最多的情况（按行业总产值计算），当集群企业的总产值近似于这个值时，政府应当采取相应的措施如扩大基础设施建设，以提高集群的环境容纳量。

图 4.38 为根据上述协聚集 Logistic 模型拟合结果对苏州市电子信息产业集群

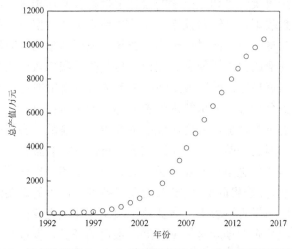

图 4.38　基于协聚集 Logistic 模型的苏州市电子信息产业集群模拟

的演化做的一个简单的五年模拟。可以看出，如果继续照目前的管理方式，2013 年以后电子信息产业集群的增速将会有所放缓，到 2017 年开始逐渐接近环境容纳量，说明集群即将到达饱和状态。因此政府必须采取相应的措施如增加基础设施建设的投入来增大环境容纳量，同时注意跟上科技创新政策和集群环境治理，使集群朝着健康、快速、持续发展的目标前进。

4.7.3　政府协助苏州市电子信息产业集群发展的政策建议

（1）政府的精心规划与良好的基础设施建设是推动苏州市电子信息产业集群发展壮大的重要基础。从利用 VAR 模型获得的脉冲响应结果可以看出，基础设施建设的变化对行业总产值有着较大的影响，使得其响应最快且变化幅度最大，而协聚集 Logistic 模型同样凭借一个较大的 K 值说明了产业集群具有较大的环境容纳量。基础设施建设的增加将会带动行业总产值的增长，一方面能够促进政府税收收入的增加，也为扩大基础设施建设奠定了良好的基础；另一方面又能从中抽取部分资金鼓励相关企业进一步加大科技创新的投入。这种良性循环现象的产生与当地政府制定的"先规划后建设、先地下后地上、适当超前滚动开发"原则有着密不可分的关系，这种关系可以从 $\beta > 1$ 的拟合结果中看出，说明当地能够有效地利用这些基础设施，同时苏州市政府也在大力发展基础设施建设，为企业创造更好的投资环境。重要的是，当地政府并没有走一味追求数量型、粗放型的城市扩建之路，而是做到了适时适量推进文教、医疗和社会保障等社会基础设施的建设。

（2）招商引资优惠政策是苏州市电子信息产业集群集聚的动力。这与赋予苏州工业园区的特殊政策优势和无上限的自行审批特权密切相关。苏州市政府通过灵活运用各种优惠政策，有针对性地、有计划地吸引集群重点发展行业对象，吸引投资，增加了自身优势。同时，也为产业集群发展对象的及时转移、产业结构的调整及产业链的形成提供了便利。然而，这是基于我国较低的生产成本环境，而吸引外资和加工贸易出口的发展策略往往会导致价格出现竞争的情况。一方面，这种战略容易受到全球金融危机等国际贸易环境的影响；另一方面，随着我国土地和劳动力成本的不断增加，外资企业面临着更大的挑战，会倾向于搬迁至成本更低廉的印度、泰国这些国家，从而造成更多集群企业的流失。

（3）科技创新在促进集群产业增长方面并没有发挥突出作用。创新作为产业集群的重要内生动力，是集群保持长期、健康可持续生命力的重要源泉。从 Granger 非因果关系的检验结果可以看出，产业总产值的变化受企业研发的投入影响较为滞后，因此推进集群企业创新是一项长期而艰巨的任务。发放补贴、保护或者促成企业合并等这些短期有效的政策会不断削弱企业的创新机能，相反，另一类措施如促进企业间竞争、强化企业教育培训、带动企业与高等院校的合作，这些可能在短时间内会给企业带来危机，但从长远来看，将会很大程度上提高集群内企业的根植性与竞争力。

促进区域产业集群迅速发展的因素有很多，地方政府协聚集作用便是其中的重要因素，特别是政府对基础设施建设、科技创新的引导及招商引资政策的力度，一定程度上决定了产业集群的性质、规模、产业布局及产业链形成等各个方面。应当指出的是，产业集群中发挥主要作用的是企业，而不是政府，政府应当扮演好自己的角色，避免只关注短期成本优势，而忽略整个产业集群的创新与可持续发展，并且时刻需要为产业集群注入新鲜活力。

参 考 文 献

[1] 马国丰，陆居一. 国内外系统动力学研究综述[J]. 经济研究导刊，2013，（6）：218-219.

[2] 高婕. 基于系统动力学的电子商务复杂系统研究[D]. 广州：广东技术师范学院，2016.

[3] Zhang M L. Analysis on Herter-organizing of airport industry cluster based on the system dynamics [J]. Applied Mechanics and Materials，2014，556-562：6610-6615.

[4] Dong K X，Hou W H，Zhen J，et al. The innovation of electronic information industry cluster based on system dynamic [J]. Soft Science，2016，30（9）：5-10.

[5] 陈力田，许庆瑞，吴志岩. 战略构想、创新搜寻与技术创新能力演化——基于系统动力学的理论建模与仿真研究[J]. 系统工程理论与实践，2014，34（7）：75-89.

[6] 邱国鑫，张丽叶. 国内系统动力学应用研究综述[J]. 赤峰学院学报（自然科学版），2016，32（22）：130-132.

[7] 钟永光，贾晓菁，李旭. 系统动力学[M]. 北京：科学出版社，2009.

[8] 李旭. 社会系统动力学政策研究的原理、方法和应用[M]. 上海：复旦大学出版社，2008.

[9] 何有世. 区域社会经济系统发展动态仿真与政策调控[M]. 合肥：中国科学技术出版社，2008.

[10] 王松涛. 资源型产业集群可持续发展的动力学模型研究[D]. 青岛：中国海洋大学，2008.

[11] 孙晓华. 产业集聚效应的系统动力学建模与仿真[J]. 科学学与科学技术管理，2008，（4）：71-76.

[12] 焦冠南. 政府协助下产业集群演进的系统动力学分析[D]. 南京：南京信息工程大学，2013.

[13] 张颖超，黄心一，叶小岭，等. 政府协助下影响产业集群发展因素分析——以苏州市电子信息产业集群为例[J]. 阅江学刊，2011，3（4）：55-60，68.

[14] 吕晓英.西方经济学课程的实践教学研究[J].教育教学论坛，2017，（46）：82-84.

[15] 闫昭，赵文静，王荣瑶. 基于 Logistic 函数模型的纳米自组装动力学分析[J]. 物理学报，2016，65（12）：203-208.

[16] 张颖超，缪进，黄心一. 产业集群"协聚集"模型研究——基于 Logistic 模型[J]. 现代商贸工业，2012，24（4）：9-12.

[17] Tamura K A，Giampaoli V. New prediction method for the mixed logistic model applied in a marketing problem [J]. Computational Statistics and Data Analysis，2013，（66）：202-216.

[18] 袁利国. 基于 Logistic 模型的几类系统的动力学研究及其参数估计[D]. 广州：华南理工大学，2012.

[19] Richard C，Gustafson R，Martell A. Additions and corrections：Stability of metal chelates of 8-quinolinol-5-sulfonate[J]. Journal of the American Chemical Society，1959，81（24）：6535.

[20] Blumberg A A. Logistic growth rate functions[J]. Journal of Theoretical Biology，1968，（21）：42-44.

[21]　Turner C，Tajfel H. The social identity theory of intergroup behavior [J]. Psychology of Intergroup Relations，1986，13（3）：7-24.

[22]　Tsoularis A. Analysis of logistic growth models [J]. Mathematical Biosciences，2002，179（1）：21-55.

[23]　Pearson K. Tables of the Incomplete Beta Function [M]. London：Library Binding，Lubrecht and Cramer Ltd，1968.

[24]　李文灿. 对 Logistic 方程的再认识[J]. 北京林业大学学报，1990，（2）：121-128.

[25]　乔晓军，沈佐锐，陈青云，等. 农业设施环境通用监控系统的设计与实现[J]. 农业工程学报，2000，16（3）：77-80.

[26]　余爱华. Logistic 模型的研究[D]. 南京：南京林业大学，2003.

[27]　钱学森，于景元，戴汝为. 一个科学新领域——开放的复杂巨系统及其方法论[J]. 城市发展研究，2005，（5）：3-10.

[28]　Liu S Q，Zhu X D，Xiong Z Y. The Research on Supportive Policies of Electronic Information Industry Cluster Development in Long Nan County [C]//Aasri International Conference on Industrial Electronics and Applications，2015.

[29]　Jian X，Zhou M. The influence factor research on value chain upgrade of manufacturing industry based on VAR model：Taking Jiangsu as an example[J]. Science and Technology Progress and Policy，2013，（15）：61-68.

第5章 基于复杂网络的产业集群建模

5.1 复杂网络理论

复杂网络是一种研究复杂性科学及系统的有效手段，它借助图论和统计物理等方法，研究系统的演化机制及规律，从全新的视角对复杂性进行分析。复杂网络的研究具有很大的潜在应用价值，现实世界的许多系统都可以用复杂网络来描述，这对于系统科学的研究来说，具有极其重要的价值和意义。复杂网络是对复杂系统的一般抽象描述，利用复杂网络的分析方法可以对复杂系统的结构形态进行研究，从而加深我们对系统结构的了解，是研究系统科学的新手段[1, 2]。

复杂网络粗略地来说就是节点和连线的集合，在数学上可以用图来描述，一个网络可以抽象为一个二元组 $G = (V, E)$，其中 V 是网络中节点的集合，E 是连接节点的边的集合，E 中每条边 $e_{i,j}$ 都对应于 V 中的一对节点（i, j），如果连接节点对（i, j）和（j, i）是同一条边时，则称该网络为无向网络，否则为有向网络。集合 V 的元素个数及集合 E 的元素个数分别为该网络的阶数及边数。节点连接强度的不同可以通过对边赋权来实现。另外，复杂网络还可以通过一个 $n \times n$ 的邻接矩阵来描述，其中 n 代表网络中的节点总数，矩阵元素 $a_{i,j}$ 表示节点 i 和节点 j 之间是否存在连接，如果节点 i 和节点 j 之间存在边，则 $a_{i,j} = 1$，否则 $a_{i,j} = 0$[1]。

5.1.1 复杂网络的属性测度

随着复杂网络研究的逐步深入，许多概念及测度方法被提出并用于复杂网络结构特征的研究，主要的度量指标包括顶点的度分布、集聚系数、平均路径长度、社团结构等。接下来对几种常用的且在本书中用到的主要统计指标进行详细说明。

1. 顶点的度分布

在复杂网络中将顶点的度定义为与该顶点相关联的边的数量，顶点度越大的节点在整个网络中拥有越多的节点与之相连，也就意味着该节点在某种意义上越重要。在不同的网络中，节点的度具有不同的含义，如在社会网络中，度可以理解为个体的重要性及影响程度。整个网络中顶点的度的分布情况可以用分布函数 $p(k)$ 表示，它表示一个任意节点恰好拥有 k 条与之相连的边的概率，也可理解为网络中度为 k 的节点个数占网络节点总数 N 的比例，即

$$p(k) = \frac{度为 k 的节点个数}{N} \tag{5.1}$$

有些学者采用网络中所有节点的度的平均值作为测度指标，记为 $\langle k \rangle$

$$\langle k \rangle = \frac{1}{N} \sum_i k_i \tag{5.2}$$

相对于平均度，顶点的度分布描述了网络中每个节点与其他节点连接数量分布规律，更好地刻画了网络的重要几何结构特征。在规则网络中，所有节点的度分布相等。在传统的随机网络中，节点的度分布符合二项分布的特征，并且在足够小的概率 p 和很大的节点总数 N 的情况下，可以利用 Poisson 分布逼近，网络中大多数节点在网络平均度 $\langle k \rangle$ 附近集中，因此将 $\langle k \rangle$ 称为网络的特征标度。但是经过实证研究发现，现实世界的很多网络，如信息网络、社会网络及生物网络等复杂网络，具有无标度特性，很多网络的节点度分布服从幂律分布，网络中存在集散节点，即只有少数节点度较大，拥有大量与其他节点相连接的边，而大多数的节点（即非集散节点）的节点度较小。研究人员认为这种网络结构形式出现的原因是择优连接机制以及网络成长性的推动，进而"贫者愈贫，富者愈富"，也可以理解为是一种积累优势。

2. 集聚系数

集聚系数是衡量网络集团化程度的指标。在网络中，如果顶点 i 与顶点 j 相连，并且顶点 j 与顶点 s 相连，那么就可能存在顶点 i 与顶点 s 也相连，就如同在社会网络中，你朋友的朋友极有可能也是你的朋友，这种性质就称为网络的群聚属性或传递性。集聚系数 C_i 表示的是网络中直接与节点 i 相连的节点间的连接关系，即直接与该节点相邻的节点间实际相连的边数占最大可能存在的边数的比。如果节点 i 有 k_i 条边与其他节点相连，则节点 i 有 k_i 个邻节点，k_i 个节点之间最多可能有 $k_i(k_i - 1)/2$ 条边，而 k_i 个节点之间实际边数为 e_i，则集聚系数 C_i 为

$$C_i = \frac{2e_i}{k_i(k_i - 1)} \tag{5.3}$$

从网络拓扑的角度来看，集聚系数是用来衡量网络中节点相互连接形成的三角形的密度，在这里所说的三角形是指网络中含有三个节点的集合，而且这三个节点两两相连。

$$C = \frac{3 \times 网络中三角形的个数}{网络中三个连通节点的总数} \tag{5.4}$$

其中，"三个连通节点"是指包含三个顶点的集合，其中有一个顶点有边与其他两个顶点相连。Newman 和 Watts、Callaway 等还提出了集聚系数的算数平均

值 $C = \frac{1}{N}\sum\limits_{i=1}^{N} C_i$ 来研究网络密度[3, 4]。许多学者利用网络密度来研究网络的结构属性，分析网络中连接关系的疏密，从而通过对疏密情况的分析，研究网络中资本的大小。

3. 平均路径长度

平均路径长度是指网络中所有节点对之间的平均最短距离，节点对之间的距离是指从一个节点到另一个节点所要经历的最小的边数，其中将所有节点对之间的最大距离定义为网络的直径。网络的平均路径长度和直径是用来衡量该网络的传输性能和效率的指标。若节点 i 和节点 j 之间的距离为 d_{ij}，则网络的平均路径长度 L 为

$$L = \frac{1}{N(N-1)}\sum_{i \neq j \in V} d_{ij} \qquad (5.5)$$

式中，N 表示网络中节点总数；V 表示网络中节点的集合。网络的路径长度衡量的是网络节点间发生联系所需要经过的"路程"远近问题，反映了网络中资源整合的效率。

5.1.2　经典的复杂网络模型

复杂网络的发展过程中形成了许多经典的模型，最早可以追溯到 18 世纪图论的提出，并被证明可用于经济学、社会学和生物学的研究，但是这些研究大多针对的是静态结构的研究。而动态网络随着著名模型——ER 随机图的提出开始发展起来，但是随机网络无法很好地描述自然规律中差异化的结构。自从 Watts 和 Strogatz[5]于 1998 年提出了小世界网络和群集系数的概念以后，复杂网络的研究开始受到广泛关注，并且渗透到众多不同的学科领域，电力网、科研合作网、各种经济、社会关系网络，甚至是生物体的新陈代谢等现实系统都可以看成是复杂网络，都具有复杂的拓扑结构及动力学行为。对复杂网络的定量与定性特征的研究已成为网络时代科学研究中一项极其重要的挑战性课题[6-9]。20 世纪与 21 世纪之交，Barabasi 等提出了无标度网络的概念（BA 模型），首先从动态的、增长的观点研究了复杂网络的幂律分布形成机制[10]。随后又有许多学者对 BA 模型进行改进，提出了许多扩展模型，如 Liu 等建立的介于无标度网和随机网之间的网络模型[11, 12]。在加权网络方面也得到了新的发展：Almaas 等把大肠杆菌代谢（*E. coli metabolism*）中的新陈代谢反应看作加权网络进行研究，把从代谢物 i 到 j 的流量

看作边权[13, 14]；Barrat 等分析了全球航空网络，把两机场 i 和 j 之间的航班的有效座位数作为机场间的权重[15]。有学者将 PageRank 算法应用于 Google 搜索引擎中，得到了出色的表现[16]。另外有些学者在研究具体网络的过程中发现择优连接的机制不一定是针对整个网络而言的，而是在节点各自所在的局域世界中有效，因此提出局域世界演化网络模型。下面介绍一些经典的复杂网络模型。

1. 规则网络

在网络研究的早期，人们认为现实系统的各个因素之间存在的是一些确定性的规则关系，即网络中的节点都按确定的规则连线，所得网络即为规则网络。全局耦合网络（图 5.1）是一个比较有代表性的规则网络，其中每两个节点之间都有边直接相连。因此，与其他网络相比，在节点总数一样时，全局耦合网络的平均路径长度最小，其值为 1，而集聚系数最大，其值也等于 1。尽管全局耦合网络模型可以表现出网络的聚类和小世界特性，但由于节点间连接过于紧密，而许多现实网络都比较稀疏，因此以其为模型有明显的局限性。

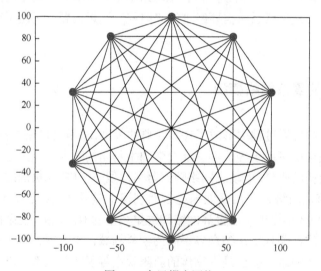

图 5.1　全局耦合网络

经过研究，众学者提出了一个稀疏规则网络——最近邻耦合网络（图 5.2），其中每个节点只与其周围 K 个邻节点相连。具有周期边界条件的最近邻耦合网络的 N 个节点围成一个环，并且每个节点都与它左右各 $K / 2$ 个邻节点相连。对于较大的 K 值，最近邻耦合网络的集聚系数 $C = 3/4$，因此它是一个高度聚类的网络，但仍然不是一个小世界网络，相反，对固定的 K 值，当节点总数 N 很大的时候，网

络的平均路径长度 $L \to \infty$ ，这点也说明了在一个局部耦合的网络中，为什么很难实现需要全局协调的动态过程，通俗来说，也就是某一事件的影响无法在网络中快速地扩散开来。

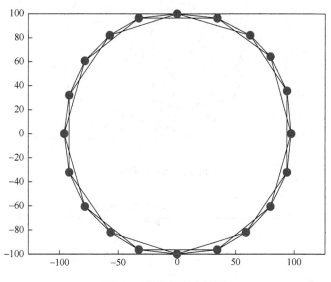

图 5.2　最近邻耦合网络

2. 随机网络

与规则网络相反的是随机网络（图 5.3），随机网络理论是由匈牙利数学家厄尔多斯（Erdos）等提出的，并给出一个典型的 ER 随机模型[17]。ER 随机模型的一种描述方式为：网络中的节点总数为 N ，任意的两个节点建立连接的概率为 p ，最终生成一个随机网络模型，记为 $G(N,p)$ 。网络中连线的数目是一个在 $0 \sim$ $N(N-1)/2$ 取值的随机变量 X ，因此拥有 n 条边的网络的数目为 $\binom{N(N-1)/2}{n}$ ，而对于某一个特定的网络来说，其出现的概率为 $p(G_n) = p^n (1-p)^{[N(N-1)/2]-n}$ 。因此可以生成 $2^{N(N-1)/2}$ 个不同的网络，并且每个都满足二项分布，网络的平均连接数目为 $pN(N-1)/2$ 。ER 随机图的 $\langle k \rangle = p(N-1) \approx pN$ ，对于足够小的 p 和很大的 N ，ER 随机模型的度分布基本满足 Poisson 分布的特性，从图 5.4 中我们也可以看出这一点，因此 ER 随机图也被称为 Poisson 随机图。随机网络具有平均路径长度小、集聚系数低的特征，在 20 世纪 50 年代末到 90 年代末，ER 随机图被用来描述许多无明确设计原则的大规模网络的拓扑结果，认为在网络形成过程中，节点间是按随机方式连接的。

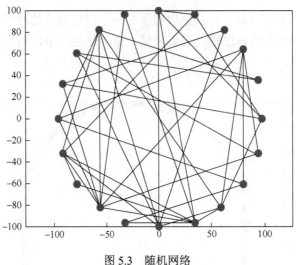

图 5.3　随机网络

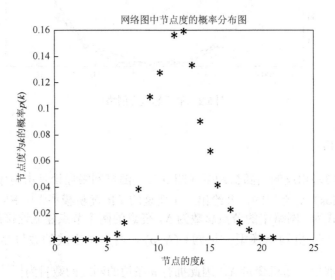

图 5.4　$N = 1000$，$p = 1$ 时随机网络的度分布

　　同样，ER 随机模型作为实际的复杂网络模型仍然存在明显的缺陷：在 ER 随机模型中，不论是否有相同的邻节点的存在，两个节点间的连接概率均为 p，因此，ER 随机图的集聚系数 $C = p = \langle k \rangle / N \ll 1$，这说明规模较大的稀疏 ER 随机图聚类特性不明显，这与现实的复杂网络的聚类特性不符。

3. 小世界网络

　　为了弥补规则网络和随机网络的缺陷，有学者提出了一种既有较短的平均路径长度又有较高的集聚系数的新型模型——小世界模型(图 5.5)。Watts 和 Strogatz 于 1998 年提出了具有代表性的 WS 小世界模型,实现了从规则网络到随机网络的过渡,其具体算法如下:

(1)首先给定规则图:考虑一个一维有限规则网络,其包含有 N 个节点,每个节点都与它最相邻的 $K = 2k$ 个节点相连。为了确保此规则网络的稀疏性,通常要求 $N \gg K \gg 1$。

(2)随机改写旧连线:在规则网络中,以概率 p 为其中的每条旧连线进行重新布线,即随机地将该连线的一个端点连接到另一个新的节点上,过程中应避免自连线及重复连线。

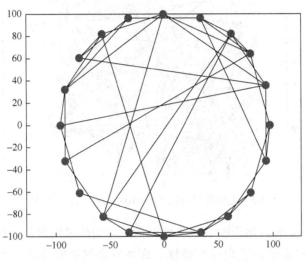

图 5.5 小世界模型

小世界模型可建立在任何维数和拓扑结构上,重新布线的过程可以使小世界模型作为介于规则网络和随机网络之间的新的存在形式,当 $p = 0$ 时,仍为给定的规则网络,当 $p = 1$ 时,每条边都被随机地重新连接到一个新的位置,得到一个特殊的随机网,在 p 增加的过程中,模型由规则网络向随机网络变化。由于 WS 小世界模型连线的重新布排,过程中可能会出现孤立的组,这将会影响整个网络的连通并使其难以分析。考虑到此缺陷,Newman 和 Watts 提出了进一步改进的模型——NW 小世界模型,以"随机加边"的构造方法替代原先 WS 小世界模型中的"随机重连"构造方法,就是将一维有限规则网络中的 N 个节点,按 $p(K/2)$ 的概率在任意两个节点之间重新添加连接线,但不会变动它的原始连线,也不出现自连线和重复连线的情况。在进行理论分析时,NW 小世界模型相比于 WS 小世界模型,其结构更加简单,但在 p 足够小且节点总数足够大时,两者在本质上是相同的。

小世界模型可以形象地反映现实网络的某些特性，对于现实网络而言，小世界效应表明信息或其他任何事物在网络上的快速传播。

4. 无标度网络

ER 随机模型和小世界模型存在一个共性，即节点的度分布都可以利用 Poisson 分布逼近，也就是说度分布在平均度 $\langle k \rangle$ 处可取峰值，而远离它的节点度分布呈指数快速衰减。近年来，随着现实网络的规模不断增大，许多网络呈现出无标度特性（图 5.6）。

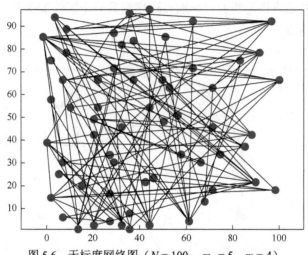

图 5.6 无标度网络图（$N = 100$，$m_0 = 5$，$m = 4$）

1999 年，Barabasi 等[10]通过对万维网的动态演化过程进行追踪，发现许多复杂网络具有大规模的高度自组织特性，许多复杂网络的节点的度分布服从幂律分布（图 5.7），并在此基础上提出了无标度网络的基本模型，即 BA 模型，并从万维网的实际形成过程中得出两条重要的网络演化机制：①增长特性，即网络的规模总在不断地增大，如万维网每时每刻都有新的网页增加；②择优连接，即新节点更倾向于与节点度较高的节点相连，这种现象也被称为"马太效应"，在万维网中新的网页总是喜欢与知名的网页相链接。这两种机制是无标度网络形成必不可少的机制，这一观点被学术界普遍认同。基于网络的增长特性和择优连接机制，BA 模型的基本算法如下：

（1）初始：开始给定 m_0 个节点；

（2）增长：在每个时间步骤中重复添加 m（$m \leqslant m_0$）条新边和一个新的节点；

（3）择优：增加的新节点 j 按照概率进行择优，如式（5.6）所示：

$$\prod(k_i) = \frac{k_i}{\sum_j k_j} \qquad (5.6)$$

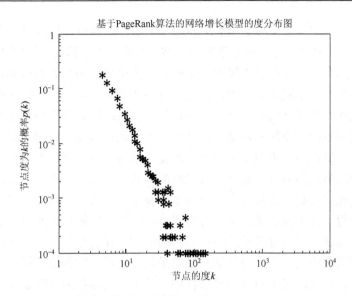

图 5.7　无标度网络的度分布情况（$N = 10000$，$m_0 = m = 5$）

新节点增加完成后，再选择一个已存在的节点 i 与其相连，其中 k_i 是节点 i 的度数。

BA 模型的节点的度为 k 的概率 $p(k) = \lim_{t \to \infty} p(k,t) \approx 2m^2 k^{-\gamma}$，其中 $\gamma = 3$，即模型中节点的度服从幂律指数分布，指数为 3。BA 模型的平均路径长度和集聚系数都很小，但要大于同等规模随机模型的集聚系数。BA 模型的提出，不仅为复杂系统的研究提供了新的视角，还为复杂网络的研究开辟了新的课题。然而，其与现实网络相比，BA 模型仍然不够完善。随着现实网络的发展，竞争、成本、老化等问题对各种现实网络均有不同程度的影响，而且任何微妙的变化都将有可能导致整个网络拓扑结构的变化，网络演化的差异性也较大，因此对网络演化模型的改进研究，以及对不同现实网络建立相应的具体模型很有必要，这些也是近年来复杂网络研究的热点。复杂网络的形成机制多样且复杂，不同网络的形成机制一般也不同，近年来，众学者提出了一种新的形成无标度网络的机制来替代以往的择优连接机制，此机制曾经被公认为是形成幂律分布的一个主要机制。BA 模型只考虑了增加节点的情况，但在现实网络中，一系列事件（如加点或加边，去点或去边，以及边的重复连接等）都会影响到网络的演化进程，经过科学研究，众学者提出了许多扩展的 BA 模型。另外在 BA 模型中，旧节点获得新边的概率总是大于新节点的概率，但现实世界存在的诸多复杂网络中，节点获得新连接不仅与节点的度有关，还可能和节点自身的竞争力、网络所处环境等因素相关，此外，对网络环境具有强适应性的节点可以获得更多的连接。

综上所述，在现实世界大多数的网络都具有三大共性：节点度大多服从幂律分布（有些现实网络的度分布介于幂律分布与指数分布之间），网络的集聚系数较大，节点之间的平均路径长度较短。虽然得到的生成机制简单并能同时表现三大共性的网络模型还不是很多，但经过众学者多年的潜心研究，得到的模型越来越接近现实系统。规则网络和随机网络描述的是系统的两种较为极端的网络拓扑结构，而对大多数现实系统的网络拓扑结构难以准确地描述。仅应用规则网络和随机网络无法实质性地分析现实世界存在的复杂系统。近年来，小世界模型和无标度网络模型的研究渐渐成为复杂网络领域的核心研究之一，也取得了许多不错的研究成果，能够反映大多数现实系统基本的复杂网络特性，从而在复杂系统的建模问题上获得了突破性的进展。小世界模型能够很好地描述现实系统的小世界特性，但现实世界存在丰富多样的小世界网络结构，仅仅是几个模型还难以全面地描述各种不同的现实网络。而且这些模型虽然能够在一定程度上描述实际系统的小世界效应，但却忽略了网络的增长特性，关于小世界模型的确定性增长演化方面的研究还不是很多。以 BA 模型为代表的无标度网络模型的研究促进了网络科学研究的发展，为了更好地研究现实的网络系统，许多学者对 BA 模型进行了扩展及变体方面的研究，BA 模型的增长特性和择优连接的生成机制，能够更好地表现出现实复杂系统的复杂性及开放性。在利用无标度网络模型建模时，关于模型的深刻性及其普适性的研究也在不断地得到深化与发展。当前，许多学者开始利用无标度网络模型，结合现实系统的适应与竞争特性进行建模研究，并展开了跨学科的交叉研究，从对个别现实系统的分析研究中总结出系统的共性，然后研究这些共性在其他领域中的普适性。也就是运用统计物理及数学理论和方法，从网络结构方面找出生物系统、信息系统、社会关系系统等现实网络系统的共性，将这些系统关联起来，共同进行研究分析。正如钱学森先生所指出的，必须要先研究单个具体的开放复杂系统，然后从中提炼出一般性的理论，从而建立开放复杂系统的一般理论。现阶段的建模研究对于现实系统的个性研究的关注度还不够。因此，在今后的研究中要突破现阶段模型的局限，在对个别现实系统的形成机制的研究基础上，建立合理的网络模型，然后上升到系统共性的研究，深入研究现实系统的特性。

5.1.3　几种扩展 BA 模型

1. 适应度模型

Bianconi[18]认为每个节点都有靠消耗其他节点而竞争获得边的本能，实际网络具有竞争之势。他提出一个模型，其中给每个节点分配一个不随时间变化的适

应能力参数 η_i，于是，在每个时间间隔，具有适应能力 η_j 的新节点 j 进入系统，η_j 从 $\rho(\eta)$ 分布中选取。每个新节点以 m 条边连接到已存在于网络中的节点上，连接到节点 i 上的概率 π_i 与 i 的度和适应能力成正比。

$$\pi_i = \frac{\eta_i k_i}{\sum_j \eta_j k_j} \tag{5.7}$$

这种广义的择优连接可确定如果适应能力强，即使只具有几条边的相当年轻的节点也能以高速率获取边连接。连接域理论预测出节点 i 的度的变化率为

$$\frac{\partial k_i}{\partial t} = m \frac{\eta_i k_i}{\sum_j \eta_j k_j} \tag{5.8}$$

设 k_i 的时间演化服从式（5.9），具有适应能力相关 $\beta(\eta_i)$：

$$\eta_i k_{\eta_i}(t,t_i) = m\left(\frac{t}{t_i}\right)^{\beta(\eta_i)} \tag{5.9}$$

该动态指数满足 $\beta(\eta) = \dfrac{\beta}{C}$，式中

$$C = \int \rho(\eta) \frac{\eta}{1-\beta(\eta)} \mathrm{d}\eta \tag{5.10}$$

β 用受适应能力分布控制的系列值来叙述。式（5.10）表明适应能力较强的节点度的增加比那些适应能力弱的节点要快得多。于是，适应性模型便于那些后来的但却具有适应能力的节点在网络的拓扑结构中起某种作用。模型的度分布为不同幂函数规律的加权和：

$$p(k) \approx \int \rho(\eta) \frac{C}{\eta}\left(\frac{m}{k}\right)^{\frac{C}{\eta}+1} \tag{5.11}$$

它取决于适应能力分布选择。例如，对于均匀适应能力分布，给出 $C = 1.255$ 且 $\beta(\eta) = \eta / 1.255$，则度分布为

$$p(k) \approx \frac{k^{-c-1}}{\ln k} \tag{5.12}$$

即具有对数校正能力的幂律分布。适应性模型可组合添加其他作用进行扩展，如 Rodgers 等[19]研究的影响指数的内部边的问题。

2. 局域世界线性增长的网络模型

BA 模型虽然精准地把握了现实世界中网络的基本特征，也充分地解释了网

络无标度性的形成机制，但是它对真实网络的描述过于简单。有许多网络在选择偏好的同时也在成长。这种偏好不在全局范围内，具有局部性，其局部范围不是一成不变的，而是随时间而增加的[20]。例如，在因特网中，计算机网络是基于域与路由器结构来组织和管理的。主机通常只连接到同一区域中的其他主机，而路由器则代表其内部域中的主机连接到其他路由器。其中，优先级连接机制对于整个网络来说并不是有效的，而只是在每个节点的局部区域有效。同时，我们也知道每时每刻都有新的计算机加入这个网络中，因此局域网的规模在不断扩大，优先连接的范围也在不断扩大。例如，在高校的学术交流网络中，一所大学虽然与局域网内的所有高校进行大量的学术交流，但是仅与其中的一些高校通信，随着高校通信网络规模的不断扩大。

在上述分析及 BA 模型的两个假设的基础上，对局部世界演化模型进行修正，建立了局部世界线性增长的网络演化模型，该模型的构造算法如下。

（1）增长假设：在网络开始时，存在 m_0 个节点和 e_0 条边。在第一时间步长中，添加新的节点和附加的 m 条边 $m < m_0$。

（2）在 m_0 个节点中选择 $m = m_0$ 节点作为局部世界，并且将所有新节点与这些节点连接，在这个步骤中没有偏好。

（3）在第二时间步长中，将一个新节点和附加 m 条边添加到网络中。

（4）优先连接假设。在所选择的局部世界中的节点范围内选择新添加的 $M = m+1$ 个节点，它们的连接概率如下（选择 m 个节点与它相连接）：

$$\prod(k_i) = \frac{m+1}{m_0+1}\frac{k_i}{\sum_j k_j} \tag{5.13}$$

在每个时间步长之后，网络中的节点总数增加了 1，并且在选择的局部世界中的节点数比前一个步骤中的节点数增加了 1。因此，在时间 t 上，网络节点总数为 $m_0 + t$、局部世界中的节点数量为 $M = m+1$。

其次，利用连续介质理论求解线性增长网络模型在局部世界中的度分布。我们假设第 i 个节点的度 k_i 是连续的随机变量，并且第 i 个节点的度变化率与 $\prod k_i$ 成正比，从而满足动态公式如下：

$$\frac{\partial k_i}{\partial t} = m\prod k_i = m\frac{m+t}{m_0+t}\frac{k_i}{\sum_j k_j} \tag{5.14}$$

每一步我们加入 m 条边，即增加 $2m$ 个度值，于是 $\sum_j k_j = 2mt$，因此得到：

$$\frac{\partial k_i}{\partial t} = m \times \frac{m+t}{m_0+t}\frac{k_i}{2mt} = \frac{(m+t)k_i}{2(m_0+t)t} \tag{5.15}$$

节点 i （度为 k_i ）是在 t_i 时刻进入系统的，且满足初始条件 $k_i(t_i) = m$ ，故式（5.15）的解为

$$k_i(t) = m\left(\frac{t}{t_i}\right)^{\frac{m}{2m_0}} \times \left(\frac{m_0 + t_i}{m_0 + t}\right)^{\frac{m}{2m_0}} \times \left(\frac{m_0 + t}{m_0 + t_i}\right)^{\frac{1}{2}} \tag{5.16}$$

当 $t \to \infty$ 时，可以近似认为

$$\frac{t}{t_i} = \frac{m_0 + t}{m_0 + t_i} \tag{5.17}$$

因此式（5.16）可以写成

$$k_i(t) = m\left(\frac{m_0 + t}{m_0 + t_i}\right)^{\frac{1}{2}} \tag{5.18}$$

我们可以写出度少于 k 的节点的概率：

$$p[k_i(t) < k] = p\left(t_i > \frac{m_0 + t}{k^2} - m_0\right) \tag{5.19}$$

这里是等时间步长地向网络中增加一个节点，则 t_i 值就是一个常数概率密度，即在 t 时刻， $t_i \in [0, t]$ 的分布函数为

$$p(t_i) = \frac{1}{m_0 + t} \tag{5.20}$$

网络中度大于等于 k 的节点的概率可以表示为

$$p[k_i(t) \geqslant k] = p(t_i) \times \left(\frac{\frac{m_0 + t}{k^2} - m_0}{\frac{m^2}{m^2}}\right) = \frac{m^2}{k^2} - \frac{m_0}{m_0 + t} \tag{5.21}$$

而网络中所有节点的概率之和为 1，所以网络中度小于 k 的节点的概率为

$$p[k_i(t) < k] = p\left(t_i > \frac{m_0 + t}{k^2} - m_0\right) = 1 - \frac{m^2}{k^2} + \frac{m_0}{m_0 + t} \tag{5.22}$$

于是得到度分布为

$$p(k) = \frac{\partial p[k_i(t) < k]}{\partial k} = 2m^2 k^{-3} \tag{5.23}$$

通过上面的计算，我们知道在局部世界中线性增长的网络最终会演变成无标度网络，度分布服从幂律分布，幂律指数为 $\gamma = 3$，具有与 BA 模型相同的分布曲线，$p(k)$ 均是随着 k 的增加而下降的递减曲线。

5.1.4　广义随机图

我们发现实际网络与随机网络不同，其度分布通常遵循幂律 $p(k) \approx k^{-\gamma}$，由于幂律没有特征标度，所以这些网络被称为无标度网络（BA 模型）。由于随机网络不能描述实际网络的无标度性质，所以我们需要另外的模型来描述这些系统。一种方法是推广随机图，在度分布给定，但其他方面都随机的情况下构建模型。换句话说，就是在度分布是幂律的情况下，用边随机地连接节点。这种半随机图理论应该同样能回答 Erdos 等及渗透理论提出的问题：存在出现巨集团的阈值吗？集团的大小和拓扑如何演变？何时图变成连通的？另外，我们需要确定这些图的平均路径长度和集聚系数。

发展这一理论的第一步是确定网络大小，能从统计上完整刻画网络性质的其他相关参数。在随机图理论中，这一参数是连接概率，在渗透理论中是边存在的概率[21]。因为在新的图中我们加入的唯一限制条件是度分布遵从幂律，度分布的指数 γ 应该在控制参数中起作用，所以可以通过系统来改变 γ 以研究无标度网络，来看一看 γ 是否存在一个阈值，在这个阈值点网络的重要性质是否有突然的变化。

我们先从一些简单的直觉出发，考虑度分布为 $p(k) \approx k^{-\gamma}$ 的大网络，γ 从 $+\infty$ 减到 0，随着 γ 的减小，由于 $\langle k \rangle \approx k_{\max}^{-\gamma+2}$，其中 $k_{\max} < N$ 是图的最大度，网络的平均度数或总边数会逐渐增加。这与 Erdos 等描述的网络的演化过程非常相似，所以我们预期对于大的 γ，网络由一些孤立的小集团组成，且 γ 存在着一个形成大集团的临界值，在更小的 γ 值下，网络变成完全连通的。

给定度序列的随机图理论是近年来才发展起来的，Janson 和 Luczak[22]给出了一个结果，他们指出，几乎所有给定度分布且没有节点度数小于 2 的随机图都有唯一的一个大集团。Molloy[23]和 Reed 证明，度分布为 $p(k)$ 的随机图，当式（5.24）成立时，几乎一定会出现大集团，其中最大度小于 $N^{1/4}$。Molloy 和 Reed 的方法被 Aiello 等[24]应用到度分布为幂函数的随机图中，其结果与我们上面的估计吻合得非常好。

$$\sum_{k<1} k(k-2)p(k) > 0 \qquad (5.24)$$

1. 无标度随机网络上的阈值

Aiello 等[24]引入了一个两参数随机图模型 $P(\alpha,\gamma)$，定义如下，令 N_k 为度数为 k 的节点数目，$P(\alpha,\gamma)$ 为对所有满足 $N_k = e^{\alpha} k^{-\gamma}$ 的图赋予同样的概率。所以在这个模型中，除了指数 γ，另一个在开始就确定的量不是总节点数，而是度为 1 的节点数。不过注意到图中的最大度是 $e^{\alpha/\gamma}$，图的节点数和边数可以被推导出来。为寻找这一模型中出现大集团的条件，我们将 $P(\alpha,\gamma)$ 代入幂律公式，其解为 $\gamma_0 = 3.47875$，所以当 $\gamma > \gamma_0$ 时随机图几乎可以肯定没有无限大集团，而当 $\gamma < \gamma_0$ 时则几乎肯定有唯一的一个无限大集团。

一个重要的问题是图是否是连续的。当然对于 $\gamma > \gamma_0$，图是不连通的，因为它由不相关的有限集团组成。在 $0 < \gamma < \gamma_0$ 区域，Aiello 等[24]研究第二大集团的大小，发现当 $2 \leqslant \gamma \leqslant \gamma_0$ 时第二大集团的大小为 $\ln N$ 的量级，所以相对来说是小的。但当 $1 < \gamma < 2$ 时，几乎所有度数比 $\ln N$ 大的节点都属于无限大集团，第二大集团大小的量级为 1，即第二大集团的大小在图增加到无限大时不再增加，这意味着在无限大集团中的节点比例在系统大小增加时趋近于 1，图在大小趋近无穷的极限下成为全连通的。最后，当 $0 < \gamma < 1$ 时，图几乎肯定是连通的。

2. 生成函数形式

讨论给定度分布的随机分布图的一般方法是由 Newman、Strogatz 和 Watts 使用生成函数发展起来的。度分布的生成函数为

$$G_0(x) = \sum_{k=0}^{\infty} p(k) x^k \tag{5.25}$$

它包含了 $p(k)$ 中的所有信息，因为

$$p(k) = \frac{1}{k!} \frac{\mathrm{d}^k G_0}{\mathrm{d}x^k} \Big|_{x=0} \tag{5.26}$$

研究一个集团结构的关键量是：一个随机选择的节点的最近的度分布生成函数。这可以通过以下途径得到：随机选择的一条边连接一个度为 k 的节点的概率正比于 $kp(k)$（找到一个有很多连接的节点相对来说更容易些）。如果我们随机选择一个节点，沿着由它发出的每一条边出发，则我们看到的节点将有由 $kp(k)$ 生成的度分布。另外，生成函数应该包含项 x^{k-1} [而不是式（5.25）中的 x^k]，因为我们必须去掉沿着它到达该节点的那条边。所以边的分布由以下函数生成：

$$G_1(x) = \frac{\sum_k kp(k) x^{k-1}}{\sum_k kp(k)} = \frac{1}{\langle k \rangle} G_0'(x) \tag{5.27}$$

最近邻个数的平均值等于图的平均度数：

$$z_1 = \langle k \rangle = \sum_k kp(k) = G_0'(1) \tag{5.28}$$

3. 平均路径长度

推广最近邻个数平均值的计算方法，我们可以得到 m 级近邻的平均个数：

$$z_m = [G_1'(1)]^{m-1} G_1'(1) = \left(\frac{z_2}{z_1}\right)^{m-1} z_1 \tag{5.29}$$

式中，z_1 和 z_2 表示最近邻和次近邻的个数。利用式（5.29），我们可以推导出图的平均路径长度的近似关系。从一个给定的节点出发，确定其最近邻、次近邻、…、m 近邻的个数，假定图中的所有节点都可以在 1 步内达到，则有

$$1 + \sum_{m=1}^{l} n(m) = N \tag{5.30}$$

式中，l 表示起始节点的 m 级近邻的个数。为估计平均路径长度，我们可以将 $n(m)$ 用 z_m 替代，从而得

$$1 + \sum_{m=1}^{l} z_m = N \tag{5.31}$$

对大多数图 $N \gg z_1, z_2 \gg z_1$，可得

$$l = \frac{\ln(N / z_1)}{\ln(z_2 / z_1)} + 1 \tag{5.32}$$

在连通的树图的情况下有更严格的结果，可知度分布为幂律的连通树的平均路径长度标度为 $N^{(\gamma-2)(\gamma-1)}$，其中 γ 为度指数。尽管这一标度关系有不同的函数形式，但当 γ 趋近于 2 时，对系统大小的依赖关系非常弱，实际上与对数关系不可区分。

4. 幂律度分布的随机图

作为生成函数方法的一个应用，Newman、Strogatz 和 Watts 考虑了如下形式的度分布函数：

$$p(k) = Ck^{-\gamma} e^{-k/\gamma}, k \geq 1 \tag{5.33}$$

式中，C 是常数。指数截断出现在一些社会网络和生物网络中，具有对所有 γ 值都能重整化的技术优势，不像在纯幂律情形下，仅对 $\gamma > 2$ 才能做到。常数 C 通过重整化确定，$C = [\text{Li}_\gamma(e^{-1/K})]^{-1}$，其中 $\text{Li}_n(x)$ 是 n 阶多对数，多以度分布，实际上

由两个相互独立的参数——指数 γ 和截断 K 刻画。无限大集团的大小为

$$S = 1 - \frac{\mathrm{Li}_\gamma(u\mathrm{e}^{-1/K})}{\mathrm{Li}_\gamma(\mathrm{e}^{-1/K})} \tag{5.34}$$

式中，u 是方程 $u = \mathrm{Li}_{\gamma-1}(u\mathrm{e}^{-1/K})/[u\mathrm{Li}_{\gamma-1}(\mathrm{e}^{-1/K})]$ 的最小非负实根，对纯幂律分布的图（$K \to \infty$），这一公式变为 $u = \mathrm{Li}_{\gamma-1}(u)/[u\zeta(\gamma-1)]$，其中 $\zeta(x)$ 是 Riemann ζ 函数，对 $\gamma \leq 2$，方程给出 $u = 0$，所以 $S = 1$，这暗含着当 $K \to \infty$ 时，随机选择一个节点，其属于大集团的概率收敛到 1。$\gamma > 2$ 的图绝不会如此，即使对于无限大的 K，这意味着此时图只包含有限集团，即它们是非连通的，这与 Aiello 等[24]的结论相一致。

平均路径长度

$$L = \frac{\ln N + \ln\{\mathrm{Li}_\gamma(\mathrm{e}^{-1/K})/[\mathrm{Li}_{\gamma-1}(\mathrm{e}^{-1/K})]\}}{\ln\{\mathrm{Li}_{\gamma-2}(\mathrm{e}^{-1/K})/[\mathrm{Li}_{\gamma-1}(\mathrm{e}^{-1/K})-1]\}} + 1 \tag{5.35}$$

它在 $K \to \infty$ 的极限下变为

$$L = \frac{\ln N + \ln\{\zeta(\gamma)/[\zeta(\gamma-1)]\}}{\ln\{\zeta(\gamma-2)/[\zeta(\gamma-1)-1]\}} + 1 \tag{5.36}$$

需要注意的是，对于 $\gamma < 3$，式（5.36）没有有限的正实值，表明我们必须为度分布确定一个有限的截断 K 以得到有意义的平均路径长度。式（5.35）和式（5.36）再现了对万维网有限大小标度估计的结果，指出其平均路径长度与大小的关系是对数相关的。

5. 二分图和集聚系数

本章还未对无标度随机图的集聚系数进行计算，如果考虑无标度随机网与 ER 随机网一样，边都是随机分布的，我们可以对其一般特征做一个初步的估计。当网络大小增加时，无标度随机网的集聚系数将趋于 0。然而值得注意的是，一些实际网络如合作网络用二分图才能完全描述。在二分图中，有两类节点，只有不同类的节点之间才会有边相连。例如，演员合作网络实际上是演员-影片二分网的投影，其中两类节点是演员和影片，边连接每一部影片和参演的演员（图 5.8）。同样的方法可以应用到科学家合作网络（这里科学家和文章是两类不同的节点）和新陈代谢网络（节点为酶代谢物和反应）。生成函数方法可以推广到二分网，结果会得到与二分结构有关的非零集聚系数：

$$C = \frac{1}{1 + \dfrac{(u_2 - u_1)(v_2 - v_1)^2}{u_1 v_1(2v_1 - 3v_2 + v_3)}} \tag{5.37}$$

式中，$u_n = \sum_k k^n p_a(k)$；$v_n = \sum_k k^n p_m(k)$。在演员-影片网络中，$p_a(k)$ 代表在 k 部电影中出现的演员的比例，而 $p_m(k)$ 则是出现 k 个演员的电影的比例。

Newman 和 Strogatz 利用几个合作网络中对式（5.37）进行了检验。有些符合得很好，有些与实际网络的集聚系数相差因子 2。所以我们可以这样推断：实际网络中表现出的规律并不单独由网络的定义决定，而且与一些未知的组织原则有关。

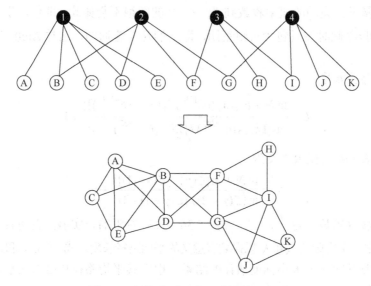

图 5.8　演员-影片网络二分图的示意图

在图 5.8 中有 4 部影片，标号为 1~4；11 个演员，标号为 A~K，边连接每一部影片及其演员，图 5.8 中下面的那幅图给出的是演员间的单节点映射。

5.1.5　加权网络的统计性质

1. 边权的赋予方式

将实际系统抽象为加权网络的过程并不总是简单的节点连接。因此，加权网络研究面临的首要问题是边界权重的赋值方法[25]。边界权重表示个体之间相互作用的强度，包括物理权重和抽象权重。现实情况中有物理权重，如电阻网络边缘的电阻值、Internet 网络的带宽、邮递员问题中的距离问题、航空网络中的里程和座位数、化学反应网络中的反应速率等，以上问题相对容易处理，相关物理量直接作为边界权重。然而，对于包含相似关系、亲密度和其他社会关系的其他网络，必须将两点之间相互作用的一些属性转换为权重。特别是当系统中存在多个层次的相互作用时，必须仔细研究加权方法。在广义合作网中，映射方法可以反映更加丰富的信息，但仍存在一定的局限性，周涛等[26]提出了另一种映射方式，可以保留更多的信息，更加准确地反映系统的原始信息。

此外，应注意的是权重应分为两类：相异权重和相似权重。相异权重与现实生活中的距离一样，权重越大即距离越大，两个点的关系越遥远。而相似权重恰恰相反，权重越大，两个点之间的关系越紧密，距离越小。例如，科学家之间的合作数量可以被看作是一种相似权重，合作越多，两个人之间的关系就越密切。明确相异权重与相似权重对研究加权网络非常关键，在下面关于加权网络最短路径和集聚系数的讨论中，会对此做更为详细的分析。

2. 加权网络上的统计量

加权网络可以由 N 个节点和一组加权边 W 组成的集合 $G = (N, W)$ 来描述。通常，加权邻接矩阵 W 可以用来表示加权网络，其中矩阵元素 $w_{ij}(w_{ij} > 0)$ 表示相邻点之间的边缘权重。通常，相似权重 $w_{ij} \in [0, \infty)$，若 $w_{ij} = 0$，意味着两点之间没有连接；而相异权重 $w_{ij} \in (0, \infty)$，若 $w_{ij} = \infty$，相当于两点之间没有连接。当每个边值相同时，可将其进行归一化，加权网络将退化为无权重网络，即无权重网络是加权网络的特例。在下面的讨论中，邻接矩阵 A 仍然用于描述与加权网络相对应的无权重网络（在顶点 i, j 之间有边时，$a_{ij} = 1$，否则 $a_{ij} = 0$）。显然，加权网络具有特殊的统计性质：边缘权重的分布 $p(w)$，即选择边时，该边的权重出现概率为 w。在此，我们介绍与无权重网络相对应的加权网络中的一些物理特性和统计性质。

1）点强度、强度分布、单位权重和差异性

在加权网络中，与节点度 k_i 相对应的自然推广就是点强度或点权重（vertex weight）s_i，其定义为

$$s_i = \sum_{j \in N_i} w_{ij} \tag{5.38}$$

式中，N_i 表示节点 i 的邻居集合。点强度不仅要考虑节点的邻居数，还要考虑节点与其邻居之间的权重，这是节点局部信息的综合反映。当边权独立于网络的拓扑结构时，点强度与度之间的函数关系为 $s(k) \simeq \langle w \rangle k$，$\langle w \rangle$ 是边权的平均值。当边权与拓扑结构相关时，点强度与度之间的函数关系一般为 $s(k) \simeq Ak^{\beta}$，$\beta = 1$，但 $A \neq \langle w \rangle$ 或 $\beta \neq 1$。基于点强度的学习，我们又引入单位权重（unit weight）U_i，该变量可以更详细地描述顶点的连接情况和权重情况，其定义如下：

$$U_i = \frac{s_i}{k_i} \tag{5.39}$$

式（5.39）表示顶点连接的平均权重。然而，在顶点具有相同的度和点强度，并

且单位权重也相同的前提下，情况可能非常不同。例如，在相同的单位权重的情况下，每个边缘的权重可以接近单位权重 U_i 的值，或者一个边缘或几个边缘的权重具有优势。由顶点连接的边缘上的权重分布的差异 Y_i 可以表示为

$$Y_i = \sum_{j \in N_i} \left[\frac{w_{ij}}{s_i} \right]^2 \tag{5.40}$$

式中，N_i 表示节点 i 的邻居集合。从以上定义可以看出，Y_i 对与顶点 i 连接的边上的权重分布的离散度进行了描述，并且取决于节点度值 k_i。对于顶点 i 的 k_i 条边来说，如果所有权的权重没有太大的不同，则 Y_i 与节点度值 k_i 的倒数成正比；相反，如果仅一个边的权重起主要作用，那么 $Y_i \approx 1$。由定义已知，Y_i 与 k_i 是相关的，因此我们通常更关注具有相同度值的所有顶点 Y_i 的平均值 $Y(k)$。当边缘权重分布均匀且差异较小时，$Y(k) \approx 1/k$；当边缘权重分布差异较大时，$Y(k) \approx 1$，度值与节点无关。

点强度分布函数 $p(s)$ 与度分布函数 $p(k)$ 相似，重点研究了节点具有点强度 s 的概率，将这两种分布结合起来，给出了加权网络的基本统计信息。

2）相关性

通过学习边缘权重和相应的节点强度等概念，为进一步讨论网络中各种相关匹配关系提供了更有利的理论依据。实证研究表明，两个度值为 k 的顶点之间连接的概率往往与 k 有关。条件概率 $k_{nn}(k) = \sum_{k'} k' P(k'|k)$ 可以用来表征这种相关性，但在没有相关性的网络中，$k_{nn}(k)$ 与 k 无关。在实际的统计分析中，通过分析顶点 i 的平均最近邻度可以得到网络的相关匹配特性[25]。

$$k_{nn,i} = \frac{1}{k_i} \sum_{j \in N_i} k_j = \frac{1}{k_i} \sum_{j \in N_i} a_{ij} k_j \tag{5.41}$$

式（5.41）中的求和扩展到顶点 i 的所有一阶邻域，具有所有度值为 k 的顶点的最近邻的平均度可由式（5.41）计算，该式表示为 $k_{nn}(k)$。事实上，如果网络没有度依赖，$k_{nn}(k)$ 为一个常数且是独立的，$k_{nn}(k)$ 由上面的条件概率决定，与 k 没有关系。而针对具有相关性的网络时，$k_{nn}(k)$ 与 k 相关，当 $k_{nn}(k)$ 是 k 的增量函数时，它被称为同向匹配网络，当 $k_{nn}(k)$ 是 k 的减函数时，它被称为负向匹配网络。因此，通过计算 $k_{nn}(k)$ 函数曲线的斜率（或边两端顶点度值的皮尔逊相关系数），可以得到网络度的相关特性。对于同向匹配网络，顶点往往与度数相等的顶点相连；而对于负向匹配网络，度数较低的顶点往往与度数较高的顶点相连。

在加权网络中，上述度值的相关匹配关系的讨论，同样还可以应用在点强度的相关匹配关系的讨论中。类似于式（5.41），节点的加权平均最近邻度可以定义为

$$k_{nn,i}^w = \frac{1}{s_i} \sum_{j \in N_i} a_{ij} w_{ij} k_j \qquad (5.42)$$

式（5.42）主要用归一化权重 w_{ij}/s_i 来计算局部的加权平均最近邻度，它可用来表征加权网络的相关匹配特性。在 $k_{nn,i}^w > k_{nn,i}$ 的情况下，权重越大的边缘趋势与度值越大的节点连接；当 $k_{nn,i}^w < k_{nn,i}$ 时，恰好与之相反。因此，对于相互作用强度（权重）的给定边缘，$k_{nn,i}^w$ 显示了具有不同度值的边缘和顶点之间的亲和性。类似地，可以计算具有度值为 k 的所有节点 $k_{nn,i}^w$ 的平均值 $k_{nn}^w(k)$，该函数的具体形式在考虑了相互作用强度的前提后，给出了网络中的相关匹配关系。

3）加权网络的最短路径

每条边关联的物理距离是加权网络分析的一个重要参数，在 D 维欧氏空间中的网络，两点间直接相连的长度可以看作两点间的欧氏距离。但对于一般的加权网络，没有明确的距离概念，各个边上的距离都可以当作权重的某种函数，此时，权重为相异权重还是相似权重就是关注的重点。对于相异权重而言，两个相连顶点的距离可以直接定义为 $I_{ij} = w_{ij}$，对于相似权重而言，两个相连顶点的距离可以定义为 $I_{ij} = 1/w_{ij}$，也可以采用另外的形式把相似权重转化为距离，如何计算没有直接相连的顶点之间的距离尤为关键。在无权网络中，两点间的最短路径可以定义为经过边数最少的路径，在加权网络中，经过边数最少的路径不一定为两点间的最短距离，是因为在加权网络中，由于每条边权重值的差异，加权网络上的距离通常不再满足三角不等式。假定顶点 i 和顶点 k 通过两条权重分别为 w_{ij} 和 w_{jk} 的边相连，对于相异权重，顶点 i 和顶点 k 之间的距离可以直接取和：$I_{ik} = w_{ij} + w_{jk}$，但是对于相似权重，顶点 i 和顶点 k 之间的距离就必须使用调和平均值：$I_{ik} = w_{ij}w_{jk}/(w_{ij} + w_{jk})$。在这个基础上，任意连续路径的距离值都能获得，然后就可以得到加权网络中任意两点间的最短距离及网络的平均最短距离。对于效率（efficiency）、介数（betweenness）等其他网络的全局统计量，可以在考虑加权最短路径的基础上进行计算。

4）加权网络集聚系数

顶点的集聚系数代表着顶点一级近邻之间的集团性质，顶点的集聚系数越高代表着该顶点近邻之间的联系越紧密。学术界在无权网络集聚系数的研究基础上发展了加权网络集聚系数，如 Barrat 等将加权网络集聚系数定义为[15]

$$C_B^W(i) = \frac{1}{s_i(k_i - 1)} \sum_{j,k} \frac{(w_{ij} + w_{jk})}{2} a_{ij} a_{jk} a_{ki} \qquad (5.43)$$

考虑到三角形三条边上权重的几何平均值，Onnela 等[27]将加权网络集聚系数定义为

$$C_o^W(i) = \frac{1}{k_i(k_i-1)} \sum_{j,k} (w_{ij} w_{jk} w_{ki})^{\frac{1}{3}} \tag{5.44}$$

式中，w_{ij} 可以定义为将网络中的最大权重 $\max w_{ij}$ 标准化之后的数值，但上述定义也不可避免地存在一些问题。

以下是加权网络集聚系数应符合的几个要求：

（1）集聚系数值的范围应为 0～1；

（2）若加权网络退化为无权网络，加权网络的集聚系数应等同于 WS 小世界模型定义的集聚系数；

（3）权重为 0 代表该条边不存在；

（4）一个包含 i 个三条边的三角形；

（5）包含节点 i 的三角形中三条边对 $C^W(i)$ 的贡献应该与边的权重成正比。

基于上述规则，WS 小世界模型中的集聚系数重新定义为

$$C(i) = \frac{\sum_{jk} a_{ij} a_{jk} a_{ki}}{\sum_{jk} a_{ij} a_{ki}} \tag{5.45}$$

根据上述新的集聚系数的定义，考虑到三角形三条边对集聚系数的贡献度，可以得出加权网络的集聚系数：

$$C_H^W(i) = \frac{\sum_{jk} w_{ij} w_{jk} w_{ki}}{\max w_{ij} \sum_{jk} w_{ij} w_{ki}} \tag{5.46}$$

集聚系数体现了顶点近邻之间的集团性质，根据上述的第（3）条要求，此时的权重必定为相似权重，边界权重越大代表着两顶点之间的联系越紧密。通过上述定义，计算出每个节点的集聚系数以后，得到度值为 k 的节点的平均集聚系数 $C^W(k)$ 及网络的平均集聚系数 C^W。

一般而言，式（5.46）应用的前提需要将网络中的最大相似权重归一化，但当我们利用网络的性质预先将相似权重归一化到（0，1]区间时，就能够直接利用权重计算而省略二次归一化的步骤，从而比较不同网络的加权集聚系数。

在以上对最短路径和集聚系数的分析的基础上可以发现，加权网络中相似权重和相异权重的区分非常重要。使用相异权重和相似权重时，距离和集聚系数的计算存在差别。对于相异权重而言，距离可以直接求和，集聚系数的计算必须首先转化为相似权重；对于相似权重而言，可以直接计算集聚系数，但距离必须使用调和平均的计算方法。为了方便统计分析，在处理加权网络时，将相异权重归一化到 $[1,\infty)$ 区间，将相似权重归一化到（0，1]区间，基于此，两种权重之间的转换就可以利用倒数关系实现，并方便计算网络的基本统计性质。

除了上述的基本网络统计量,人们也对其他网络性质在加权网络上进行了推广。例如,Onnela 等[27]提出将图案的分析推广到加权网络上。由于边权增加了刻画系统性质的维数,因此提出相应的概念,研究加权网络上特殊的统计性质仍然是一个重要内容。

5.2　产业集群网络研究

5.2.1　产业集群与复杂网络

产业集群本质上是一个动态的、开放的复杂网络系统,是以资本、技术、合作的契约与协议、企业信誉、人际关系、传统习惯等为纽带联结而成的关系系统,是一个具有复杂网络结构的复杂系统,具有复杂网络的结构特征[28, 29]。由于企业退出和进入,产业集群总是处在一个变化的过程当中,所以集群网络是动态的,而且具有增长性和择优性等典型的复杂网络特性。将复杂网络理论应用于产业集群的研究中,可以抽象出产业集群内部各个主体间的复杂联系,能够更清晰地分析产业集群的演化过程与特征。然而,到目前为止,还仅是利用复杂网络的思想对产业集群进行初步的探索性研究,还没有形成完善的复杂网络分析框架。目前基于复杂网络的产业集群研究主要集中在以下几个方面:

（1）产业集群网络的结构及其演化方面的研究。首先收集实际的统计数据,并建立网络模型,然后通过分析网络的统计学特征来研究集群,这种方法需要大量准确的宏观数据和微观数据,但是实际分析中未全面地收集到信息。另外就是将经典的网络模型如 WS 小世界模型、BA 模型等直接用于产业集群网络的分析中,但由于经典的网络模型的提出不是针对产业集群建模问题的,而网络的动力学过程会受到网络结构特征的高度影响,所以直接将经典的网格模型用于产业集群网络的拓扑分析还存在许多的不足之处[30]。

（2）产业集群的竞争和创新方面的研究。随着产业集群面临的竞争加剧,集群创新体系的不断发展和完善,越来越多的学者利用复杂网络理论,建立产业集群的竞争网络、创新网络,以此来研究集群的竞争机制和创新机制[31, 32]。杨建梅等利用复杂网络建模分析了广州软件企业竞争关系[33]。李金华和孙东川对企业创新网络的演化模型进行研究,对创新网络的拓扑结构进行了定量描述[34]。

（3）产业集群稳定性的研究。近年来,国内的学者开始在复杂网络思想的基础上,进行产业集群网络稳定性方面的研究。李金华通过研究发现,对于随机攻击的抵抗方面,稳定性最好的是无标度型产业集群网络,最差的是随机型产业集群网络;对于有选择性攻击的抵抗方面,稳定性最好的是随机型产业集群网络,最差的是无标度型产业集群网络[35]。

5.2.2　集群网络的定义和组成

产业集群与网络有着密不可分的联系。网络是各个行为主体之间在交换、传递资源活动过程中发生联系时建立的各种关系的总和，网络由行为主体、资源及活动三部分组成。《基于复杂网络理论视角的产业集群网络特征浅析》一文认为，网络是介于企业和市场之间的连续体，是企业间的一种交易制度的安排。因此产业集群都可以认为是一个网络，即产业集群网络，从复杂网络的视角来进行研究，只是不同的产业集群网络，其结构、规模、密度等特征有所不同而已。产业集群网络中还包含各种类型的子网络：从生产合作角度看，集群网络包括产业合作子网络；从知识、技术合作角度看，集群网络包括知识或技术合作子网。产业集群网络可以定义为一定的地域范围内，产业集群中的各类主体（政府、企业等组织及其个人）在各种产业关系及协同创新的基础上，基于共同的社会文化背景，彼此建立的相对稳定的、能够促进创新及产业集群协调稳定发展的各种关系网络。产业集群的形成与演进的过程就是产业集群网络产生和逐步发育成熟的过程，产业集群所处的演进阶段不同，产业集群网络所表现出的特征属性也不同。产业集群网络是产业集群的经济增长与促进知识、技术创新的基础，过于封闭的产业集群网络无法接受外部的创新知识，往往不利于产业集群的成长[36]。

对于不同的产业领域及不同的社会经济环境，产业集群网络之间往往存在较大的特征差异，本书在波特的"钻石"模型及吉博森（Gibson）关于区域创新系统的"三要素六因素"分析的基础上，将构成产业集群网络的主要因素分为以下三类。

（1）企业要素。企业是整个产业集群系统的主要结构要素，决定了产业集聚的生产效率，是产业集群网络中节点自身所具有的集聚吸引力。主要包括企业战略、结构和同业竞争，以及集群中相关及支持性产业。产业集聚成功的前提是企业必须善用本身的条件、管理模式和组织形式，企业的战略目标、技术创新能力及竞争力是产业集聚的动力，保证产业集群的增长速度和集群的可持续发展。而健全的相关及支持性产业的提供是保持集群竞争优势的关键要素。

（2）市场要素。市场要素对应于"钻石"模型中的需求条件，是外部动力为集群网络中的节点带来的集聚吸引力。市场要素最大的贡献是提供了企业发展、持续投资与创新的动力，并在日趋复杂的产业集群网络环境中建立、强化并保持企业的竞争力。快速的市场需求的成长，可以鼓励企业增加投资、引进新科技、更新设备，建立更大型、更有效率的厂房，提高企业及所在集群的竞争力，吸引更多的企业进入集群，保证产业集群健康、快速、稳定地发展；反之，市场需求成长过于缓慢，企业的扩张也趋于保守，担心引进新技术会造成现有设备和人力的闲置，减缓了企业的技术创新步伐，削弱了企业的竞争优势。

（3）环境要素。环境要素是指整个产业集群网络的供应要素，即在生产过程中的投入要素，这里将波特的"钻石"模型中提到的生产要素归为环境要素，包括传统的生产要素、集群的自然资源环境、公共基础设施、各类政策和制度环境等。生产要素如果不能持续地升级和专业化，它对集群的竞争优势就会越来越弱，但过于舒适的环境也有可能造成企业不求进步，反而会产生许多不利的生产要素，阻碍产业集群的成长。另外，资源不足、地理气候恶劣等不利的环境也可能成为刺激企业创新的动力，促进企业利用创新来弥补基础设施、人力资源方面的劣势，有选择性地逐步改善其所面对的不利环境要素，提高资源的利用。

在产业集群的网络结构方面，许多学者对其进行了许多有意义的探索与研究。根据产业集群内部各企业之间连接方式的不同，马库森（Markusen）在 1996 年把产业集群分为马歇尔式产业集群、中心外围集群、卫星平台集群、政府主导集群。根据企业之间的不对称性，Lazerson 和 Lorenzoni 在 1999 年对产业集群中占主导者地位的企业和围绕在其周围的企业进行了区分，将产业集群划分为五类：正式的集群、计划的集群、非正式集群、企业网络、企业群[37]。根据不同产业集群内部的节点和连接方式有所不同，焦豪等从两个互为补充的角度对产业集群进行了分类研究[38]。第一类是基于市场结构的连接模式，将产业集群分为中心-卫星模式、多中心模式和无中心模式。第二类是基于内部成员关联特征的连接模式，将产业集群分为以价值链为主导的连接模式、以竞争合作互动为主导的连接模式，以及以公共性投入和生产要素互享或互补为主导的连接模式。波特的"钻石"模型和克鲁格曼的空间集聚原理强调的都是本地供应链和相关支持性企业网络对产业集聚的重要作用。Belussi 等基于实践的基础，强调组织间网络、信任和社会经济网络的作用，认为网络是一种创建和发展产业集群的有效工具[39]。

5.2.3　集群复杂网络特性

作为一个复杂网络，产业集群的复杂性主要表现在以下三个方面。

1. 产业集群网络节点的复杂性

在产业集群网络中可能存在多种不同类型的节点，企业、政府及一些非营利机构都可以是网络中的节点，而且这些节点都是高度智能化的个体或组织，每个节点本身可能就是具有分叉和混沌等复杂非线性行为的动力系统。

1）产业集群网络中的企业

企业是产业集群网络中最重要的网络主体，主要可以分成供应商企业、竞争企业、用户企业及相关企业等。制造性企业要与供应商、客商、研发机构、金融机构、服务性企业等其他类型的网络主体形成产业集群的网络环境，密切合作，使企业产品设计和制造更加完善，更加适应市场的需求。集群内每个企业在进行产品设计、技术开发、生产、市场营销等活动过程中，通过合资、分包、战略联盟等方式形成长期稳定的产业链，从而形成交易网络、供应商网络、分包商网络等产业集群网络的子网。企业在与研发机构技术合作过程中形成合作子网络或者技术交易子网络。企业与公共机构或中介服务机构合作时形成教育、培训、公共政策扶持等服务子网络。企业依赖于集群网络中的"营养"而发展，产业倾向于在地理上集聚是因为可以利用当地高素质的劳动力、支撑服务、风险投资和供应商。

2）网络中的技术研发机构

技术研发机构是产业集群网络中知识和技术的支撑力量，这些机构的集聚能够促进集群的创新，研发和创新迅速转化为新产品，不但有利于新思想、新知识、新技术在集群网络中扩散，还可以提高教育、培训高技能人才的便利性，促进知识、信息、技术等市场价值的实现。另外，企业技术的进步不仅可以提高企业生产的产品的质量及价格，还可以提高企业的生产效率，提高产品数量，从而提高企业的生产利润。一个产业集群中技术研发机构的参与程度与技术水平的高低，是提高产业集群发展水平、保持集群持续增长和创新的关键因素。

3）政府及公共部门

政府及公共部门虽然不是集群网络中活动的直接参与主体，但是在积极营造集聚区域的发展环境，促进集群网络的形成与创新，在有效规范市场行为及挖掘集群的潜在创新资源方面具有不可替代的作用。政府在网络中扮演行为主体之间的桥梁作用，并积极为集群中的企业营造集群发展所需的有利条件，完善集群网络，使得集群的产品、知识、信息的传递与扩散更加快速、准确和有效。

4）中介机构

中介机构能够促进企业间产业网络的联系及产学研的合作关系，具有服务功能且不以营利为目的，是市场和政府间的纽带及桥梁，在产业集群网络的形成过程中发挥着黏合作用。中介机构一般都具有市场灵活性和公共服务性这两方面特征，在协调与规范企业的市场行为，促进资源的合理配置，帮助政府部门和市场激活资源，增强集聚区的创新活动等方面发挥着重要作用。中介组织的多少、集聚程度，中介组织的服务和发展水平，往往也是衡量一个产业集群发展水平和程度的重要标志。

5）金融机构

集聚区域内存在着各类金融机构，为产业集群中的企业发展壮大及技术创新等提供了充分的资金支撑，资金是一个产业集群内流动性最强、最为活跃的生产要素，受到的空间制约也最小，在产业集群演进的整个过程中，始终支撑着企业的诞生、成长、创新及转型。在发展成熟的产业集群中往往集中了大量的金融机构、创新基金机构、风险投资机构、商业银行及证券机构。这些机构提供的贷款、融资等服务对产业集群的可持续发展具有重要的意义。特别是在高新技术产业集聚区内，风险投资机构为中小企业创业与成长提供的担保基金、种子基金和创业基金等对企业的发展具有的支持作用。

2. 集群网络中节点联系的复杂性

企业及其相关支持产业、机构向同一地理位置集聚，形成产业集群，为企业间的交流合作创造了便利的条件。而这些行为主体通过正式的、非正式的甚至是随机的接触和沟通，不同类型的行为主体建立起复杂的关系网，不同性质的连接形成了结构错综复杂且随机变化的产业集群网络，不断产生节点间的断接或重连及节点的数量变化，并随时间的推进有着明显的变化。此外，这种节点间的连接可能在建立的方式、权重或方向上均不同，同样随着时间不断地变化。从纵向上来看，集群网络的节点之间联系存在供应链关系；从横向上来看，集群网络中的成员之间存在合作和竞争关系；从环境来看，集群网络的成员之间存在服务关系。

3. 网络间影响因素的复杂性

现实中的复杂网络会受到各种各样因素的影响和作用，而各种网络之间也存在密切的联系，不断发生关联和变动。首先，集群网络中的节点和连接存在复杂的相互作用，节点间连接的变化会导致节点在集群网络中的地位也发生相应的变化，同时节点自身的成长同样会对集群网络未来的连接行为产生影响。其次，不同类型的节点构成的不同子网络之间也会产生相互作用。例如，在各个不同的子网络中，经济网络根植于社会网络中，受到社会网络的影响；市场网络是其他子网络的支持及载体。几个子网络交互影响，彼此渗透。

由此可见，集群是具备复杂网络特性的，所以可以将集群抽象为复杂网络，利用复杂网络的方法研究集群的演进。

5.2.4　各演进阶段产业集群网络的发展

同产业集群一样，集群网络也在逐步成长发育，产业集群不断发展的过程代表产业集群网络的演化过程，随着产业集群的不断发展与成熟，网络的构成要素也进一步健全和完善，集群的网络化特征也更加明显[40, 41]。现根据产业集群演进阶段的特性及网络的结构和功能，将产业集群网络演化的阶段性进行如下的划分，并对产业集群网络的发展特征进行分析（图5.9）。

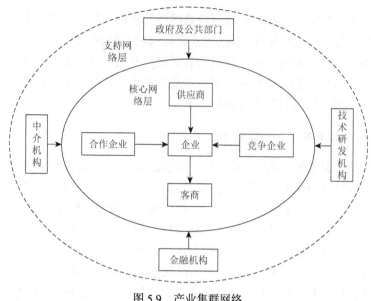

图 5.9　产业集群网络

1）产业集群网络演化的初始阶段

在产业集群网络演化的初始阶段，由于此时产业集群刚刚起步，还只有少量的企业在此集聚，中介机构、技术研发机构等相关支持性机构还很少，企业可能只和其上下游的供应商、客商、代理商等在生产和销售上产生合作。集群的产业链还不够完善，企业间的关系网基本还没有形成，集群的网络要素还没有健全，集群网络中的节点的数目和种类都很少，网络中节点间的联系较弱而且比较单一，集群的网络化特征还不明显。

2）产业集群网络演化的成长阶段

随着集群的发展，大量中小企业出现，这些企业在空间集聚过程中进行了专业化分工，并且随着集群内中小企业持续衍生，企业之间分工进一步细化，专业化水平进一步提高。企业间及企业与集群内其他行为主体间也形成了一定的合作关系，出现了部分中介组织，如行业协会、技术服务中心等，本地政府也大力支持产业的集聚与发展，积极创造利于企业集聚和持续发展的环境，集群中开始出现有较强竞争能力的龙头企业，这时集群网络开始成长起来，集群网络的节点快速增加，节点的多样性及节点间连接的复杂程度增加，并且出现少数企业与集群中的许多其他组织间有大量的连接。在集群网络成长阶段的初期，集群中企业与外部网络的连接还不够密切，主要表现在跨国企业与当地企业有一定的合作，但是跨国企业的本地根植性较差。随着集群网络的不断发展，网络要素进一步完善，企业与本地的研发机构、教育培训机构、公共服务机构及本地竞争企业逐步形成各种较为稳定的网络关系。

3）产业集群网络演化的成熟阶段

在产业集群网络演化的成熟阶段，集群内仍不断有小企业诞生，集群内出现一些在国际上具有高竞争力的大企业，集群内企业与集群外企业的合作与联系日益频繁，不断吸纳世界上先进的知识和技术。集群内企业间及各行为主体之间高度合作，企业与企业之间的产业联系或非经济联系逐渐加强，集群网络日趋成熟，网络要素进一步完善。此时产业集群网络中的节点数目众多，但是新节点的增加速度趋于缓慢，集群网络中的各类网络关系和网络连接逐步确立和加强，网络连接数目众多的节点也有所增加，企业间交易成本大大降低，产业集群网络的各类子网络中都形成了稳定的社会文化环境作为支撑。

4）产业集群网络演化的衰退阶段

随着产业集群走向衰退，产业集群网络也开始进入衰退阶段。集群网络中大量的企业和技术研发机构开始迁出，相关支持性企业和机构等配套环境及创新环境恶化，集群网络无法吸引新鲜力量的注入，各种网络关系开始变弱，网络中的知识、信息不能快速有效地扩散，产业集群网络逐步失去发展活力，走向衰退。

在集群网络发展的过程中，我们要注重产业集群网络的本地化培养，不能过度依赖外来企业的技术和知识，在与集群外部企业尤其是跨国企业合作时，要注重借鉴他们的先进技术和管理经验，加强集群网络中企业的根植性及自主创新能力，从而增强整个网络的创新和活力，保证产业集群网络的持续发展。

5.2.5 复杂网络视角下的集群网络特征刻画

在第 1 章中我们对产业集群的概念、演化规律及一些研究方法做了详细的分析研究，研究发现，产业集群作为一个复杂系统，其规模在不断增长，而其内部各活动主体在建立联系时存在一定的偏好，与 BA 模型所提出的两条重要的演化机制相符，因此我们选取 BA 模型作为基础模型来研究产业集群的演进，并在分析基础模型的基础上建立协聚集模型。从 5.2.2 节的分析可知，企业是集群网络的关键因子，因此将企业作为复杂网络的节点，企业之间通过产品、信息的交流合作联系在一起，将企业间的合作竞争关系抽象为边，建立模型，通过企业网络的结构特征的变化对集群的演进进行分析。本书主要对集群的企业网络进行分析，不考虑企业与其他机构之间的联系及不同企业间联系的强弱（即不考虑连接的权重）。集群中不断加入新的企业，企业根据自身的需要选择合适的企业建立联系，一般而言，新企业偏向于与比较有影响力的企业进行合作，以便更加快速地获取所需资源，当然企业规模及其他一些硬件设施等因素也会影响企业间联系的建立。参照 BA 模型的演化规则对产业集群演化进行仿真，假设初始时刻，集群网络中有 m_0 个企业，随后每隔 t 时间有一个新企业加入集群，并选择集群中 m 个企业建立联系，其中与企业 i 建立联系的概率为 $\prod(k_i) = k_i / \sum_j k_j$，通过模型的网络结构特征分析集群演进过程中的发展变化[42]。

1. 产业集群网络的顶点度分布

复杂网络的顶点度分布描绘的网络中各个节点与其他节点连接数量分布规律，是衡量网络结构的重要性质之一。在产业集群网络中，度分布刻画的是集群中不同经济组织主体如企业、科研机构等与别的主体之间连接数量的分布情况。在集群网络中，顶点度的大小决定该主体在集群网络中的位置，也反映了节点在集群网络中的资源获取能力对整个网络的影响。此外，集群网络的度分布还能看出集群内部各组织之间的联系程度，从另一面也反映了企业利用产业集群进行资源整合的广度。在各种类型的集群网络的子网络中，对于不同连接类型，顶点度也具有不同的实际意义。例如，在产品网络中，度分布反映了集群弹性专精程度；在信息网络中，度分布反映了测度信息网络中知识的外溢程度。集群网络的度分布均值则反映了集群内部集聚的程度，包括信息来源渠道的数量等。影响产业集群网络的度分布的原因有多种，首先是企业的规模，企业的规模是影响企业与群内其他企业联系的重要因素，主要表现在规模较大的企业能够投入更多的资源来开发和维持更多广泛的联系，而规模较小的企业因为受到成本的制约，没有精力开发更多的联系，在产品或信息的来源渠道上也就显得单一；其次企业的类型及经营方式也会影响节点的度分布，如生产外包性企业与其他企业在产品和信息上的联系就较多，而生产高度一体化的企业与集群内其他企业的联系就较少；最后企业在不同时期的战略制定也会影响节点的度分布。

2. 产业集群网络的集聚系数

网络的集聚系数指的是网络中所有节点以自己为中心的密度，也就是衡量整个网络的疏密程度，同时也能反映出网络的连通性和传递性。集群网络的集聚系数代表的是集聚区内不同主体在历史背景、社会文化及经济关系的因素作用下而彼此联系在一起的紧密程度，反映了产业集群内部的群落特征。网络整体的集聚系数越大，意味着群落特征越明显，当集聚系数较大时，网络中企业之间的正式和非正式交流具有较高的水平。在一个集团化程度较高的产业集群，大量的企业节点通过各种关系与供应商、客户及同类企业之间形成紧密而广泛的联系，形成长期的互惠关系，为企业熟悉和了解其他企业和单位提供了可能，便于企业获得普遍存在于其他网络节点的隐性知识，更有利于创新的知识和技术的积累，减少了企业间的机会主义行为，有效地推动了集群内部的企业相互之间的信息交流、知识的传播及自主创新活动的发展。集群网络的集聚系数过高或过低都不利于集群的发展。集聚系数过低，集群的网络结构相对松散，企业间的联系不够紧密，企业获取新知识、新信息及先进技术等资源的机会也就减少，不利于集群的进一步发展。集聚系数过高，产业集群网络中的企业通常就会形成各种派系或小群体，而这些派系或小群体的生成会对集群中企业个体行为形成一定的约束，使得同一派系或群体中企业在产品的技术和生产方面趋于雷同，这会在一定程度上限制这些企业获取到的知识和信息的种类，降低企业对于独特知识的获取能力，最终不利于企业自主创新活动的开展，从而阻碍了产业集群的发展。

3. 产业集群网络的平均路径长度

网络的平均路径长度反映了网络中各节点间连接的平均距离，集群网络的平均路径长度代表的是集群主体之间进行产品、技术、知识及其他各类信息交流所需经过的"路程"的长短，反映了整个网络资源传递和整合的效率。产业集群网络的平均路径长度越长，企业获取资源的成本越高，资源整合的效率就越低；产业集群网络的平均路径长度越短，说明集群网络中各类主体间的"非冗余"连接越多，集群网络的知识、信息等资源的传递时间越短，失真和损失也就越少。产业集群在加强创新等活动促使集群得到进一步发展时，需要获得集群内部的共享知识积累，以及相关信息和人力等资源的支持，因此集群网络的平均路径长度与集群网络的发展密切相关。首先，从企业节点之间的交流来看，平均路径长度较短，表明集群网络中企业节点之间的正式和非正式交流的方式较为便捷，便于企业间的相互合作交流，降低了企业获取资源的成本，使得企业更加迅速地获得外部资源的支持，增强企业实力，从而带动集群发展。其次，从信息和知识的角度来看，在平均路径长度较长的集群网络中，企业与企业之间彼此联系不多，资源获取成本高，不利于最新信息和知识及创新成果在集群网络中扩散。而在平均路径长度较短的集群网络中，企业更容易获取集群中的共享技术、信息及人力等资源，有利于企业进行自主创新和技术的改进，增强集群网络的活力。最后，从网络整体角度看，集群网络的平均路径长度决定了集群网络中节点的共享社会资源的多少。在平均路径长度较短的产业集群网络中，由于成本较低等因素，企业往往同周边企业和单位间存在着较高的交流水平和交流密度，从而增强了彼此间的互信程度。在共同的集群文化环境的推动下，加强了企业与其他相关企业间的联系，增强了产业集群的凝聚力，保证了集群网络的稳定发展。

5.2.6　政府协助下影响产业集群网络发展因素分析

自产业集群的理论出现以来，各国学者就从各个不同角度对产业集群的理论进行丰富和发展。近年来，产业集群内部的政府协调经济活动也越来越受到关注，对政府和产业集群的关系也提出了许多不同的看法。总的来说，政府为产业集群制定各种政策及制度，促进了集群系统的演化，在产业集群的形成和发展过程中发挥积极作用。不过，政府政策对集群的影响力固然可观，但也有它的限制，如果政府政策没有产业集群其他要素相搭配，政府可能就不能成为集群发展的助力，反而可能会阻碍集群的发展。因此，对于产业集群，政府要在干预和放任之间找到适当的平衡关系，不同区域、不同类型、不同时期的产业集群都有着各自的发展路径及特点，政府在行使相关职能协助产业集群发展时，要把握一个准确的功能及干预程度的定位，要尊重客观经济规律，不能盲目营造地方产业集群，而应该促进产业集群更快发展，不断增强集群核心竞争力[43-45]。

在 5.2.2 节对集群网络分析的基础上，我们从集群网络的主要组成要素的角度，将政府的作用分为三个方面：第一，在企业要素方面，政府要积极推动创新要素向集群集聚。虽然成本优势是企业进入集群的直接原因，但持续创新才是产业集群保持竞争力的关键，而创新的高成本投入往往成为中小企业的一大门槛，且由于其高速传播性质，新技术一旦出现，大量企业为追逐利益往往会在短时间内纷纷效仿，从而又使集群回归恶性的成本竞争。因此，政府在鼓励企业自主创新的同时，还必须制定相应的知识产权保护政策，致力营造良好的创新氛围。第二，在市场要素方面，政府要为集群中的企业提供合理的制度环境，预防市场失灵。市场不是万能的，即使它可以在有限的范围内进行资源配置的优化，但多次金融危机的事实也令一向信仰自由市场的西方资本主义国家逐渐意识到，无论是市场的交易规则还是财产权利的保护，都需要政府以法律和制度的形式加以规范，为集群中的企业创造一个公平、公开、有效率的良性竞争环境。第三，在环境要素方面，政府要提供并不断改善公共基础设施。公共基础设施的数量与质量在很大程度上影响着产业集群的扩张潜力，而这也是只有政府才能向市场提供的，如水、电、公路、通信等基础设施和配套设施。良好的基础设施不仅可以提高产业集群的吸引力，也为提高集群效率、推动集群创新打下坚实的基础。另外还要积极推动企业营造软环境，如组织举办论坛、凝练企业文化、引导企业进行自主创新等。

5.3　基于复杂网络的协聚集模型

5.3.1　模型建立思路

在对产业集群的概念、演化规律及一些研究方法做了详细的调查分析以及对复杂网络的基本理论进行分析的基础上，对产业集群网络进行分析研究，为政府协聚集产业集群模型的建立做准备。

产业集群作为一个动态的、开发的系统，具有复杂的网络结构，在集群网络中企业是集群网络的关键因子，所以在建立模型时将企业抽象为集群复杂网络模型的节点，企业之间因为产品、信息的交流合作联系在一起，初始时刻集群网络中有少量的企业节点，在集群发展过程中不断有新的企业加入集群，与集群中的企业产生联系。集群中企业吸引其他企业，建立联系的原因各不相同，对于不同的集群，集群中的企业可能有不同的建立联系的偏好方式，因此提出一些假设模型，并对其进行分析研究，在此基础上构建产业集群协聚集模型。

假设 1：企业在自身的内在吸引力的作用下，吸引其他企业交流合作，建立联系，也就是说，新进企业偏好与那些现阶段发展较好、在集群中与其他企业连接较多的企业建立关系，从中获取自身发展所需要的资源。根据这一假设，一个新企业与集群中企业 i 相连接的概率为

$$\prod(k_i) = \frac{k_i}{\sum_j k_j} \tag{5.47}$$

假设 2：企业的这种偏好连接在各种因素的作用下，择优连接不完全是线性的关系，还会有其他一些重要因素的影响，如政府政策的引导，因此对式（5.47）所示模型进行扩展，一个新企业与集群中企业 i 相连接的概率为

$$\prod(k_i) = \frac{k_i^{\alpha}}{\sum_j k_j^{\alpha}} \tag{5.48}$$

假设 3：这是对假设 1 中的模型的另一种扩展，集群在集聚过程中，企业不完全服从度优先的择优原则，要综合考虑各方面因素，如环境因素，新企业也有可能和集群中与其他企业联系较少的企业建立联系，新企业与集群中企业 i 相连接的概率为

$$\prod(k_i) = \frac{k_i + \alpha}{\sum_j k_j + \alpha} \tag{5.49}$$

在 5.1 节我们已经对度分布、集聚系数及平均路径长度在产业集群中的具体经济含义进行了说明分析，现在以初始时刻有五个企业节点的集群网络为例，对这三个假设模型的特征属性进行分析，这五个企业间的联系是随机分布的，每个时间步长中有一个新企业进入集群，一直增加到 1500 个企业为止，然后对这三个模型的仿真结果进行对比分析。

图 5.10 显示的是当产业集群中的企业个数增加到 1500 个的时候，按三种不同连接方式形成的产业集群网络的度分布情况，从图中可以看出所有模型基本上是服从幂律分布的，大多数节点拥有少量连接，只有个别节点的连接数目众多，

而且有相当一部分的节点的度分布在均值附近，这说明在集群中规模较大的核心企业发展较好，与集群中的多数企业有合作交流关系，在集群中核心企业起到关键性的作用，集群通过核心企业的发展带动其他企业的发展，而且除核心企业外的大部分企业之间的联系保持在一个较为均衡的水平，集群中大部分企业都能够更容易获得普遍存在于其他网络节点的共享资源，更有利于创新的知识和技术的积累，三个假设模型的度分布最终都表现出共同的趋势，说明这些连接方式都在一定演进阶段中才能更好地在集群中发挥作用，随着集群的发展，企业间的交流更加频繁，最终这些因素所带来的集聚效应也不存在太大的差异。比较三个假设模型可以看出，模型2连接数目少的节点的占比最小，说明在政府的调控下，能够更好地带动中小企业的发展，进而促进整个集群的发展。模型3中的连接数目少的节点的占比最大，说明环境要素作为原始吸引力，在吸引新企业建立合作交流关系时起到重要的作用，因此要积极完善集聚区的公共基础设施，建立完整的产业链，塑造集群的区位优势。

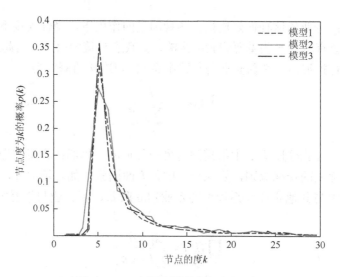

图 5.10　三个假设模型的度分布比较

　　集聚系数反映了产业集群网络中的小群体现象的情况，小群体数目众多或者某个群体的规模较大都可能导致集聚系数过大。图5.11反映的是三个假设模型的集聚系数情况，从图中我们可以看出，在产业集聚的初期，企业刚进入集群，企业间的相互了解还不够，还没有形成紧密的联系，小群体的形成可能性也就更小，因此三个假设模型的集聚系数在开始很小，此时产业集群的网络结构相对而言还远远不够紧密。之后随着产业集群的快速发展，企业间的交流开始增加，集聚系数快速增加到一个很高的水平，说明此时集群中出现小群体现象，集群处在"集

而不群"的状态，还不能真正发挥出集群应有的功能，随后集群的集聚系数逐渐
减小并趋于稳定，并且在较长的一段时间内仍然保持在一个较高的水平，这说明
集群中的小群体数量逐渐减少，集群网络更加通达，更有利于集群中知识、信息
等资源的流通。集群中的企业能更好地利用优势获取所需的资源，并且在较为密
切的交流中，增进企业间的相互了解程度，促进了较为稳定的信息共享与交流的
关系网络的形成。模型 1 的集聚系数变动的幅度最大，衰减的程度也最多，这表
明在度偏好的择优方式下，即在企业自身优势吸引下，自组织形成的集群网络中，
更容易形成小群体，不利于企业间的信息交流，从而阻碍集群的发展。模型 2 的
集聚系数变化的幅度最小，并且相比其他两个模型而言，集聚系数保持在一个较
高的水平，说明在政府的政策等引导因素作用下，能够有效地控制小群体现象，
并且使集群网络的集聚系数保持在一个较高的水平，集群企业间交流合作关系更
为紧密，更有益于集群内部共享信息、知识等资源的扩散。模型 3 的集聚系数也
在一定程度上有所波动，但变化幅度也不是很大，说明环境要素也会在一定程度
上影响小群体现象的形成。

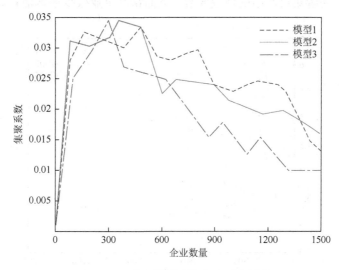

图 5.11　三个假设模型的集聚系数比较

　　产业集群网络的平均路径长度表示的是企业之间进行产品、技术、知识及其
他各类信息交流所需经过的"路程"的长短，反映了整个网络资源传递和整合的
效率，平均路径长度的长短在一定程度上也可以反映企业获取资源需要消耗的成
本。图 5.12 是三个假设模型的平均路径长度，从图中我们可以看出，在集聚的初
期，集群网络的平均路径长度均处在一个较高的水平，随着集群的发展，路径长
度快速地减小，最后逐渐稳定在一个较低的水平，并且在很长一段时间都处于较

低的水平，这些变化表明在集群的萌芽阶段，虽然集群中的企业数量不多，但是由于企业间的相互了解程度还不够，还没有建立起合作关系，企业还是主要依靠以前的合作关系进行发展，也就增加了企业成本的消耗。集群进入成长期以后，集群中企业间的交流开始增加，企业在充分利用集群的地理优势的基础上，与集群内的其他企业建立了广泛的关系网络，形成规模经济，企业能够在集群网络中找到成本较低的资源整合方式，提高资源传递和整合的效率，降低成本。通过比较发现，模型 3 在初期阶段具有最大的平均路径长度，随后快速地下降，这说明将环境要素作为原始吸引力要素考虑的择优连接方式，由于在集群的萌芽阶段，公共基础设施、交通网络还没有完善，集群产业链还不够完整，这些因素在很大程度上增加集群网络资源传递和整合的难度，各类信息交流路径变长，增加了企业获取资源的成本消耗。模型 1 在初期反而具有最小的平均路径长度，说明集聚初期在企业的自组织下，企业可以根据自身的发展需要，自主地选择适合自己的降低成本的路径，但是到了集群发展的后期，这种优势就不再明显了，反而比其他两种方式的成本略高一点。模型 2 平均路径长度说明，在集聚初期，政府可以有目的地实施一些优惠政策，完善集群网络的环境要素，从而帮助企业减少成本消耗。

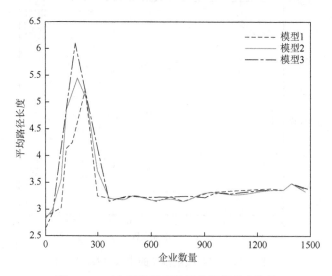

图 5.12　三个假设模型的平均路径长度比较

5.3.2　协聚集模型

因为在传统的 BA 模型中认为越老的节点具有越大的度，然而，在实际网络中许多节点的连接及其增长速度并非只与该节点的存在时间有关，也就因此造成了一些重要信息的丢失，上面三个假设模型中，虽然后两个模型对第一个模型进行了扩展,增加了新企业与关系网络的连接范围较小的企业(即度小的节点)连接可能性,但是发生的概率不大,大多仍然是和在集群中发展较早、连接较多的企业进行连接,而且更重要的是,影响产业集群网络节点联系的因素不是单一的,有多方面因素共同促进的。在 5.2 节中,我们将构成产业集群网络的主要因素分成了三类,政府政策对企业、市场和环境这三个方面因素都会起到作用,尤其是在我国市场经济发展并不完善、市场机制功能不强的情况下,政府的作用更是不可忽视的。因此本书在 BA 模型的基础上引入 PageRank 算法,将这三方面的要素作为参数因子,来度量网络中节点的重要性及其对其他节点吸引力的强弱,以此确定择优连接概率的标准,建立模型,通过对择优程度的适度调整,对网络的增长进行调控,从整体上实现对网络增长的把握。

PageRank 算法是 Google 搜索引擎所使用的一种排序网页文件等级的高效算法,其基本思想是:每个到页面的链接都是对该页面的一次"投票",从其他网页链接到一个网页链接的次数越多,代表着该页面越重要;同时如果一个页面没有被多次引用,但被一个重要网页引用,那么此页面很可能也是重要页面;一个页面的重要性被平均分配并传递到它所引用的页面。PageRank 算法本质上是基于传统的随机游走模型,即用户以概率 p 点击网页上的链接向前浏览其他网页,当用户想结束点击或者它已经没有其他链接可供点击时,则以概率 $1-p$ 在地址栏中输入想要浏览的 UR 地址,跳转其页面继续进行访问。PageRank 算法的公式:

$$\mathrm{PR}(A) = (1-d) + d\left[\sum_{i=1}^{n}\frac{\mathrm{PR}(T_i)}{C(T_i)}\right] \tag{5.50}$$

式中,$\mathrm{PR}(A)$ 为网页 A 的 PageRank 值;$\mathrm{PR}(T_i)$ 为链接到网页 A 的网页 T_i 的 PageRank 值;$C(T_i)$ 为网页 T_i 链接数量;d 为阻尼系数,$0<d<1$,是一个可调参数。当没有网页链接到网页 A 时,$\mathrm{PR}(A)=1-d$,所以 $1-d$ 可以看成是网页自己固有的 PageRank 值。

在集群中,核心企业在不断发展,为适应其发展,需要与集群内其他相关企业建立广泛的联系,新进入集群的企业也会受到实力强的企业的吸引,与之产生联系,政府则通过集群政策影响企业要素,增强企业实力。而且政府对我国市场经济起到很大的调控作用,政府对市场的调控力度不同,企业节点的择优连接的概率也有所变化。因此我们在 PageRank 算法思想的基础上建立协聚集模型,在初始时刻,每个节点的 PageRank 设为 $1-\varepsilon$,新节点与一个已经存在的节点 i 相链接的概率为

$$\prod(i) = \frac{\mathrm{PR}(i)}{\sum_j \mathrm{PR}(j)} \tag{5.51}$$

节点的 PageRank 值的演化更新公式:

$$\begin{pmatrix} PR(1) \\ \vdots \\ PR(i) \end{pmatrix} = (1-\varepsilon) \begin{pmatrix} 1 \\ \vdots \\ 1 \end{pmatrix} + (\varepsilon/m) A_{i \times i} \begin{pmatrix} PR(1) \\ \vdots \\ PR(i) \end{pmatrix} \qquad (5.52)$$

式中，$A_{i \times i}$ 为网络的邻接矩阵；$PR(i)$ 为节点 i 的 PageRank 值，代表了企业的重要性，也反映了企业对于其他企业的吸引力；ε 为系统的可控参数，从之前对 PageRank 算法的分析可知，在 $\varepsilon = 0$ 时，也就是说在没有节点自身之外的调控时，节点的 PageRank 值等于 $1-\varepsilon$，即为节点自身固有的 PageRank 值，对集群而言，它代表的是集群内企业自身对于其他企业的吸引力，所以 $1-\varepsilon$ 代换成 r，将式（5.52）改为

$$\begin{pmatrix} PR(1) \\ \vdots \\ PR(i) \end{pmatrix} = r \begin{pmatrix} 1 \\ \vdots \\ 1 \end{pmatrix} + (\varepsilon/m) A_{i \times i} \begin{pmatrix} PR(1) \\ \vdots \\ PR(i) \end{pmatrix} \qquad (5.53)$$

式中，$A_{i \times i}$ 为网络的邻接矩阵，矩阵中的元素 a_{ij} 表示企业之间是否有联系，企业间有联系则 $a_{ij} = 1$，否则 $a_{ij} = 0$；r 表示在企业要素的影响下，集群中企业间相互吸引的内在动力，反映企业要素对集群网络中企业连接概率的影响，政府通过各种政策影响企业要素，提高集群中企业的吸引力，尤其是积极推动创新要素向集群集聚；ε 表示通过企业外部的调控影响企业对其他企业的吸引力，主要反映了政府调控下市场要素对集群网络中企业连接概率的影响。若 $\varepsilon \approx 0$，说明该地区市场自发地进行组织和调控，政府几乎未对市场采取调控手段或政府的政策措施基本无效；若 $\varepsilon > 0$，这时说明市场在一定程度上受政府的调控，随着 ε 的增大，说明政府增加了对市场的调控力度。

另外，在产业集聚的过程中，既然有产业高度集聚的发达地区，也一定会有经济欠发达地区，集聚区的人文环境、地理位置、资源等环境要素都是吸引企业的重要因素，以此将模型修正为

$$\prod(i) = \frac{PR(i) + \alpha}{\sum_j PR(j) + \alpha} \qquad (5.54)$$

式中，α 表示原始吸引强度，这里将其设定为环境要素的吸引强度。政府通过各项政策改善区域的环境，以此吸引更多的企业，如集聚区的基本设施及政府服务的完善、引进培养人才等。

5.3.3　模型分析

通过对模型的不同参数进行仿真，研究模型演化过程中的变化，分析各阶段

的集聚发展状况及不同参数对集聚的影响，以此找出各阶段政府在某方面的调控会对集聚产生怎样的影响。

通过对图 5.13～图 5.15 进行比较分析，可以看出在政府协助下集群网络中企业要素、市场要素、环境要素对集群网络的影响。在图 5.13 中参数 $\alpha = \varepsilon = 0$，说明政府对市场要素、环境要素两方面没有进行协助、调控，这两个要素对集群中企业间的相互吸引没有产生贡献，企业在自身要素的相互吸引下产生联系，从图中可以看出，度分布呈一定的弧状分布，不完全服从幂律分布，而且进入网络时间久的节点比进入网络时间短的节点与其他节点的连接概率低，而且随着 r 的增大，网络的度分布更加集中，度非常大的节点占比减少，连接更加均衡，说明在企业自身的内在动力的推动下，企业在一定程度上进行随机的自组织，而且企业通过自身的战略调整等方式提高企业要素，尤其是促进创新要素，能够在一定程度上促进集群中非核心企业的发展，使集群的中小企业也有可能建立较为广泛的联系，保障集群中大部分企业都能享受集群的地理位置及经济上的优势，使企业更加方便地获得集群网络中的共享资源，促进自身的发展。图 5.14 中分别对 ε 取了不同的值进行比较分析，反映的是加入市场的调控因素后，在政府协助下，企业要素和市场要素共同作用对集群内部企业之间建立连接关系的影响，图中随着 ε 的不断变化，节点的度分布开始满足幂律分布，随着 ε 的增大，一些节点度非常大的节点在网络中出现，加剧了节点度的分化程度，说明在政府的调控下，巩固集群中企业的市场基础，提升集群网络的市场要素，能够在一定程度上解决市场失灵，降低企业间连接的随机性，企业在政府政策的引导下，有意识地选择最适合自己的发展方式和合作企业，择优建立联系，从而满足集群网络发展及实现集群规模经济的需要。但是当政府的调控过大，容易造成政府失灵，核心企业为了保持优势，扩大市场占有率，就会想尽办法获得政府协助，借助政府的力量给集群中其他企业的发展设置障碍，阻碍其他企业对集群网络中资源的获取，形成垄断，造成集群资源配置的效率过低，使得调控效果远远偏离原先的目标，从而阻碍集群的发展。图 5.15 反映的是环境要素对集群中企业间连接关系建立的影响，从图中可以看出，加入环境要素之后，集群网络中顶点度大的节点的占比有所减少，节点度的均值附近的节点更多、更集中，而且节点的两极分化程度有所降低，这说明良好的环境要素对产业集群的发展及提高企业的竞争力具有重要的意义，政府通过完善集聚区的基础设施（如交通网络、通信网络），建立和健全各类配套的市场硬件设施及相关支持机构，更加方便企业顺利进行产品、信息等资源的交流，集群中大部分的企业都能够建立起较为广泛的联系，保证集群中企业较为均衡地发展，在一定程度上控制了市场混乱和政府失灵对集群发展造成的不良影响。

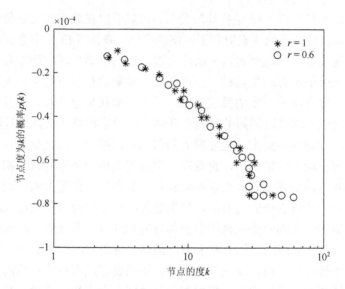

图 5.13　参数 r 对集群网络度分布影响

节点总数 $N=2500$；初始节点数 $m_0=5$，　$\alpha=\varepsilon=0$

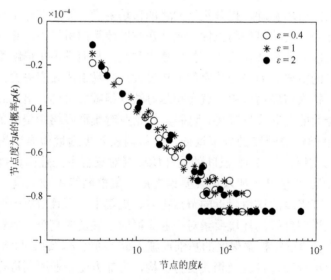

图 5.14　参数 ε 对集群网络度分布影响

节点总数 $N=2500$；初始节点数 $m_0=5$，$r=0.6$，　$\alpha=0$

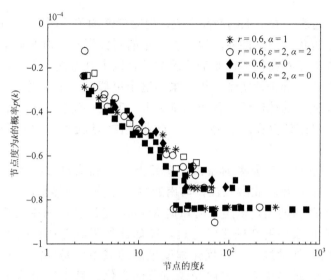

图 5.15　参数 α 对集群网络度分布影响

节点总数 $N = 2500$；初始节点数 $m_0 = 5$

　　在基于扩展的 BA 模型的基础上建立了协聚集模型，以便更好地分析集群在政府的协助下产业集群各个演进阶段的特征及发展动态。并对传统的 BA 模型以及一些简单的扩展模型进行对比分析，在这些模型中越老的节点拥有的连接越多，企业节点的连接数目及其增长速度基本只与该企业在集群网络中的存在时间有关，因此也就造成了一些重要信息的丢失。而且更重要的是，影响产业集群网络节点联系的因素不是单一的，有多方面因素共同促进的，经过分析，我们将政府协助集群网络发展的因素分成了三类，作为协聚集模型的参数来衡量企业节点的重要性及对其他企业的吸引力的强弱，然后从网络的特征指标的变化情况分析集群的发展状况。

5.4　基于复杂网络的协聚集模型实证分析

5.4.1　研究对象的选择

　　本书是对产业集群演进的相关问题进行研究，所以为了研究产业集群在各个演进阶段的发展状况和方式，以及各阶段政府对产业集群的协助作用，就需要选取具有比较久的发展历程或发展时间不是特别长但发展十分迅速的产业集群，而且在集群中，企业间的相互联系较为密切，企业与集群中的其他企业通过信息交流沟通及产业链上的产品交流，建立广泛的关系网络，形成集群网络，这样才能为分析集群发展的各阶段提供大量的研究资料。对产业集群整个生命周期数据的收集是存在很多困难的，因此综合以上几方面因素，本书选取苏州市电子信息产业集群进行实证分析，虽然这个集群是一个新兴的产业集群，但在苏州市得天独厚的地理区位优势的基础上，其发展迅猛、发展状况良好，因此选择这个集群来研究在政府协助下，产业集群演进过程中各阶段集群的发展状况及特征。

　　苏州是江苏省人口最多的城市，东邻上海，濒临东海；西抱太湖，背靠无锡，隔湖遥望常州；北濒长江，与南通隔江相望；南接浙江，与嘉兴接壤，所辖太湖水面紧邻湖州，东距上海市区 81km，是江苏的东南门户、上海的咽喉、苏中和苏北通往浙江的必经之地。在如此得天独厚的区位优势下，苏州成为江苏省经济总量最大、现代化程度最高的城市，是经济、对外贸易、工商业和物流、交通的中心，同时也是重要的文化、艺术的交流中心，有良好的教育基础。

　　当今社会，数字化技术成为信息技术的发展趋势，为信息技术增添了新活力，加速了信息技术的发展。受信息技术快速发展的刺激，电子市场也在快速增长，呈现出新的发展趋势，不同技术的相互作用和渗透使产品之间的界限越来越模糊。多媒体和数字化技术的发展进一步促进了计算机、电视和其他相关电子产品在功能等方面的整合，新产品类别不断涌现，以扩大市场需求。随着国内需求的扩大和人民生活水平的提高，政府积极推动经济增长方式的转变，为电子信息产业带来了难得的机遇。经过几十年的快速发展，苏州市已成为国内重要的电子信息产业基地之一。优越的地理位置，丰富且优质的人力资源，完善的产业链及合理高效的政府服务体系，使苏州市电子信息产业发展迅速，始终保持竞争优势。

　　近年来，电子信息产业的发展状况受到苏州市政府重点关注，大力扶持电子信息产业的发展、加快信息化战略的实施，从而带动工业化的发展、优化产业结构，使得经济增长质量得到提升，联系苏州市实际，推进适合苏州市的新型工业化进程。目前，电子信息产业占苏州市工业总规模的 1/3，已经成为第一大支柱性产业，促进了全市工业生产总值增长。截至 2009 年，苏州市拥有 6 个省级的电子信息产业基地：苏州工业园区、苏州高新区、吴江经济技术开发区、昆山经济技术开发区、常熟东南经济开发区、吴中经济技术开发区。各个集聚区抓住机遇，积极促进产业的集聚，形成了集成电路、电子产品及计算机外部设备、光电子、计算机及笔记本电脑、线路板、基础零部件等产业链较为完善的、特色突出的产业集群。苏州市电子信息产品超过 90%的制造量都集中在这些集聚区。截至 2009 年 9 月，苏州市电子信息产业规模以上企业就创造了 5815.95 亿元的生产总值，同比增长 11.41%；出口交货总值达到 4481.80 亿元，同比增长 11.57%。到 2011 年，实现产品销售总值 10000 亿元，外贸出口稳定，保持了其第一大支柱性产业的地位。重点加强数字技术、微电子技术、网络技术等关键技术的发展，提升了集群整体的技术水平，而日益完善的技术创新体系使得集群的自主创新能力得到明显的提升。苏州市政府进一步推进产业结构的调整进程，将提升软件产业及信息服务业在整个信息产业总量中的占比作为重点。培育一批具有国际竞争力的本土电子信息产业集群，将苏州市国家电子信息产业基地初步建成为全球重要的信息技术研发基地、信息产品制造和出口基地。

虽然从全国来看，或从全省来看，苏州市电子信息产业在规模上有一定的份额，但总体而言，产业集群的发展仍处于产业链的低端，大部分高端产品和技术属于外资企业。外资的引入尚未完全形成资本向技术的良性转移，核心技术仍掌握在外国投资者手中，本土企业缺乏具有自主知识产权的核心技术，竞争力强和品牌优势较强的大公司数量较少。较高程度的出口导向也使得工业发展高度依赖于国际市场，这对集群产生了明显冲击。同时，作为制造业的后续配套产业，软件产业发展相对滞后，软件开发和集成电路设计企业规模小，对电子信息产品制造业的高速增长有一定的制约影响。

目前，我国产业集群还处在发展的初级阶段，还主要是集中在低成本优势的发展，还没有形成以自主创新、区域品牌为核心的竞争优势。全球化进程的加快使得集群面临更加激烈的竞争，政府要进行正确引导，协助产业集群进行产业调整和升级转换，避免集群的衰退消亡造成地方经济的后退。在苏州市电子信息产业集群的发展过程中，苏州市政府起到关键性的引导作用，积极制定一系列的宏观调控政策，利用相关优惠政策进行招商引资，引进国内外知名企业先进的技术与管理理念加以吸收，加大自主创新力度，振兴产业集群，提升集群竞争力。

5.4.2　复杂网络模型在产业集群中的实证分析

利用复杂网络模型对苏州市电子信息产业集群进行仿真，分析集群网络的特征指标，从而分析集群演化过程中的发展状况。从分析的结果看，模型能够较客观地反映产业集群演化过程中的网络特征，为研究者提供了一种直观的分析产业集群的方法，同时能够对产业集群的演化发展起到一定的预测功能。

5.4.3　实证结论分析

由图 5.16 和图 5.17 可以看出在集群发展的初始阶段，集群的集聚系数和平均路径长度都快速地上升至一个较高值，这主要是因为在萌芽阶段，集群中企业的数目不多，企业之间的了解还不够，苏州市作为国内兴办地方电子工业较早的一个城市，1979 年中共中央工作会议精神和积极开放、振兴经济的政策，促进了苏州市电子信息产业的发展。国务院对苏州市内部行政级别的改动激活了苏州市的整体经济发展，促进了电子信息产业的发展。特别是 1985 年以后，乡镇经营的电子企业像雨后蘑菇一样兴起，并受益于良好的地理位置优势。苏州是中国第一批利用外商联系点的城市，在早期阶段，利用外资的主要方式是外部加工装配及小额补偿贸易，规模较小，企业主要处理来自集群外部的外包业务，集群内部还没有形成广泛的交流合作，形成了一定的小集团现象。20 世纪 90 年代初，苏州市电子信息企业也经历了一系列的变化，如合并、停产等，剩下的电子信息企业并不多。随着苏州市乡镇企业模式的终结，苏州市电子信息产业迎来了一个新的发展阶段。到 1994 年，国家开始规范和调控过热的经济发展态势，与此同时，市场供需关系也从卖方市场全面转变为买方市场，以乡镇企业为主体的电子信息产业发展模式，被国外直接投资企业所取代，而国外直接投资企业主要分布在工业园区内，苏州市先后开发和建立了 5 个国家级和 11 个省级开发区，其中昆山经济技术开发区、吴江经济技术开发区、苏州高新区和苏州工业园区四大信息产业集群开发区已初具规模，新的产业空间承担着国际电子信息制造业的转移，中国台湾和日本的大量企业进驻苏州市。

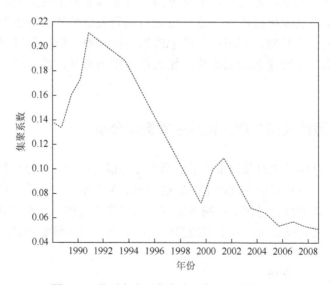

图 5.16　苏州市电子信息产业集群的集聚系数

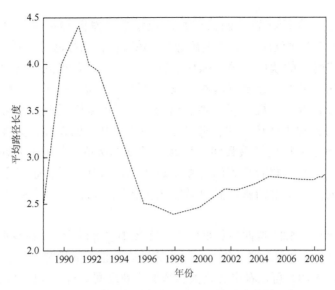

图 5.17　苏州市电子信息产业集群的平均路径长度

　　虽然集群中企业数量快速增加,但外商牢牢把控着核心技术,不利于知识、信息等资源在整个集群网络中的扩散,一定程度上限制了企业间的交流合作,进一步加剧了小集团现象。另外,由于外商企业的根植性差,企业的数量也有所波动,而本土企业过度依赖于外来企业,使得企业在自主创新方面做得还不够好。为了集群及企业自身的发展,一方面政府积极进行具有国际竞争力的本土电子信息企业集团的扶植和培育;另一方面为了生存和发展,企业间开始加强交流合作,集群网络的资源整合和扩散的渠道也渐渐拓宽。所以 1994 年后集聚系数和平均路径长度都大幅下降,在这个过程中曲线有所波动是因为政府及企业都处于一个学习的过程,政府不断调整政策方向及调控力度,寻找最合理的政策来促进集群的发展,同时企业也在不断地加深相互了解,寻找最合适的合作交流对象,建立广泛的关系网络。近几年苏州市政府大力发展相关配套产业,完善产业链,激励企业的自主创新,完善和加强政府服务,研究制定相关法律法规来规范信息市场,保障信息安全,制定政策来鼓励信息产业的发展,引导人才、社会资本、先进技术流向产业集群,形成促进产业发展的政策法规体系,在不断完善公共基础设施的同时,要加快公共技术平台、金融机构、专业人才培养机构和技术交易市场的建设,形成符合国际标准的管理模式和创业环境。进一步加强电子信息产业协会建设,积极发展信息咨询、律师、公证、会计、金融保险等中介机构,为集群创造良好的发展环境。2004 年,苏州市成为全国首批九大信息产业基地之一,依靠多个国家级和省级开发区的优惠政策及"亲商、安商、富商"和"零障碍、低成本、高效率"的政府服务理念,行政审批体系已与国际接轨，四大信息产业集群开发区都实施了"一站式"服务，政府加强了人才供应和基础设施建设，采取完善法律法规等措施，营造"亲商、安商、富商"的软硬环境，强化了苏州市信息产业集群功能的自我演化能力。截至 2006 年底，苏州市基本形成了"四纵八横、一环十二射"的高等级公路网。凭借其庞大的规模和完善的结构，苏州市或附近地区都可获得信息产业发展所需的各种生产环节和主要技术。经过这几年的发展，集群网络开始走向稳定，2004 年以后集聚系数和平均路径长度都保持较低的值稳步发展，没有大幅的波动。企业在政府政策的协助下逐步拓展合作关系，企业之间形成较为稳定的关系网络，集群的资源整合效率大大提高，形成一个高效而稳定的关系网络。

从图 5.18～图 5.21 这四幅集群的度分布图中也可以看出，在集群发展的初始阶段，集群中企业之间的联系很少，而且这种联系也不够稳定，从集群 1989 年的度分布图（图 5.18）可以看出，绝大多数的企业之间拥有很少的连接，甚至有相当一部分的企业还是孤立的，没有与集群内的其他企业进行交流，这是因为刚开始集群中企业的规模还很小，企业主要处理来自集群外部的外包业务，集群内部的联系反而不多。从 1996 年开始集群开始快速成长，从图 5.19 中可以看出集群中企业之间的联系开始加强，度很小的节点的比例大幅减少，节点的平均度有所提高。在政府政策扶持下，龙头企业快速发展起来，并且带动集群中其他企业的发展，政府不断改善集群企业的发展环境，企业之间频繁接触，联系日益密切，集聚经济的优势也渐渐形成并显现。在政府的政策鼓励下，企业的创新能力日益提高，集群内专业化分工也渐渐完善，集群内企业也渐渐拥有各自熟悉的合作伙伴，集群的关系网络相对稳定下来。由图 5.20 和图 5.21 可以看出，2004 年以来，集群中孤立的企业节点的比例已经只占小部分了，联系广泛的企业的数目逐渐扩大，大多数的企业都能享受集聚经济的优势，这说明苏州市电子信息产业集群进入相对稳定的阶段，经过长期的磨合和学习，政府找到自己合适的定位，制定合理的政策促进集群的发展，而企业也形成了相对稳定的关系网络，根据发展环境的变化逐步进行合作对象的优化。

结合 5.3 节的分析情况可以看出，处在萌芽及成长阶段的产业集群，尽管劳动力充足，但由于集群才刚刚发展起来，产业发展仍处于产业链低端，资本还不够充足，创新能力不足，区域品牌和网络协作等优势也未得到完善，所以在各方面都还有所欠缺，因此政府要加大固定资产投资，为集聚的发展提供资本支撑，同时加大基础设施建设投入，改善集群环境、保持区位优势以吸引更多的企业进入集群，同时还要加大科研投入和外资投入，引进新型技术的同时提高企业的创新能力，政府在通过税收等政策优惠招商引资的同时，要注重企业的本地化培育，因为如果投资企业的根植性差，不能融入集群的产业链中，很容易就向条件好的地方转移，而集群过度依赖外来企业，会逐渐丧失自主创新能力，阻碍集群发展。成熟阶段的产业集聚发展稳定，松弛变量的变动也很少，这一阶段政府要引导企业为未来升级做好准备，要做好集群网络的维系，健全法律法规，保障企业的创新等活动获得应有的回报，防止道德风险、机会主义等行为导致集群知识溢出及群体学习优势的丧失、造成网络成本的增加，以保证网络的高效运作。而且由于集群已经形成了较为稳定的紧密的网络关系，内部互动频繁，容易造成路径依赖，政府要利用集群区独特的区位优势及相关资源，建立各种组织机构，通过举办各种展示会、交流会等，为集群内企业与外部组织的交流提供平台，促进集群与外部环境充分联系，防止集群故步自封，一定程度上减缓集群进入衰退阶段。衰退阶段的松弛变量的变动虽没有成长阶段的多，但是还是有很多方面需要政府的支持，要为集群的升级提供资本后盾，同时还要继续鼓励企业创新，为企业提供先进的技术方面的支持，开拓国际市场。总的来说，政府要以集群的整体发展为导向，充分考虑各方面要素对集群网络发展的影响，以此来制定相关政策，优化集群各主体之间的联系，集群内的企业借助集群网络加快自身发展，使集群能够保持竞争优势，保证集群的持续、健康、稳定的发展。

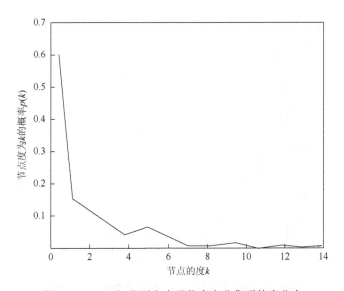

图 5.18　1989 年苏州市电子信息产业集群的度分布

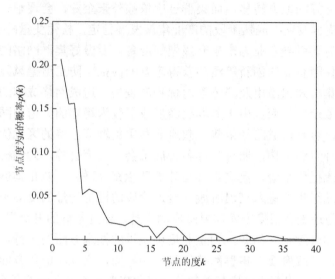

图 5.19　1996 年苏州市电子信息产业集群的度分布

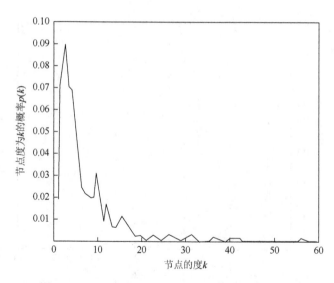

图 5.20　2004 年苏州市电子信息产业集群的度分布

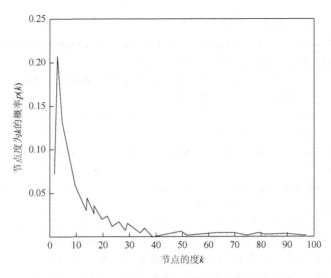

图 5.21　2009 年苏州市电子信息产业集群的度分布

参 考 文 献

[1]　刘涛，陈忠，陈晓荣. 复杂网络理论及其应用研究概述[J]. 系统工程，2005，(6)：1-7.

[2]　郭雷，许晓鸣. 复杂网络[M]. 上海：上海科技教育出版社，2006.

[3]　Newman M E J，Watts D J. Renormalization group analysis of the small-world network model [J]. Physics Letters A，1999，263 (4-6)：341-346.

[4]　Callaway D S，Newman M E，Strogatz S H，et al. Network robustness and fragility：Percolation on random graphs[J]. Physical Review Letters，2000，85 (25)：5468-5471.

[5]　Watts D J，Strogatz S H. Collective dynamics of small-world networks[J]. Nature，1998，393 (6684)：440-442.

[6]　Aabed M A，Alregib G. Statistical modeling of social networks activities[C]// IEEE International Conference on Emerging Signal Processing Applications，2012.

[7]　del Val E，Rebollo M，Botti V. Self-Organized Service Management in Social Systems [C]//45th Hawaii International Conference on System Science. IEEE Computer Society，2012.

[8]　Cassi L，Zirulia L. The opportunity cost of social relations：On the effectiveness of small worlds[J]. Journal of Evolutionary Economics，2008，18 (1)：77-101.

[9]　Kleinberg J. Complex networks and decentralized search algorithms[C]// The International Congress of Mathematicians (ICM)，2006.

[10]　Barabasi A L，Albert R，Jeong H. Mean-field theory for scale-free random networks[J]. Physica A，1999，272 (1-2)：173-187.

[11]　Liu Z H，Lai Y C，Ye N，et al. Connectivity distribution and attack tolerance of general networks with both preferential and random attachments [J]. Physics Letters A. 2002，303 (5-6)：337-344.

[12]　Song H，Gao J J，Guo C F，et al. BA extended model based on the competition factors[C]// Workshop on Power Electronics and Intelligent Transportation System (PEITS)，2008.

[13]　Almaas E，Kovács B，Vicsek T，et al. Global organization of metabolic fluxes in the bacterium *Escherichia coli*[J].

Nature，2004，427（6977）：839-843.

[14]　Dezsö Z，Almaas E，Lukács A，et al. Dynamics of information access on the web [J]. Physical Review E Statistical Nonlinear and Soft Matter Physics，2006，73（6）：066132.

[15]　Barrat A，Barthélemy M，Pastor-satorras R，et al. The architecture of complex weighted networks[J]. Proc. Natl. Acad. Sci. U.S.A.，2004，101（11）：3747-3752.

[16]　Guo C H，Zhang L. An improved BA model based on the pagerank algorithm[C]//Wireless Communications，Networking and Mobile Computing，2008.

[17]　Erdos P，Renyi A. Publications of the mathematical institute of the hungarian academy of sciences[J]. Graph Theory，1956.

[18]　Bianconi A. Feshbach shape resonance in multiband superconductivity in heterostructures [J]. Journal of Superconductivity，2005，18（5-6）：625-636.

[19]　Rodgers G M，Taylor R N，Roberts J M. Preeclampsia is associated with a serum factor cytotoxic to human endothelial cells [J]. American Journal of Obstetrics and Gynecology，1988，159（4）：908-914.

[20]　赵士元. 一种 BA 网络的教学研究扩展模型[J]. 当代教育实践与教学研究，2015，（8）：175.

[21]　毕伟. 具有随机顶点权重的广义随机图的极限定理[D]. 合肥：中国科学技术大学，2014.

[22]　Janson S，Luczak M J. A simple solution to the k-core problem [J]. Random Structures and Algorithms，2010，30（1-2）：50-62.

[23]　Molloy M K. Performance analysis using stochastic petri nets [J]. IEEE Transactions on Computers，2006，C-31（9）：913-917.

[24]　Aiello W G，Freedman H I，Wu J. Analysis of a model representing stage-structured population growth with state-dependent time delay [J]. Siam Journal on Applied Mathematics，1992，52（3）：855-869.

[25]　田亮. 复杂网络的统计性质及其上动力学分析[D]. 南京：南京航空航天大学，2012.

[26]　周涛，柏文洁，汪秉宏，等. 复杂网络研究概述[J]. 物理，2005，34（1）：31-36.

[27]　Onnela J P，Saramäki J，Hyvönen J，et al. Structure and Tie Strengths in Mobile Communication Networks[J]. Proc. Natl. Acad. Sci. U.S.A.，2007，104（18）：7332-7336.

[28]　何海燕，舒波. 产业集群复杂网络应用研究框架与展望[J]. 系统科学学报，2012，20（4）：61-64.

[29]　王鑫鑫，肖杰超，颜加勇. 产业集群网络结构演化过程与特征研究——以东湖高新技术产业集群为例[J]. 科技和产业，2014，14（1）：16-19 + 154.

[30]　范如国，许烨. 基于复杂网络的产业集群演化及其治理研究[J]. 技术经济，2008，（9）：76-81.

[31]　张永安，王甲. 基于复杂网络视角集群创新网络研究进展与评述[J]. 生产力研究，2009，（18）：193-196.

[32]　王发明，刘传庚. 基于复杂网络视角的产业集群风险研究[J]. 商业研究，2009，（11）：66-70.

[33]　杨建梅，后锐，欧瑞秋. 产业竞争关系复杂网络及高技术产业网络[J]. 复杂系统与复杂性科学，2010，7(2-3)：120-131.

[34]　李金华，孙东川. 创新网络的结构与行为研究框架[J]. 科技进步与对策，2005，（8）：8-11.

[35]　李金华. 基于复杂网络理论视角的产业集群网络特征浅析[J]. 江苏商论，2007，（1）：46-47.

[36]　马珊珊. 产业集群创新网络研究[D]. 天津：天津大学，2014.

[37]　Lazerson M H，Lorenzoni G. The firms that feed industrial districts: A return to the Italian source[J]. Industrial and Corporate Change，1999，8（2）：235-266.

[38]　焦豪，魏江，崔瑜. 企业动态能力构建路径分析：基于创业导向和组织学习的视角[J]. 管理世界，2008（4）：91-106.

[39]　Belussi A，Catania B，Bertino E. A reference framework for integrating multiple representations of geographical

maps [C]// International Symposium on ACM-GIS，2003：33-40.

[40]　韩莹，陈国宏，梁娟. 产业集群网络结构演化研究[J]. 科技管理研究，2015，35（14）：153-159.

[41]　黄晓，胡汉辉，于斌斌. 产业集群式转移中新集群网络的建构与演化——理论与实证[J].科学学研究，2015，33（4）：539-548.

[42]　胡平，周森，温春龙. 产业集群网络特征与创新活跃性的关系研究[J]. 中国科技论坛，2012，（10）：10-16，57.

[43]　刘晶. 产业集群形成中的政府行为探析[J]. 商业时代，2007，（30）：92-93.

[44]　缪进. 基于复杂网络的产业集群演进及政府作用研究[D]. 南京：南京信息工程大学，2012.

[45]　孟斌斌，李湘黔. 产业集群、集群网络分析与经济结构调整——湖南省产业集群的实证分析[J]. 工业技术经济，2012，31（9）：80-91.

第6章　基于微粒群算法的产业集群建模

6.1　微粒群算法研究

6.1.1　微粒群算法原理

微粒群算法（又称粒子群优化，particle swarm optimization，简称 PSO）是由美国社会心理学家詹姆斯·肯尼迪（James Kennedy）和电气工程师拉塞尔·埃伯哈特（Russell Eberhart）于 1995 年提出的一种群体智能算法，来源于生物学家弗兰克·赫普纳（Frank Heppner）的生物群体模型；是一种效果明显的基于自组织的寻优算法[1-3]。微粒群算法具有结构简单、参数设置简单、收敛速度快等优点，近几年来在函数优化、数学建模、系统控制等领域有着广泛的应用[4]。自微粒群算法提出至今，国内外学者对微粒群算法的研究主要表现在：①微粒群算法的改进；②微粒群算法的理论分析；③微粒群算法的生物学基础；④微粒群算法与其他类进化算法的比较研究；⑤微粒群算法的应用。其中对微粒群算法的改进主要围绕就如何提高微粒群收敛速度和保证收敛两个方面，并逐渐成为该领域研究的热点。对于不同的问题，就如何协调局部搜索能力与全局搜索的权重关系，Shi 等提出了带惯性权重的改进微粒群算法，以更好地控制微粒群算法的“开发”和“探索”，形成了标准的带惯性因子的改进微粒群算法（即标准微粒群算法）[2, 5-7]。

微粒群算法的基本原理是将每个个体看作是在 n 维搜索空间中一个没有重量和体积的微粒，每个微粒以一定的速度飞行，通过适应度函数来衡量微粒的优劣，微粒根据自己的当前情况及与其他微粒的“交流”动态调整飞行速度，以期向群体中最好微粒位置飞行。设 $X_i = (x_{i1}, x_{i2}, \cdots, x_{in})$ 为微粒 i 的当前位置，$V_i = (v_{i1}, v_{i2}, \cdots, v_{in})$ 为微粒 i 当前飞行速度，$P_i = (p_{i1}, p_{i2}, \cdots, p_{in})$ 为微粒 i 所经历的最好位置。$P_g = (p_{g1}, p_{g2}, \cdots, p_{gn})$ 为所有微粒经过的最好位置。对于每一代，其 n 维空间中 $(1 \leqslant n \leqslant N)$ 的速度和位置表示如下：

$$v_i(t+1) = \omega \cdot v_i(t) + c_1 \text{rand}()[p_i - x_i(t)] + c_2 \text{Rand}()[p_g - x_i(t)] \quad (6.1)$$

$$x_i(t+1) = x_i(t) + v_i(t+1) \quad (6.2)$$

式（6.1）中，ω 为惯性权重；c_1、c_2 为正的加速系数；rand( ) 和 Rand( ) 为 [0,1] 范围内符合正态变化的随机函数。式（6.1）中，等号右边 $v_i(t)$ 为微粒在当前的搜索速度；$c_1 \text{rand}()[p_i - x_i(t)]$ 为“认知”部分，表示微粒本身的搜索意识；

$c_2\mathrm{Rand}(\ )\ [p_g - x_i(t)]$ 为 "社会" 部分，表示微粒间通过信息交流与合作获得的搜索意识；微粒的飞行速度受到速度的最大值与最小值限制[8, 9]。式（6.1）中 ω 值大些有利于全局搜索，收敛速度快，但不易得到精确解；ω 值小些有利于局部搜索和获得精确解，但收敛速度慢且易陷入局部极小值[10]。

6.1.2　微粒群算法社会行为分析

假若微粒群算法不考虑 "社会" 部分，如下所示：

$$v_i(t+1) = \omega \cdot v_i(t) + c_1\mathrm{rand}(\ )[p_i - x_i(t)] + \cancel{c_2\mathrm{Rand}(\ )[p_g - x_i(t)]} \qquad （6.3）$$

则粒子群在寻找最优值的效率将很低，那是因为微粒群在寻优过程中粒子间没有相互之间的信息交流，也可以说是没有社会信息的共享；各个粒子单独以自己的方式做寻优运动，从某种意义上说多粒子的运动跟单粒子运动无异，只是个概率问题。

假若微粒群算法不考虑 "认知" 部分，如下所示：

$$v_i(t+1) = \omega \cdot v_i(t) + \cancel{c_1\mathrm{rand}(\ )[p_i - x_i(t)]} + c_2\mathrm{Rand}(\ )[p_g - x_i(t)] \qquad （6.4）$$

这表明算法只有 "社会" 部分而缺乏 "认知" 部分，虽然粒子间有着很好的社会信息共享，粒子的收敛速度快，容易达到一个最优值；但是没有了 "认知" 部分，算法将缺失 "大局" 观，使算法容易陷入局部困扰，达到的最优值也是局部最优值[11]。

综上所述，微粒群算法的 "认知" 部分和 "社会" 部分二者缺一不可。

在基本微粒群算法中，存在着两种通过定义全局或局部最好位置的模型，即全局最好模型（Gbest）和局部最好模型（Lbest），其拓扑结构如图 6.1 和图 6.2 所示。

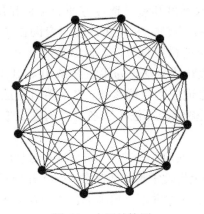

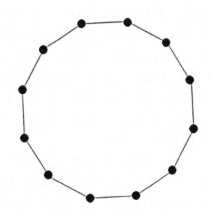

图 6.1　全局结构图　　　　　　　　图 6.2　局部结构图

全局最好模型的收敛速度较快但是整个算法系统的健壮性却遭到破坏，在全局最好模型中处于全局最好位置的微粒子为吸引子，将系统其他的微粒子吸向该位置，也就是微粒群最终收敛的位置；但这种模型的缺点是全局最优解得不到及时的更新，使得微粒群过早收敛。全局最好模型的数学表达式为

$$P_g(t) \in \{P_0(t), P_1(t), \cdots, P_s(t)\} \mid f[P_g(t)]$$

$$= \min\{P_0(t), P_1(t), \cdots, P_s(t)\} \tag{6.5}$$

$$v_{ij}(t+1) = v_{ij}(t) + c_1 r_{1j}(t)[p_{ij}(t) - x_{ij}(t)] + c_2 r_{2j}(t)[p_{gj}(t) - x_{ij}(t)] \tag{6.6}$$

式中，$P_g(t)$ 为微粒群的全局最好位置。

局部最好模型相对于全局最好模型具有多个吸引子，该模型相当于将整个微粒群切割成多个区域，每个区域均有一个局部最好位置 $P_i(t)$。假若在第 i 个区域长度为 l，那么我们定义局部最好模型的数学表达式为

$$N_i = \{P_{i-l}(t), P_{i-l+1}(t), \cdots, P_{i-1}(t), P_i(t), \cdots, P_{i+l-1}(t), P_{i+l}(t)\} \tag{6.7}$$

$$P_i(t+l) \in \{N_i \mid f[P_i(t+1)] = \min f(a)\}, \forall a \in N_i \tag{6.8}$$

$$v_{ij}(t+l) = v_{ij}(t) + c_1 r_{1j}(t)[p_{ij}(t) - x_{ij}(t)] + c_2 r_{2j}(t)[p_{gj}(t) - x_{ij}(t)] \tag{6.9}$$

通过式（6.7）～式（6.9）可以看到，当 $l = s$ 时，局部最好模型就是全局最好模型。

6.1.3　微粒群算法参数分析

研究表明式（6.1）中三个参数 ω、c_1、c_2 对算法整体性能都有着明显的影响，特别是 ω 值的影响尤其显著。对于不同的问题，三个参数的影响力度是不同的；对于同一问题，不同时刻三个参数的影响力度又是不同的。现在多采用 ω 值动态调整算法来训练合适的 ω 值在搜索精度和搜索速度方面起协调作用，ω 通常在 0.8～1.4 范围内从大到小逐步调整其取值，从而实现搜索空间由全局向局部的稳步过渡。较经典的算法有递减 ω 的微粒群算法，ω 沿直线从 0.9 到 0.4 线性递减。其他学者提出了递增 ω 的微粒群算法，ω 沿直线从 0.4 到 0.9 线性增加。这些方法的进一步发展是模糊自适应微粒群算法，它采用自适应模糊惯性权重控制器进行动态优化 ω。自适应微粒群算法可以在许多问题上取得令人满意的结果[12, 13]。

但是，微粒群算法搜索过程作为一个非线性的复杂过程，机械地将 ω 值线性变换，并不能十分准确地平衡微粒群算法的全局搜索和局部搜索。有学者研究表明，ω 值随着迭代的进行逐渐衰减的算法的达优率并不一定高于 ω 值为合适固定数值时算法的达优率[14, 15]。

6.1.4　微粒群系统稳定性、收敛性分析

1. 微粒群系统稳定性分析

在讨论微粒群系统稳定性、收敛性时常将多维系统降为一维讨论，这是由多维变量的相互独立性决定的。在式（6.1）中 ω 为惯性权重，c_1、c_2 为正的加速系数，rand( ) 和 Rand( ) 为 [0,1] 范围内符合正态变化的随机函数。假设 $\varphi_0 = \omega$、$\varphi_1 = c_1 \text{rand}(\ )$、$\varphi_2 = c_2 \text{Rand}(\ )$，则式（6.1）整理为

$$v_i(t+1) = \varphi_0 \cdot v_i(t) + \varphi_1[p_i - x_i(t)] + \varphi_2[p_g - x_i(t)] \tag{6.10}$$

即

$$v_i(t+1) = \varphi_0 \cdot v_i(t) + (1 - \varphi_1 - \varphi_2)x_i(t) + \varphi_1 p_i + \varphi_2 p_g \tag{6.11}$$

将式（6.10）、式（6.11）和式（6.2）转化为标准离散时间线性系统方程：

$$\begin{cases} v_i(t+1) = \varphi_0 \cdot v_i(t) + (1 - \varphi_1 - \varphi_2)x_i(t) + \varphi_1 p_i + \varphi_2 p_g \\ \qquad\qquad x_i(t+1) = x_i(t) + v_i(t+1) \end{cases} \Rightarrow$$

$$\begin{bmatrix} v_i(t+1) \\ x_i(t+1) \end{bmatrix} = \begin{bmatrix} \varphi_0 & -(\varphi_1 + \varphi_2) \\ \varphi_0 & 1 - (\varphi_1 + \varphi_2) \end{bmatrix} \begin{bmatrix} v_i(t) \\ x_i(t) \end{bmatrix} + \begin{bmatrix} \varphi_1 & \varphi_2 \\ \varphi_1 & \varphi_2 \end{bmatrix} \begin{bmatrix} p_i(t) \\ p_g(t) \end{bmatrix} \tag{6.12}$$

在分析稳定性时，本章假设 φ_0、$(\varphi_1 + \varphi_2)$ 为常数，则微粒群系统为一线性定常离散系统。当 $t \to \infty$ 时，$v_i(t)$，$x_i(t)$ 趋于一定值时，系统达到稳定的充要条件为：$\begin{bmatrix} \varphi_0 & -(\varphi_1 + \varphi_2) \\ \varphi_0 & 1 - (\varphi_1 + \varphi_2) \end{bmatrix}$ 的全部特征值 λ_1、λ_2 的幅度均小于 1。计算 λ_1、λ_2 值如下：

$$\lambda_{1,2} = \frac{1 + \varphi_0 - (\varphi_1 + \varphi_2) \pm \sqrt{(\varphi_1 + \varphi_2 - \varphi_0 - 1)^2 - 4\varphi_0}}{2} \tag{6.13}$$

（1）当 $|\varphi_1 + \varphi_2 - \varphi_0 - 1| > 2\sqrt{\varphi_0}$ 时，λ_1、λ_2 为两个实根，若要系统稳定，λ_1、λ_2 幅度必须小于 1，则必须满足条件：

$$1 + \varphi_0 - (\varphi_1 + \varphi_2) + \sqrt{(\varphi_1 + \varphi_2 - \varphi_0 - 1)^2 - 4\varphi_0} < 2\sqrt{\varphi_0} \tag{6.14}$$

$$1 + \varphi_0 - (\varphi_1 + \varphi_2) - \sqrt{(\varphi_1 + \varphi_2 - \varphi_0 - 1)^2 - 4\varphi_0} < 2\sqrt{\varphi_0} \tag{6.15}$$

将式（6.14）和式（6.15）相加得到：

$$-2\sqrt{\varphi_0} < \varphi_1 + \varphi_2 - \varphi_0 - 1 < 2\sqrt{\varphi_0} \tag{6.16}$$

与假设条件 $|\varphi_1 + \varphi_2 - \varphi_0 - 1| > 2\sqrt{\varphi_0}$ 矛盾，故而系统不稳定。

（2）当 $|\varphi_1+\varphi_2-\varphi_0-1|<2\sqrt{\varphi_0}$ 时，λ_1、λ_2 为两个复根，其幅度为

$$\vartheta=\frac{\sqrt{2(1+\varphi_0-\varphi_1-\varphi_2)^2-4\varphi_0}}{2} \tag{6.17}$$

当 $\vartheta=\dfrac{\sqrt{2(1+\varphi_0-\varphi_1-\varphi_2)^2-4\varphi_0}}{2}<1$ 时，系统达到稳定。整理得

$$1+\varphi_0-\sqrt{2+2\varphi_0}<\varphi_1+\varphi_2<1+\varphi_0+\sqrt{2+2\varphi_0} \tag{6.18}$$

结合前提条件 $|\varphi_1+\varphi_2-\varphi_0-1|<2\sqrt{\varphi_0}$，则此处对 φ_0 分段讨论[φ_0、$(\varphi_1+\varphi_2)$ 大于 0]：

①当 $0<\varphi_0<1$ 时，

$$0<\varphi_1+\varphi_2<1+\varphi_0+\sqrt{2+2\varphi_0} \tag{6.19}$$

②当 $1\leqslant\varphi_0\leqslant 2$ 时，

$$\varphi_0-1<\varphi_1+\varphi_2<3+\varphi_0 \tag{6.20}$$

故而当 $|\varphi_1+\varphi_2-\varphi_0-1|<2\sqrt{\varphi_0}$ 时，若 φ_0、$(\varphi_1+\varphi_2)$ 满足图 6.3 中阴影区，系统达到稳定。

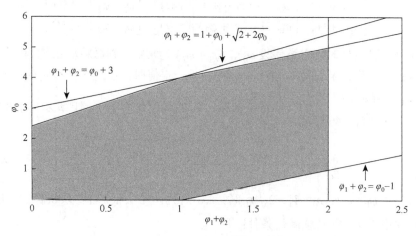

图 6.3　取 $|\varphi_1+\varphi_2-\varphi_0-1|<2\sqrt{\varphi_0}$ 时的系统稳定区域

（3）当 $|\varphi_1+\varphi_2-\varphi_0-1|=2\sqrt{\varphi_0}$ 时，$\lambda_1=\lambda_2=1$，系统处于稳定状态。

综上所述，本章讨论了系统的渐近稳定情况，也就是微粒群算法的收敛情况。

2. 微粒群系统收敛性分析

在讨论微粒群系统的收敛性时，如式（6.21）所述，我们也是考虑一维的

情况，可将 v_i 下标省略；并规定一维情况下粒子群寻找的最优值与多维情况相同，局部最好位置和全局最好位置分别记为 p_b、g_b。则由式（6.10）和式（6.2）可得

$$v(t+2) = \varphi_0 \cdot v(t+1) + \varphi_1[p_b - x(t+1)] + \varphi_2[g_b - x(t+1)] \qquad (6.21)$$

$$x(t+2) = x(t+1) + v(t+2) \qquad (6.22)$$

将式（6.22）代入式（6.21），可得

$$\begin{aligned}
x(t+2) &= x(t+1) + v(t+2) \\
&= x(t+1) + \varphi_0 \cdot v(t+1) + \varphi_1[p_b - x(t+1)] + \varphi_2[g_b - x(t+1)] \\
&= (1 - \varphi_1 - \varphi_2)x(t+1) + \varphi_0 \cdot v(t+1) + \varphi_1 p_b + \varphi_2 g_b
\end{aligned} \qquad (6.23)$$

再将式（6.2）的简化式 $x(t+1) = x(t) + v(t+1)$ 代入式（6.23），得

$$\begin{aligned}
x(t+2) &= (1 - \varphi_1 - \varphi_2)x(t+1) + \varphi_0 \cdot v(t+1) + \varphi_1 p_b + \varphi_2 g_b \\
&= (1 + \varphi_0 - \varphi_1 - \varphi_2)x(t+1) - \varphi_0 x(t) + \varphi_1 p_b + \varphi_2 g_b
\end{aligned} \qquad (6.24)$$

显然，式（6.24）为一个二阶常系数齐次差分方程，其特征方程为

$$\lambda^2 = (1 + \varphi_0 - \varphi_1 - \varphi_2)\lambda - \varphi_0 \qquad (6.25)$$

式（6.25）解的形式为

$$\lambda_{1,2} = \frac{1 + \varphi_0 - \varphi_1 - \varphi_2 \pm \sqrt{(\varphi_1 + \varphi_2 - \varphi_0 - 1)^2 - 4\varphi_0}}{2} \qquad (6.26)$$

进而讨论式（6.26）中两个特征根情况：

（1）当 $(\varphi_1 + \varphi_2 - \varphi_0 - 1) > 2\sqrt{\varphi_0}$ 时，λ_1、λ_2 为两个实根，即

$$\lambda_1 = \lambda_2 = \frac{1 + \varphi_0 - \varphi_1 - \varphi_2 \pm \sqrt{(\varphi_1 + \varphi_2 - \varphi_0 - 1)^2 - 4\varphi_0}}{2} \qquad (6.27)$$

继续解微分方程有

$$\begin{cases}
x(t) = c^{-1}(\varphi_1 p_b + \varphi_2 g_b) + \dfrac{\lambda_2 b_1 - b_2}{\lambda_2 - \lambda_1}\lambda_1^k + \dfrac{b_2 - \lambda_1 b_1}{\lambda_2 - \lambda_1}\lambda_2^k \\
b_1 = x(0) - c(\varphi_1 p_b + \varphi_2 g_b) \\
b_2 = (1-c)x(t) + \varphi_0 v(0) + \varphi_1 p_b + \varphi_2 g_b - c(\varphi_1 p_b + \varphi_2 g_b) \\
c \text{为一非零常数}
\end{cases} \qquad (6.28)$$

（2）当 $(\varphi_1 + \varphi_2 - \varphi_0 - 1) < 2\sqrt{\varphi_0}$ 时，λ_1、λ_2 为两个复根，即

$$\lambda_1 = \lambda_2 = \frac{1 + \varphi_0 - \varphi_1 - \varphi_2 \pm i\sqrt{-(\varphi_1 + \varphi_2 - \varphi_0 - 1)^2 + 4\varphi_0}}{2} \qquad (6.29)$$

继续解微分方程有

$$
\begin{cases}
x(t) = c^{-1}(\varphi_1 p_b + \varphi_2 g_b) + \dfrac{\lambda_2 b_1 - b_2}{\lambda_2 - \lambda_1}\lambda_1^k + \dfrac{b_2 - \lambda_1 b_1}{\lambda_2 - \lambda_1}\lambda_2^k \\
b_1 = x(0) - c(\varphi_1 p_b + \varphi_2 g_b) \\
b_2 = (1-c)x(t) + \varphi_0 v(0) + \varphi_1 p_b + \varphi_2 g_b - c(\varphi_1 p_b + \varphi_2 g_b) \\
c\text{为一非零常数}
\end{cases}
\tag{6.30}
$$

（3）当 $(\varphi_1 + \varphi_2 - \varphi_0 - 1) = 2\sqrt{\varphi_0}$ 时，λ_1、λ_2 为两个相同根，即

$$
\lambda = \lambda_1 = \lambda_2 = \frac{1 + \varphi_0 - \varphi_1 - \varphi_2}{2}
\tag{6.31}
$$

继续解微分方程有

$$
\begin{cases}
x(t) = x(0) + \dfrac{(1-c)x(0) + \varphi_0 v(0)\varphi_1 p_b + \varphi_2 g_b}{\lambda} \\
c\text{为一非零常数}
\end{cases}
\tag{6.32}
$$

在上面三种情况中，若 $t \to \infty$ 时，$x(t)$ 存在极限，则我们说微粒群算法收敛。通常而言，我们一般都是证明算法的依概率 1 收敛，故只需 λ_1、λ_2 的二范式小于 1，即 $\|\lambda_1\| < 1 \wedge \|\lambda_2\| < 1$。则

（1）当 $(\varphi_1 + \varphi_2 - \varphi_0 - 1) > 2\sqrt{\varphi_0}$ 时，同时满足 $0 < (\varphi_1 + \varphi_2) \wedge 0 < 2\varphi_0 - (\varphi_1 + \varphi_2) + 2$ 为算法收敛域；

（2）当 $(\varphi_1 + \varphi_2 - \varphi_0 - 1) < 2\sqrt{\varphi_0}$ 时，同时满足 $\varphi_0 < 1$ 为算法收敛域；

（3）当 $(\varphi_1 + \varphi_2 - \varphi_0 - 1) = 2\sqrt{\varphi_0}$ 时，同时满足 $0 \leqslant \varphi_0 < 1$ 为算法收敛域。

6.1.5　微粒群算法的两种改进

微粒群算法搜索过程作为一个非线性的复杂过程，机械地将 ω 值线性变换并不能十分准确地平衡微粒群算法的全局搜索和局部搜索。一些学者已经证明，ω 值随着迭代的进行逐渐衰减的算法的达优率并不一定高于 ω 值为合适固定数值时算法的达优率[16, 17]，鉴于此，本书提出了两种综合动态调整参数控制方法，分别在宏观和微观层面通过动态调整 ω、c_1、c_2 的大小，来控制每个粒子前一时刻对当前速度的影响，动态优化，同时考虑全局搜索和局部搜索[18, 19]。

1. 宏观改进算法——DPSO 算法

动态参数调整的微粒群（dynamic parameter modification particle swarm optimizer，DPSO）算法是在宏观层面对标准 PSO 算法进行修改，使得 ω 在典型的线性递减

基础上进行振荡调整，实现搜索寻优的反复训练；而 c_1、c_2 主要根据 x_i 距 p_i、p_g 的相对欧氏距离来进行动态修改。

修改后的 PSO 算法（即 DPSO 算法）表述如下：

$$v_i(t+1) = \omega(t) \cdot v_i(t) + c_1(t)\mathrm{rand}()[p_i - x_i(t)] + c_2(t)\mathrm{Rand}()[p_g - x_i(t)]$$

$$(6.33)$$

$$\omega(t) = \left[\left(\omega_{\mathrm{initial}} - \frac{\omega_{\mathrm{initial}} - \omega_{\mathrm{final}}}{K_{\max}}k\right) \cdot |\cos t|\right] + \omega_{\mathrm{final}} \qquad (6.34)$$

$$c_1(t) = c_1 \frac{p_i - x_i(t)}{p_g - x_i(t)} \qquad (6.35)$$

$$c_2(t) = c_2 \frac{p_g - x_i(t)}{p_i - x_i(t)} \qquad (6.36)$$

式（6.34）中，$\omega_{\mathrm{initial}}$、$\omega_{\mathrm{final}}$ 分别表示 ω 的起始值和最终值；$K_{\max}$ 表示最大迭代次数；k 表示当前进化代数。

2. DPSO 算法 ω 值分析

传统修改 ω 的方法为经典的线性递减，取 $\omega(t) = \left(\omega_{\mathrm{initial}} - \dfrac{\omega_{\mathrm{initial}} - \omega_{\mathrm{final}}}{K_{\max}}k\right)$，当 $K_{\max}$ 取 1000，$\omega_{\mathrm{initial}}$ 取 0.9，ω_{final} 取 0.4 时，ω 的变化如图 6.4 所示。

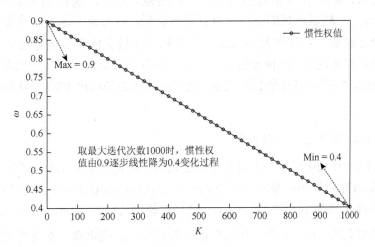

图 6.4　ω 经典的线性递减图

式（6.33）中改进的 ω 随着进化代数的增加振荡衰减，取 $\omega(t) =$

$$\left[\left(\omega_{\text{initial}} - \frac{\omega_{\text{initial}} - \omega_{\text{final}}}{K_{\max}} k\right) \cdot |\cos t|\right] + \omega_{\text{final}},$$ 当 $K_{\max}$ 取 6000， ω_{initial} 取 0.9， ω_{final}

取 0.4 时， ω 的变化如图 6.5 所示。

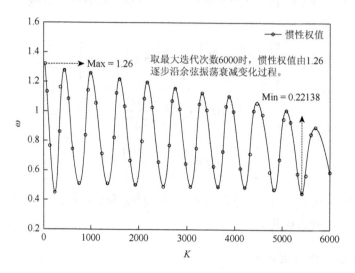

图 6.5　DPSO 改进的 ω 振荡衰减图

由图 6.5 我们可以看出，当 $K_{\max}$ 取 6000， ω_{initial} 取 0.9， ω_{final} 取 0.4 时，标准的 PSO 算法中 ω 呈线性递减，而 DPSO 算法在迭代初始时 ω 跳跃至 $\omega_{\text{initial}} + \omega_{\text{final}}$，随着迭代的进行， ω 呈振荡衰减， ω 的最大值呈线性递减而最小值呈类余弦波动。在迭代初期保证了算法以一个较大的步长进行搜索，保证了算法的全局搜索能力。这样使得 ω 在一个较短的迭代周期内经历一次由大到小的非线性变化，实现对目标的循环搜索，能够有效地避免标准 PSO 算法陷入局部极小值。

3. DPSO 算法 c_1、c_2 值分析

在 DPSO 算法中对 c_1、c_2 进行了动态调整，调整依据为当处于 t 时刻微粒 i 的位置 X_i 距微粒所经历的最好位置 P_i 的欧氏距离 $|p_i - x_i(t)|$ 与 X_i 距所有微粒经过的最好位置 P_g 的欧氏距离 $|p_g - x_i(t)|$ 进行比较。若 $|p_i - x_i(t)| > |p_g - x_i(t)|$，表明算法应加大式（6.33）中"认知"部分的权重，以强化微粒本身的思考，故算法自动地加大 c_1 值同时减小 c_2 值；若 $|p_i - x_i(t)| < |p_g - x_i(t)|$，表明算法应加大式（6.33）中"社会"部分的权重，以强化微粒间的信息交流与合作共享，故算法自动地减小 c_2 值同时加大 c_1 值。

在 DPSO 算法中通过动态调整 ω、c_1、c_2 值，使得微粒能够"理性"地控制微粒群算法的"开发"能力和"探索"能力。

4. DPSO 实验仿真

为了验证 DPSO 算法的有效性，分别运用经典 ω 值线性递减的标准 PSO 算法和 DPSO 算法对 Goldstein-Price 函数求最优值，Goldstein-Price 函数在点（0，−1）有一个全局最小值 3，另外函数有 3 个局部极小值。Goldstein-Price 函数如下：

$$f_1(x) = [1 + (x_1 + x_2 + 1)^2 (19 - 14x_1 + 3x_1^2 - 14x_2 + 6x_1x_2 + 3x_2^2)] \times [30 + (2x_1 - 3x_2)^2$$
$$\cdot (18 - 32x_1 + x_1^2 + 48x_2 - 36x_1x_2 + 27x_2^2)], -2 \leqslant x_1, x_2 \leqslant 2$$

$$(6.37)$$

用两个不同的方法测试 Goldstein-Price 函数，维数大小分别设为 20、60、100。ω_{initial} 取 0.9，ω_{final} 取 0.4，标准的 PSO 算法中 $c_1 = c_2 = 2.0$。运用 MATLAB 仿真，两种方法对 Goldstein-Price 函数测试性能比较如表 6.1 所示。

表 6.1　标准 PSO 算法与 DPSO 算法仿真比较

函数	维数	标准 PSO 算法		DPSO 算法	
		最优点	最优值	最优点	最优值
Goldstein-Price 函数	20	（0.09023，−1.10035）	3.485957	（0.01493，−1.02077）	3.354809
	60	（0.05521，−1.08661）	3.228509	（0.00985，−1.05294）	3.127662
	100	（0.00021，−1.00278）	3.111257	（0.00000，−1.00004）	3.006788

由表 6.1 可以看出在高维数的情况下 DPSO 算法比标准 PSO 算法具有更好的寻优能力，提高了搜索精度，平均误差小，仿真实验有效地证明了 DPSO 算法的有效性。

本书提出的 DPSO 算法，通过在不同时域对 ω、c_1、c_2 值进行动态调整，实现了微粒子的一个"理性"的动态反复寻优过程，在较大程度上避免了陷入局部极小值，提高了微粒群算法的搜索效率。通过目标函数仿真表明，DPSO 算法较标准 PSO 算法可以更快地得到最优值，具有较好的搜索能力。

5. 微观改进的 PSO 算法——CSPSO 算法

本书在此从微观层面提出一种自适应的微粒群算法，引入一个判定函数

$$\varphi(t) = \left| \frac{p_g - x_i(t-1)}{p_i - x_i(t-1)} \right|$$（$|p_g - x_i(t-1)|$ 为处于 $t-1$ 时刻微粒 i 的位置 X_i 距所有微粒

经过的最好位置 P_g 的欧氏距离，$|p_i - x_i(t-1)|$ 为处于 $t-1$ 时刻微粒 i 的位置 X_i 距微粒 i 所经历的最好位置 P_i 的欧氏距离），通过对函数 $\varphi(t)$ 的取值情况来动态调整

ω、c_1、c_2 的大小变化，达到动态优化兼顾全局搜索和局部搜索的目的。ω 的变化是建立在变异的 Sigmoid 函数基础上的；根据判定函数取值的不同，实时地进行不规则的递减变化以使算法在最短时间里找到最优解，减小时间代价；同时 c_1、c_2 两个加速系数动态变化也充分考虑了判定函数 $\varphi(t)$ 进行实时的调整。修改后的 PSO 算法，即带判定函数的自适应微粒群（an improved PSO algorithm with critical function for self-adapting，CSPSO）算法表述如下：

$$v_i(t+1) = \omega(t) \cdot v_i(t) + c_1(t)\text{rand}(\ )[p_i - x_i(t)] + c_2(t)\text{Rand}(\ )[p_g - x_i(t)] \quad (6.38)$$

$$\omega(t) = \frac{\omega_{\text{initial}} - \omega_{\text{final}}}{1 + e^{\varphi(t)\cdot\left(t - \frac{\{1+\ln[\varphi(t)]\}\cdot K_{\max}}{\mu}\right)}} + \omega_{\text{final}} \quad (6.39)$$

$$c_1(t) = c_1\varphi^{-1}(t) \quad (6.40)$$

$$c_2(t) = c_2\varphi(t) \quad (6.41)$$

$$\varphi(t) = \left| \frac{p_g - x_i(t-1)}{p_i - x_i(t-1)} \right| \quad (6.42)$$

式（6.39）～式（6.42）中，ω_{initial}、ω_{final} 分别为 ω 的起始值和最终值；$K_{\max}$ 为最大迭代次数；t 为当前进化代数；$\varphi(t)$ 为判定函数；μ 为在宏观上保证 ω 在 ω_{initial}、ω_{final} 呈反 "S" 形变化的调整因子。

6. CSPSO 算法 ω 值分析

式（6.38）中改进的 ω 随着迭代的进行实时地调整惯性因子，通过判定函数的作用选择一个符合当前状况的搜索步长，即 ω 值，通过数值反馈做到自适应的变化。当取 $\omega(t) = \dfrac{\omega_{\text{initial}} - \omega_{\text{final}}}{1 + e^{\varphi(t)\cdot\left(t - \frac{\{1+\ln[\varphi(t)]\}\cdot K_{\max}}{\mu}\right)}} + \omega_{\text{final}}$ 时，ω_{initial}、ω_{final}、$K_{\max}$、$\varphi(t)$、μ 的取值情况对 ω 的影响是很大的，如图 6.6 所示。

从图 6.4 和图 6.6 我们可以看出，当取 $K_{\max}$ 为 1000，ω_{initial} 取 0.9，ω_{final} 取 0.4 时，标准的 PSO 算法中 ω 呈线性递减，而改进后的 CSPSO 算法 ω 大体呈类反 "S" 形递减。算法在迭代初期应该以一个较大的步长进行搜索，保证算法的全局搜索能力，加强微粒群的"探索"能力；随着迭代的进行，当算法处于迭代后期时，算法应以一个较小的步长搜索，保证算法的局部搜索能力，加强微粒群的"开发"能力。本书中的 ω 的变化策略充分利用了判定函数和 Sigmoid 函数的柔性协调作用，通过考察判定函数的取值来调整算法的"探索"和"开发"的比例。若判定函数 $\varphi(t) \geq 1$ 时，即 $|p_g - x_i(t-1)| > |p_i - x_i(t-1)|$，这时算法应偏向"探索"，选择较大的步长迭代，加强全局搜索能力；若判定函数 $\varphi(t) < 1$ 时，即 $|p_g - x_i(t-1)| < |p_i - x_i(t-1)|$，

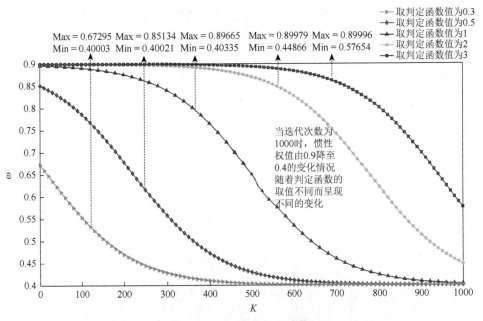

图 6.6　CSPSO 改进的 ω 值变化图

这时算法应偏向 "开发"，选择较小的步长迭代，加强局部搜索能力。这样算法在 Sigmoid 函数的基础上能够灵活自适应地实现由 "探索" 到 "开发" 的平稳过渡。

7. CSPSO 算法中 c_1、c_2 值分析

在 CSPSO 算法中根据判定函数 $\varphi(t)$ 的大小对 c_1、c_2 进行了动态调整。若 $\varphi(t) \geqslant 1$，表明算法应加大式（6.38）中 "社会" 部分的权重以强化微粒间的信息交流与合作共享，故算法自动地减小 c_2 值同时加大 c_1 值；若 $\varphi(t) < 1$，表明算法应加大式（6.38）中 "认知" 部分的权重以强化微粒本身的思考，故算法自动地加大 c_1 值同时减小 c_2 值。

在 CSPSO 算法中通过动态调整 ω、c_1、c_2 值，使得微粒能够 "理性" 地调整微粒群算法的 "开发" 和 "探索"，在微观上对整个算法起到良好的调整作用，有效防止算法快速陷入局部最优。

8. CSPSO 实验仿真

为了验证 CSPSO 算法的有效性，分别运用经典 ω 值线性递减的标准 PSO 算法和改进的 CSPSO 算法对目标函数 $f(x,y) = x\sin(4\pi x) - y\sin(4\pi y + \pi + 1)$ 在 $(-5,5) \times (-5,5)$ 范围内求最优值。

用 MATLAB 对目标函数进行仿真运算，实验中 ω_{initial} 取 0.9，ω_{final} 取 0.4，$K_{\max}$ 取 50，μ 取 100，c_1 和 c_2 均取 2.0。运用标准 PSO 算法得出的结果如图 6.7 所示。

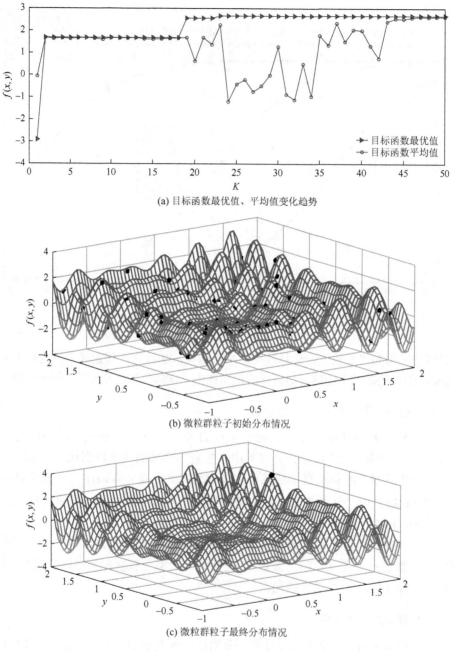

(a) 目标函数最优值、平均值变化趋势

(b) 微粒群粒子初始分布情况

(c) 微粒群粒子最终分布情况

图 6.7　标准 PSO 算法结果图

　　从图 6.7 我们可以看出标准 PSO 算法在迭代至 25 次后才逐渐达到稳定值 2.6751，对应的坐标为（1.6296，1.0530）。在图 6.7（c）中我们可以清楚地看到标准 PSO 算法最后所得的结果为一局部最大值,并不是我们所要求区域中的最大值,也就是说算法陷入了局部最优。

在相同条件下,运用本书中提出的 CSPSO 算法进行仿真得出的结果如图 6.8 所示。

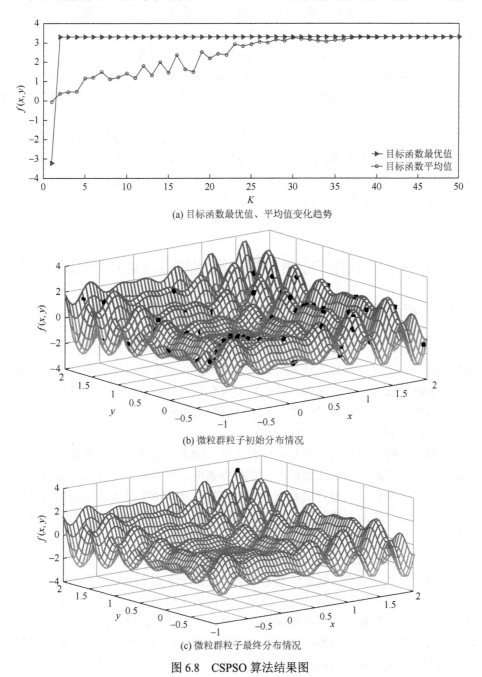

(a) 目标函数最优值、平均值变化趋势

(b) 微粒群粒子初始分布情况

(c) 微粒群粒子最终分布情况

图 6.8　CSPSO 算法结果图

从图 6.8 中我们可以看出运用本书提出的 CSPSO 算法明显优于标准 PSO 算法。首先 CSPSO 算法在第 5 代前就能得到一个稳定的值 3.3099；对应的坐标为（1.6289，2.0000）。图 6.8（c）所示的结果为全局最优点，有效地避免了陷入局部最优。同时从图 6.8（a）中我们可以看出 $f(x, y)$ 在运行中的平均值随着迭代的进行将无限接近最优值，也就是说微粒子最终将在最优点附近运动。而图 6.7 中运用标准 PSO 算法得出的平均值则显得不是很规则，随机性较大。

通过两种算法仿真对比可以看出，CSPSO 算法比标准 PSO 算法具有更好的寻优能力，提高了搜索精度，平均误差小，仿真结果有效地证明了 CSPSO 算法的有效性。

本书提出 CSPSO 算法通过对判定函数 $\varphi(t)$ 的计算分析来动态调整算法中 ω、c_1、c_2 在不同情况下的值，使得算法始终保持最有效的运行状况。通过实验证明，CSPSO 算法在一定的程度上减小了标准 PSO 算法的时间复杂度，使得算法能够较快地稳定到一个最优值，同时在某种程度上避免了算法陷入局部最优，提高了算法的精准度和搜索效率。

6.2　基于自组织的产业集群演化机制与微粒群算法相通性研究

6.2.1　自组织系统

自组织系统理论的发展始于 20 世纪 60 年代，耗散结构理论的问世奠定了自组织系统理论在复杂性科学领域研究的重要地位。以系统科学的角度来看，所谓的自组织就是指在一个可称为系统的环境内存在着一种有序结构或者是这种系统环境的形成过程[18-20]。本书中将自组织系统的特点归纳为以下三点。

1）自组织系统是一个开放的系统

所谓开放的系统是指与外界环境有能量、物质和信息交换的系统，在自组织理论中，它是形成一个有序结构的宏观前提条件。那是因为只有在开放的环境中才能出现耗散结构，在与开放系统的相对应的孤立环境中是无法得到外来的负熵对系统排出的正熵的补给；这样系统无法保持熵不减的状态，也就无法保持系统的有序。

2）自组织系统必须处于远离平衡的状态

在热力学的理论中，耗散结构是不会出现在一个处于平衡态的系统中的。这里的平衡态是指系统在排除外力的作用下，内部各组成结构保持一种宏观上属性长时间不变的一种状态。所以要使系统存在耗散结构就必须借助系统外界的作用力强行打破平衡态，使得系统能够与外界进行物质、能力和信息的交流。当这种外力越大，系统就离平衡态越远，与外界的交流也就更明显，系统也就更容易产生耗散结构。这种远离平衡态又与自组织的开放性有所不同，开放性是一种静态的属性；而远离平衡态是一种动态的过程，一个系统只有"动起来"，才能体现其生命力，才能形成有序的结构。

3）涨落是自组织系统形成的动力

系统要出现耗散结构，就必须经历一个由量变到质变的突变，而这种突变是在涨落的推动下发生的。涨落是从微观层面上描述的一种统计平均的行为，当一个系统处于远离平衡态时，系统内的微小涨落通过热力学运动能不断被放大直至跳跃进入有序的耗散结构，触发系统的演变，所以我们也常称涨落是自组织机构形成的诱导因子。

6.2.2　产业集群的自组织结构

本书认为产业集群本身就是一个自适应、自组织的有机系统。产业集群的演化过程其实就是一个开放的耗散结构和不断演化的过程[20, 21]。具体表现为：

（1）产业集群是个复杂的多元有机体，一个产业集群是由众多部门有机构成的。集群内部既合作又竞争的若干企业构成其主体，围绕这个主体还存在这个主体的上游和下游产业（包括供应商、生产商、销售商和顾客等众多元素）；此外在这个主体的辐射周边还有为其服务的基本供给系统、社会服务机构、学研创新机构及政府部门等元素。

（2）产业集群是一个开放的、远离平衡态的系统。一个产业集群无时无刻不在与集群外环境进行着贸易、科技、文化等往来，不断地更新集群内部的结构、成员、信息和思想；只有这样，集群才能在国际市场经济的大环境下保持对其竞争对手的了解，调整自己的竞争策略。产业集群在竞争的同时也是离不开合作的，正是这种若即若离的特殊关系决定着产业集群的远离平衡。

（3）产业集群演化是一个自组织行为，企业家等主观性因素的存在，使集群演化表现出一定程度的稳定性。然而，产业集群演化的过程作为一个开放的系统，能够从集群外部获得负熵流，并以此减弱或者消除系统的无序程度，进而使产业集群演化过程拥有保持与恢复系统有序状态的自组织能力。

（4）产业集群的演化发展是在涨落中达到有序的。从某单个企业聚集开始，涨落就伴随在产业集群萌芽、成长、成熟、衰退的各个阶段，并发挥重要作用。起初渐进的微涨落（量变）经过非线性作用逐渐放大为激烈的巨涨落（质变），引起产业集群的新的有序结构的产生，这也就是突变论在产业集群演化中的具体表现。

（5）产业集群演化过程中的自组织、他组织以及协组织相辅相成。由于产业集群演化不能保证是一个持续正确理性的过程，有时会不可避免地出现演化路线偏离，所以产业集群演化过程中协组织的存在是非常必要的，在本书的视角中，政府在产业集聚的过程中起到协组织的作用。政府协组织作用的建立要以遵守集群自组织规律为前提（从产业角度来说就是在市场经济规则范围内活动），预防市场失灵的情况出现，从而有效保障产业集群演化的稳定性与持续性，进而保障产业集群演化的顺利进行。

综上所述，产业集群演化过程就是一个典型的自组织过程[22, 23]。

6.2.3　基于微粒群算法的产业集群演化研究

本书的一个创新点就是认为产业集聚过程是一个自组织的过程，并通过微粒群知识来分析产业集群的集聚过程，可以初步认为产业集群的集聚过程就相当于微粒群的寻优过程，所以在某些层面上可以通过分析比较直观的微粒群模型来代替分析概念比较泛化的产业集群现象[24-27]。

通过 6.2.1 节和 6.2.2 节中的阐述，可以清楚地了解到产业集群的演化过程就是一个自组织过程，而微粒群的寻优过程也是一个典型的自组织过程，可以说这二者的原理是相通的，具体如表 6.2 所示。

表 6.2　微粒群寻优与产业集聚机理通性表

		微粒群算法	产业集群
进化角度	初始阶段	微粒子在区域内无序的散列，各微粒间缺乏"联系"，运动无规律无方向	相关产业在各地零星散布，在各自狭小的区域内根据自己的经营模式"单打独干"
	进化阶段	在进化阶段，微粒群根据一定的规则，在"自我意识"和"社会意识"的支配下进行着有组织的进化，从一个不稳定的非线性系统向一个稳定的状态突变	各企业在追求自身利益和各种外力的推动下，自发地向集群体靠拢，从原来的"单打独干"走向同行业的合作与竞争
	稳定阶段	微粒群粒子通过大量的迭代、学习，在特定规则的指引下找到最优值	在产业集群的演化过程中，集群内部同行业间通过不断的合作与竞争，淘汰缺乏竞争力的企业，保留竞争力强的企业；集群的规模经济得到体现。最终使集群达到一个动态稳定的状态
参数角度	参数 ω	表现为微粒群算法的惯性权重，起到微调微粒群算法的作用。ω 值大些有利于全局搜索，收敛速度快，但不易得到精确解；ω 值小些有利于局部搜索和获得精确解，但收敛速度慢且易陷入局部极小值	表现为政府在参与产业集群经济活动中的协作用，政府在参与集群经济活动时，ω 的大小对集群至关重要。ω 过大将违反市场经济的基本规则，ω 过小将无法弥补市场失灵带来的破坏性
	参数 c_1	表现为微粒群算法的"认知"部分，粒子群在寻找最优值的效率将很低，那是因为微粒群在寻优过程中，粒子间没有相互之间的信息交流，也可以说是没有社会信息的共享；各个粒子单独以自己"方式"做寻优运动，从某种意义上说多粒子的运动跟单粒子运动无异，只是个概率问题	表现为产业集群在演化过程中所追求的经济回报，这种回报是一种单纯的掠夺式的鲸吞市场份额，行业间缺乏合作，只有原始的竞争。在这个过程中集群不考虑社会环境和自身的承载能力而进行经济活动，偏离了科学合作经营的范围

续表

		微粒群算法	产业集群
参数角度	参数 c_2	表现为微粒群算法的"社会"部分，这表明算法只有"社会"部分而缺乏"认知"部分，虽然粒子间有着很好的社会信息共享，粒子的收敛速度快，容易达到一个最优值；但是没有了"认知"部分，算法将缺失"大局"观，使算法容易陷入局部困扰，达到的最优值也是局部最优值	表现为产业集群内部企业间的合作，这里的合作是一种比较泛化的概念，它既包括企业与企业间的合作，也包括企业与政府、科研机构的合作，甚至是政府与政府之间的合作。产业集群的参与者或是管理者在这里考虑更多的是，如何让集群能够处于一种良性的可持续状态，实现集群规模经济的再循环

在表 6.2 分析的基础上，我们就可以合理地通过分析比较直观的微粒群模型来代替概念比较泛化的产业集群现象。

6.3　基于微粒群算法的政府协助下产业集群演化模型

6.3.1　产业集群现象微粒群化

为了方便从微粒群角度考察产业集群的集聚问题，我们将抽象的产业集群现象数学化。在转化的过程中主要涉及以下几个方面。

（1）将产业集群的综合竞争力 EPCI 指数表示为微粒群算法中所要寻找的代数值，即某个搜索位置所对应的值；

（2）将产业集群的地理坐标转换为三维直角坐标系，并标出集群区域的坐标；

（3）将产业集群企业间的竞争与合作表示为微粒群算法的"认知"部分和"社会"部分；

（4）将政府在参与产业集群经济活动中的协作用表示为微粒群算法的惯性权值函数。

6.3.2　理论模型的建立

本节建立基于微粒群算法的政府协助下产业集群演化过程的理论模型（以下简称模型），该模型的数学表示为带有产业集群特征的标准 PSO 算法表达式：

$$v_i(t+1) = \omega \cdot v_i(t) + c_1 \text{rand}()[p_i - x_i(t)] + c_2 \text{Rand}()[p_g - x_i(t)] \quad (6.43)$$

$$x_i(t+1) = x_i(t) + v_i(t+1) \quad (6.44)$$

$$\omega = \frac{\arcsin\theta}{2\pi} + 0.15 \qquad\qquad (6.45)$$

在本章中我们给式（6.43）和式（6.44）赋予新的意义：

（1）v_i 表示产业集群 i 的综合竞争力 EPCI 指数（第 3 章）；

（2）ω 表示政府在参与产业集群经济活动中的协作用的相对有效性 θ 的一个线性变换，本章取第 3 章 DEA 模型求出政府绩效相对有效值 θ，由于 θ 的取值一般在 0.5～1.5，式（6.45）就保障了 ω 的取值在 0.4～0.9；

（3）x_i 表示产业集群地理坐标映射到三维直角坐标系的坐标位置；

（4）$c_1$rand( )、c_2Rand( ) 分别表示产业集群在经济活动中的竞争与合作；

（5）p_i、p_g 表示产业集群在局部和全局的最大 EPCI 指数值。

6.3.3　模型的实例分析

本书结合第 5 章研究内容，运用基于微粒群算法的政府协助下产业集群演化模型对江苏省 13 个设区市电子信息产业集群演化过程进行模拟，具体步骤如下。

1. 四个前提假设

假设 1：江苏省 13 个设区市电子信息产业集群演化过程中各地的电子信息产业集群综合竞争力 EPCI 指数是不变的（本书取 2010 年 EPCI 指数值）。

假设 2：江苏省 13 个设区市在地理上可视为均匀分布在同一水平面，故而可以在江苏省平面地图上建立简易的平面坐标系，并以南京市作为坐标原点。

假设 3：江苏省 13 个设区市电子信息产业集群演化过程中，国内外不存在对江苏省电子信息产业集群有着较大影响的突发事件，也就是说在进行模拟的时候忽略影响产业集群综合竞争力的"机会"因素。

假设 4：在对江苏省 13 个设区市电子信息产业集群综合竞争力信息进行三维拟合时，目标的实测值与拟合函数值之间的误差忽略不计。

2. 江苏省 13 个设区市电子信息产业集群综合竞争力三维模型的建立

江苏省 13 个设区市电子信息产业集群综合竞争力三维模型建立的基本思路是：取江苏省 13 个设区市平面坐标信息（假设 2）作为三维模型的 X 轴和 Y 轴；以 2010 年江苏省 13 个设区市电子信息产业集群综合竞争力 EPCI 指数（详见本书第 3 章）作为三维模型的 Z 轴。则该三维模型数据集如表 6.3 所示。

表 6.3　江苏省 13 个设区市三维模型数据集

	徐州市	连云港市	宿迁市	淮安市	盐城市	扬州市	泰州市	南京市	镇江市	常州市	南通市	无锡市	苏州市
X 轴	−0.98	0.90	−0.04	0.54	1.49	0.65	1.15	0.00	0.65	1.03	1.94	1.32	1.53
Y 轴	2.82	2.84	2.23	1.64	1.31	0.30	0.28	0.00	0.00	−0.53	−0.49	−0.82	−1.22
Z 轴	1.0125	0.5272	0.3918	0.4395	0.6261	0.7688	0.5808	1.3331	0.6351	1.1375	0.8731	1.4080	1.6430

　　根据表 6.3 对三维模型进行基于多峰值函数的插值拟合，本书取 6.1 节中 CSPSO 算法的仿真函数 $f(x, y) = x\sin(4\pi x) - y\sin(4\pi y + \pi + 1)$，建立下面基本的拟合函数：

$$Z = a_0(X + a_1)^{a_2}\sin(4\pi X) + a_3(Y + a_4)^{a_5}\sin(4\pi Y + \pi + 1) + a_6 \qquad (6.46)$$

式中，Z 表示江苏省 13 个设区市电子信息产业集群综合竞争力 EPCI 指数值；X, Y 表示江苏省 13 个设区市的平面直角坐标值。在表 6.3 的基础上运用 1stOpt 软件对式（6.46）进行曲面非线性拟合，优化算法为共轭梯度法和通用全局优化法，可得

$$a_0 = -0.2687 \approx -0.27 \quad a_1 = -0.2401 \approx -0.24 \quad a_2 = 0.9812 \approx 0.98$$

$$a_3 = -0.2276 \approx -0.23 \quad a_4 = -0.4821 \approx -0.48 \quad a_5 = 1.120 \approx 1.12 \quad a_6 = 0.9578 \approx 0.96$$

　　运算结果显示：模型共迭代 16 次后达到收敛判断标准（1.00×10^{-10}），均方根误差（RMSE）为 0.9761，残差平方和（SSE）为 1.388，相关系数（R）为 0.7302，相关系数平方和（R^2）为 0.8817，决定系数（DC）为 0.5332，卡方检验（Chi-square）为 0.8172，F 统计（F-statistic）为 4.3150。图 6.9 是 1stOpt 软件给出的拟合结果点-线图。

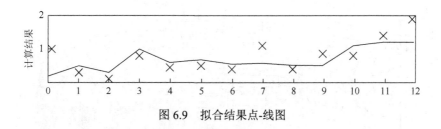

图 6.9　拟合结果点-线图

　　通过拟合结果给出的各项数据分析和图 6.9，我们可以认为拟合是基本有效的，则江苏省 13 个设区市电子信息产业集群综合竞争力信息可用三维公式表示为

$$Z = -0.27 \cdot (X - 0.24) \cdot \sin(4\pi X) - 0.23 \cdot (Y - 0.48) \cdot \sin(4\pi Y + \pi + 1) + 0.96$$

$$(6.47)$$

　　在做三维拟合时实际测量值与拟合方程计算值之间必然存在误差，所以在本书中用拟合函数做实证分析时必须先将实际中江苏省 13 个设区市平面坐标转化为方便拟合函数运算的"假"平面坐标，再将原来的江苏省 13 个设区市

平面坐标 (X,Y) 转换至新的"假"平面坐标 (X^*,Y^*)，(X^*,Y^*) 为当 Z 轴取表 6.3 中 Z 值时，式（6.47）中 (X,Y) 所对应值中与表 6.3 中 (X,Y) 值在阿基米德平面上最接近的一组坐标值。例如，苏州市的实际平面坐标为（1.53，−1.22），在拟合函数式（6.47）中 EPCI 值 1.643 对应的平面位置为（2.000，2.000）；所以必须通过缩放、平移将（1.53，−1.22）线性变换为（2.000，2.000）。所以江苏省 13 个设区市在用模型进行理论计算时所用到的三维模型数据集如表 6.4 所示。

表 6.4　坐标变换后的江苏省 13 个设区市三维模型数据集

	徐州市	连云港市	宿迁市	淮安市	盐城市	扬州市	泰州市	南京市	镇江市	常州市	南通市	无锡市	苏州市
X^*轴	1.531	1.093	0.185	0.294	−0.129	−0.221	−0.291	1.500	0.487	1.000	1.281	1.872	2.000
Y^*轴	0.352	0.643	0.431	0.5006	0.478	1.512	0.762	1.500	1.350	1.523	1.062	1.657	2.000
Z轴	1.0125	0.5272	0.3918	0.4395	0.6261	0.7688	0.5808	1.3330	0.6351	1.1375	0.8731	1.4080	1.6430

表 6.4 中 (X^*,Y^*) 为变换后的适合拟合函数运算的新的江苏省 13 个设区市模型计算坐标，用 MATLAB 根据表 6.4 和式（6.47）作江苏省 13 个设区市电子信息产业集群综合竞争力信息图如图 6.10 所示。

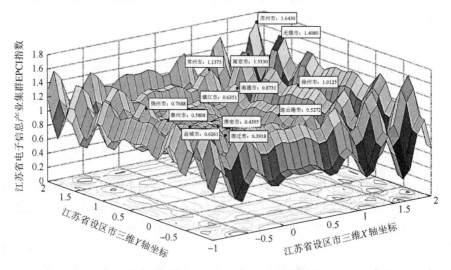

图 6.10　江苏省 13 个设区市电子信息产业集群综合竞争力信息图

3. 模型的 MATLAB 求解及分析

在本章微粒群算法研究基础上，运用式（6.43）～式（6.45）求式（6.47）中的最优解，参数 ω 采用经典的线性减小，如 6.3.2 节所述，由于 θ 的取值一般在 0.5～1.5，则 ω 的取值在 0.4～0.9。通过模型得到一个最优值 1.6961，即产业集群所对应的 EPCI 指数值；其所对应的位置是（1.8789，2.000），是在苏州市所对应的三维坐标位置附近。本书取初始粒子数为 300，也就是参与集群的初始企业为 300 家，笔者分别从三维宏观角度、二维微观角度、ω 值角度及政府角度分析模型初始值模拟的结果。

1）模型的三维宏观角度分析

在三维宏观角度分析模型的演化过程，分别取模型演化的前期、中期、后期及最终理想状态作为研究对象，四个阶段的演化如图 6.11～图 6.14 所示。

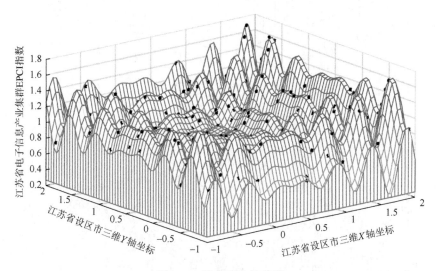

图 6.11　模型演化的前期

分析图 6.11～图 6.14，我们可以看到在模型演化的前期，微粒子分布高度不均匀，随机散布在三维图上；从产业的角度分析就是在产业集聚的初期各企业是随机分布在江苏省各地的，呈现一种无序的状态。在模型演化的中期，微粒子群根据设定的规则开始向某个区域进行有目的的运动；从产业的角度分析就是在产业集聚的中期，各企业在合作与竞争的推动下开始在地域上靠拢，各企业家在企业选址时开始考虑地域带来的经济效益，集群现象初步显现。在模型演化的后期，

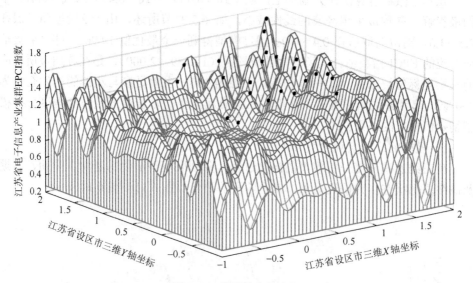

图 6.12　模型演化的中期

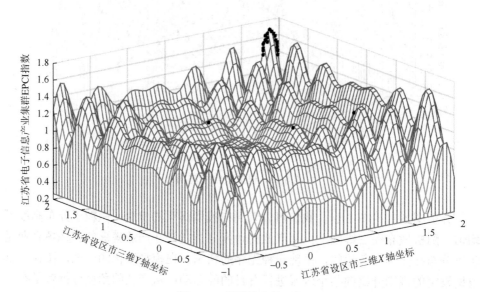

图 6.13　模型演化的后期

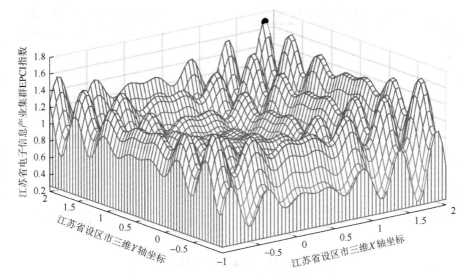

图 6.14　模型演化的最终理想状态

微粒子经过多次的迭代后集中在一个特定区域内（最优值附近）；从产业的角度分析就是集群现象出现在产业集群综合竞争力 EPCI 值大的地方（本例中出现在"南京-苏锡常"地带），这个时期集群较稳定，经过多次的迭代逐渐成熟，这个时期也是江苏省电子信息产业集群的现状。模型演化的最终理想状态是指模型在理论上应该得到的解，但在实际的运用中是不会出现的；从理论上来看微粒子在这个阶段高度集中在三维图的最高点，而从产业集群的角度分析就是江苏省电子信息产业高度集中在 EPCI 值最高的苏州市周围，形成"一地独大"的垄断局面，这种情况是一种理想的状态，在现实中是不可能出现的，因为在现实生活中当地的资源承受能力、其他集群的竞争等因素阻碍着这种理想情况的出现。

2）模型的二维微观角度分析

为了更加清楚地分析模型的演化过程，我们将三维模型沿 Z 轴的负方向投影至 X 轴、Y 轴组成的二维坐标系中来观察模型的演化，本书分别读取模型迭代至 1/8、1/5、1/3、1/2、2/3 和结束时企业微粒群的位置分布情况如图 6.15 所示。

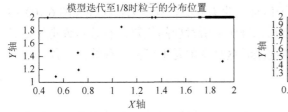

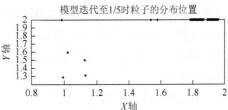

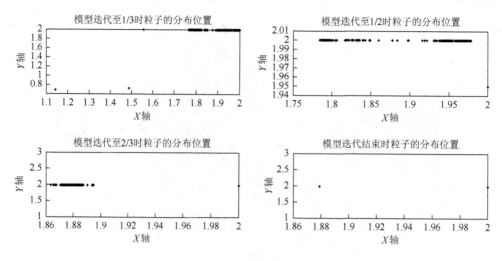

图 6.15　仿真迭代分时图

从图 6.15 我们可以在微观层面读取模型演化的分时信息，可以看到当模型演化至 1/8 时刻时，微粒群从最初的无序状态发展到部分微粒群开始集聚在 $Y = 2$ 的横坐标上，从江苏省电子信息产业集群演化上来说就是随着演化的开始，有部分企业开始集聚在"南京-苏锡常"区域带。当模型演化至 1/5 和 1/3 时刻时，微粒群中的粒子开始大规模地向 $Y = 2$ 的横坐标上靠拢，从江苏省电子信息产业集群演化的角度来说就是大部分电子信息产业开始大规模地向"南京-苏锡常"区域带上靠拢。当模型演化至 1/2 时刻时，微粒子群全部集中在 $Y = 2$ 的横坐标上，从江苏省电子信息产业集群演化的角度来说就是所有电子信息产业都集中在"南京-苏锡常"区域，进入一个相对集中的阶段。当模型演化至 2/3 时刻时，集中在 $Y = 2$ 的横坐标上的微粒群开始做有规律的水平运动，从江苏省电子信息产业集群演化的角度来说就是集中在"南京-苏锡常"区域的电子信息产业在大区域集中形成后并没有停止寻找更好的发展地区。当模型演化结束时，我们可以看到微粒群绝大多数都集中在 $X = 1.88, Y = 2$ 的点上，有少量集中在 $X = 2, Y = 2$ 的点上，从江苏省电子信息产业集群演化的角度来说就是在这个时期大多数企业集中在 $X = 1.88, Y = 2$ 点所对应的地理位置上，少量集中在 $X = 2, Y = 2$ 点所对应的地理位置上，从江苏省 13 个设区市电子信息产业集群综合竞争力信息图（图 6.10）中我们可以看到这两个点就是苏州市在三维图上所对应的位置，也就是说电子信息产业都集中在苏州市。但从现实情况来看这种现象是不可能出现的，只能是一种理想的状态。

3）模型的 ω 值角度分析

为了单独考虑政府对产业集群的协作用，即模型中 ω 值对模型的寻优影响。

现分别考察模型迭代时间、最好位置和最优值在 ω 值取 0.1、0.5、0.9、1.5、2 时的不同情况。结果如表 6.5 所示。

表 6.5　模型的 ω 值分析表

ω 值	0.1	0.5	0.9	1.5	2
迭代时间/s	36.970627	35.350281	34.638732	33.854161	38.601463
最优值	1.6961	1.6861	1.6945	1.6829	1.2542
最好位置	（1.8789，2）	（1.8772，2）	（1.8789，2）	（1.8782，2）	（2，2）

从表 6.5 我们可以看到：当 ω 值取 0.1 时，微粒群算法以一个较小的步长进行最优值的搜索，经过 36.970627s 的搜索，在（1.8789，2）得到最优值 1.6961，得到的是算法的全局最好位置和全局最优值；当 ω 值取 0.5 时，微粒群经过 35.350281s 搜索，得到全局最优值 1.6861，但是却不是在全局最好位置上；当 ω 值取 0.9 时，微粒群经过 34.638732s 搜索，在全局最好位置（1.8789，2）处得到局部最优值 1.6945；当 ω 值取 1.5 时，微粒群经过 33.854161s 搜索，在全局最好位置（1.8782，2）处得到局部最优值 1.6829；当 ω 值取 2 时，微粒群的搜索步长比较大，经过 38.601463s 搜索，在局部最好位置（2，2）处得到局部最优值 1.2542。三项指标数据表明，当 ω 值较小时，算法以小步长进行搜索，在牺牲时间复杂度的前提下能够找到全局最好位置和最优值；随着 ω 值的增大，算法的搜索步长也加大，这样可以缩短搜索的时间，但是在寻找全局最好位置和最优值时显得并不是很顺利；当 ω 值增大到 2 时，算法搜索时间变长的同时也不能顺利地找到全局最好位置和最优值。这就说明，ω 值的控制对模型的寻优起着至关重要的作用，在本章的模型中，ω 值应该控制在 0.5～1.5，ω 值过小将花费太多的搜索时间，ω 值过大无法找到全局最好位置和最优值。从江苏省电子信息产业集群演化的角度来看，政府在协助产业集群演化过程中，必须控制好协作用的力度。如果这个协作用力度过小，产业集群形成的时间就会变长，这样就牺牲了集群所带来的规模经济效益；如果这个协作用力度过大，虽然产业集群能够集聚，但是它并不是在合理的时间范围内在最佳地理位置集聚，这个集聚位置并不是适合集群发展的最好位置，不能最大幅度地体现集群的作用，同时这样的集群一旦形成将不易改变。所以，一个政府在协助产业集群发展的过程中，必须把握好力度、明确政府的职能、洞彻政府干预市场经济活动的要领，只有这样，才能使政府在市场机制范围内与产业集群经济体和谐相处，互利共存。

4）基于模型的江苏省产业集群政策柔性升级的若干建议

从仿真模型的分析来看，江苏省政府在协助产业集群经济健康发展过程中必须适时对相关政策进行柔性调整，充分发挥政府的协助性作用，着力改善产业集群的共生环境，促进产业集群不断升级发展，防止产业集群衰退消亡。主要应该从以下几点规划调整。

（1）提供产业集群经济发展优越的财政政策。涉及经济的发展就离不开资金，集群在创业初期是特别需要财政上支持的，一个具有优越财政政策的地区才能够留住具有发展潜力的企业，才能吸引有竞争力的外来企业，才能给产业集群的发展最实在的支持。

（2）打造高精尖研发团队，鼓励创新。创新是一个集群提高市场竞争力的力量源泉，没有创新的集群是经不住时间的考验的。过去集群的创新大部分来自企业内部，而如今往往能够接触世界先进技术思想的都是一些研发机构和高等院校。在这种情况下，政府部门应该充当协调者的角色，给企业与高等院校、研发机构提供机会，通过组建集群区域的产学研立体创新团队为集群区域提供源源不断的新思想、新技术、新竞争力。

（3）做好产业集群区域的管理者。一个产业集群的良好发展是建立在有序、安全、健康的合作与竞争并存的大环境基础上的。当地政府作为区域管理者，具有维护市场秩序、加强市场监管的不可推卸的责任。

（4）提高服务效率和部门执行力。集群区域作为一个开放的系统，不可避免地要与一些相关的部门机构（如银行、税收部门、电力部门等）进行交流；效率低下的服务和执行力必然会严重阻碍产业集群经济的发展。所以，政府应该利用其在地区的权威性和约束力完善市场服务体系，提高集群运行效率，营造有利于产业集群发展的软环境。

参 考 文 献

[1]　Kennedy J. The particle swarm: Social adaptation of knowledge [C]// IEEE Int Conf on Evolutionary Computation. Indiamapolis，1997：303-308.

[2]　Shi Y，Eberhart R. A modified particle swarm optimizer[C]//IEEE Icec Conference，1999.

[3]　Hamilton W J，Heppner F. Radiant solar energy and the function of black homeotherm pigmentation：An hypothesis [J]. Science，1967，155（3759）：196-197.

[4]　Zhang Y C，Xiong X. A particle swarm optimization based on dynamic parameter modification [J]. Applied Mechanics and Materials，2011，（40-41）：201-205.

[5]　Mo S M，Zeng J C，Xu W B. Particle swarm optimization based on self-organization topology [J]. Journal of System Simulation，2013，25：445-450.

[6]　Marinaki M，Marinakis Y，Stavroulakis G E. Fuzzy control optimized by PSO for vibration suppression of beams [J]. Control Engineering Practice，2010，18（6）：618-629.

[7]　Venkatesan S P，Kumanan S. Bi-criteria allocation of customers to warehouses using a particle swarm optimization [J]. International Journal of Operational Research，2010，9（1）：65.

[8]　Lu X J，Li H X，Yuan X. PSO-based intelligent integration of design and control for one kind of curing process [J]. Journal of Process Control，2010，20（10）：1116-1125.

[9]　Tsai K H，Wang T I，Hsieh T C，et al. Dynamic computerized testlet-based test generation system by discrete PSO with partial course ontology[J]. Expert Systems with Applications，2010，37（1）：774-786.

[10]　Atyabi A，Phon-Amnuaisuk S，Ho C K. Applying area extension PSO in robotic swarm [J]. Journal of Intelligent and Robotic Systems，2010，58（3-4）：253-285.

[11]　Zong X，Xiong S，Fang Z. A conflict–congestion model for pedestrian–vehicle mixed evacuation based on discrete particle swarm optimization algorithm [J]. Computers and Operations Research，2014，44（2）：1-12.

[12]　Ali Y M B. Unsupervised Clustering Based an Adaptive Particle Swarm Optimization Algorithm [J]. Neural Processing Letters，2016，44（1）：221-244.

[13]　Chen M，Ludwig S A. Particle swarm optimization based fuzzy clustering approach to identify optimal number of clusters [J]. Journal of Artificial Intelligence and Soft Computing Research，2014，4（1）：43-56.

[14]　Li C，Yang S，Nguyen T T. A self-learning particle swarm optimizer for global optimization problems [J]. IEEE Transactions on Systems Man and Cybernetics Part B，2012，42（3）：627-646.

[15]　Zhang Y C，Xiong X，Zhang Q D. An improved self-adaptive PSO algorithm with detection function for multimodal function optimization problems [J]. Mathematical Problems in Engineering，2013，（12）：657-675.

[16]　陈国初，徐余法，李承阳. 微粒群优化算法参数性能实验分析[J]. 上海电机学院学报，2007，10（2）：86-92.

[17]　张新娟. 改进粒子群优化算法及其在图像分割中的应用[D]. 西安：陕西师范大学，2011.

[18]　焦国辉，陈鹏. 基于适应值变化率的个体决策粒子群算法[J]. 现代电子技术，2014，37（14）：18-20.

[19]　赫连志巍，邢建军. 产业集群创新网络的自组织演化机制研究[J]. 科技管理研究，2017，37（4）：180-186.

[20]　He Z，Rayman-Bacchus L，Wu Y. Self-organization of industrial clustering in a transition economy：A proposed framework and case study evidence from China [J]. Research Policy，2011，40（9）：1280-1294.

[21]　郭利平. 基于自组织的产业集群演进的路径选择[J]. 时代经贸，2006，（3）：46-48.

[22]　吕蕊，石培基. 基于自组织的河西走廊新能源产业集群成长演化[J]. 科技进步与对策，2016，33（19）：41-46.

[23]　方永恒，易晶怡. 基于自组织理论的文化产业集群演化机制研究[J]. 产业与科技论坛，2015，（3）：15-17.

[24]　杜强. 基于膜系统的粒子群优化算法在产业集群演化中的研究与应用[D]. 济南：山东师范大学，2014.

[25]　吴超飞. 基于微粒算法的节能优化研究[D]. 南京：南京理工大学，2013.

[26]　Krivosheev D，Jiang M. Industrial cluster path evolution based on particle swarm optimization [J]. Metallurgical and Mining Industry，2015，（8）：395-403.

[27]　Yu H，Tan Y，Sun C，et al. Clustering-based evolution control for surrogate-assisted particle swarm optimization[C]// Evolutionary Computation. IEEE，2017：503-508.

后 记

　　本书是复杂系统中自聚集学习研究的延伸。物以类聚，人以群分，产业通过集聚抱团发展是基本规律，古往今来皆如此。从我国古代的景德镇陶瓷、苏州刺绣，到现代的美国硅谷，中国的中关村、珠江路和各种一条街、园区、基地、村镇等无不如是。展望未来，即便随着信息技术的快速发展，实体集聚的必要性和效能可能减弱，但是依靠信息技术虚体，集聚仍然不可或缺，集群的重要性依然不减，因此开展集聚规律研究仍然意义重大且任重道远。任何社会形体或组织，都会存在对集聚的影响、干预并有期许，从而协助集聚向有利的方向发展，促其形成集群，既希望其快速成熟，又希望其不断成长永不衰退，因此协聚集的提出和对集群的深入研究也永远不会过时，其成果对政府或组织引导或协助产业集群的科学形成与健康发展均具有重要意义。但是，该类问题有极大的不确定性和不易描述性，特别是政府或组织作用方式和内容的选择、作用强弱的度量、作用强度的把控均极具挑战性，我们试图迎面这些挑战，大胆做些探索，但还很不成熟，而且不同社会制度和组织形式对产业集聚的作用差异更有待进一步研究。因此，本书只是希望能够起到抛砖引玉的作用，以寻求同类问题的不同研究视角，并期望能为活跃社科研究领域做出微弱的贡献。

作　者
2019 年 8 月